Eine Arbeitsgemeinschaft der Verlage

Böhlau Verlag · Wien · Köln · Weimar
Verlag Barbara Budrich · Opladen · Toronto
facultas.wuv · Wien
Wilhelm Fink · Paderborn
A. Francke Verlag · Tübingen
Haupt Verlag · Bern
Verlag Julius Klinkhardt · Bad Heilbrunn
Mohr Siebeck · Tübingen
Nomos Verlagsgesellschaft · Baden-Baden
Ernst Reinhardt Verlag · München · Basel
Ferdinand Schöningh · Paderborn
Eugen Ulmer Verlag · Stuttgart
UVK Verlagsgesellschaft · Konstanz, mit UVK/Lucius · München
Vandenhoeck & Ruprecht · Göttingen · Bristol
vdf Hochschulverlag AG an der ETH Zürich

Andreas Böss-Ostendorf
Holger Senft

Alles wird gut –
Ein Lern- und Prüfungscoach

Mit Illustrationen von Lillian Mousli

Verlag Barbara Budrich
Opladen & Toronto 2014

Bibliografische Information der Deutschen Nationalbibliothek
Die Deutsche Nationalbibliothek verzeichnet diese Publikation in der Deutschen
Nationalbibliografie; detaillierte bibliografische Daten sind im Internet über
http://dnb.d-nb.de abrufbar.

Gedruckt auf säurefreiem und alterungsbeständigem Papier.

UTB-Bandnr. 4139
UTB-ISBN 978-3-8252-4139-1

Satz: Susanne Albrecht, Opladen – www.lektorat-albrecht.de
Umschlaggestaltung: Atelier Reichert, Stuttgart
Druck: Pustet, Regensburg
Printed in Germany

Inhalt

Alles wird gut. Wirklich?

„Mach dir doch keine Sorgen", „Du schaffst das!", „Ach, das wird schon!" – Sätze wie diese müssen sich Studenten[1] in Prüfungszeiten von allen Seiten immer wieder anhören. Aber haben sie jemals geholfen? Allzu oft steckt nur billiger Trost dahinter. Wie schnell man auf diese Weise doch abgewimmelt werden kann. Statt wirklich Hilfe angeboten zu bekommen, vermitteln einem die „Tröster" nur den Eindruck, selbst ratlos zu sein und besser in Ruhe gelassen zu werden. Das Lernen und die Prüfungen – so die falsche Botschaft – muss jeder allein durchstehen. Dabei wäre es gerade jetzt so gut, jemanden zu haben, der einem zuhört oder einfach mal „in den Hintern tritt", damit man endlich mit dem Lernen anfängt oder in den zweiten Gang schaltet und noch die eine oder andere Nachtschicht zusätzlich einschiebt.

Wenn also der billige Trost eine lästige Begleiterscheinung in Lern- und Prüfungszeiten ist, wozu dann noch ein Buch mit dem Titel *Alles wird gut*? Weil Sie auf den folgenden Seiten Vieles finden werden – nur eben keinen billigen Trost. Stattdessen erwartet Sie viel Ermutigung, verpackt in Strategien, konkrete Ideen und Vorschläge, um besser ins Lernen zu kommen, konstruktiver mit Stress umzugehen und

---

1   Bitte haben Sie Verständnis, dass wir wegen der besseren Lesbarkeit in der Regel nur die männliche Form schreiben, die weibliche jedoch ebenfalls meinen.

sich wirklich strukturiert und gut auf Prüfungen vorzubereiten. *Alles wird gut* ist ein *Lern- und Prüfungscoach*, der Sie auf Ihrem persönlichen Weg durch die Berg- und-Talbahn der Lern- und Prüfungszeiten begleitet. Wie schwer und einsam diese Phasen manchmal sein können, haben wir in vielen Einzel- und Gruppensitzungen mit Prüflingen im Prüfungscoaching erlebt. Unsere Erfahrung ist ebenso in dieses Buch mit eingeflossen wie die Sicht von Studierenden, die das Manuskript kritisch gegengelesen haben. Alles wird gut – das ist Zusage und Herausforderung zugleich. Und zwar für alle, die nicht bei ihrem Stress und ihrem Chaos stehen bleiben wollen und stattdessen bereit sind, etwas zu investieren, damit tatsächlich alles gut werden kann.

„Non vitae, sed scholae discimus"

Seneca der Jüngere wusste, worauf es beim Lernen alleine ankommt: aufs Bestehen. Bereits in der römischen Antike machte man sich also keine Illusionen mehr über den Zweck des Lernens: „Nicht für das Leben, sondern für die Schule lernen wir" (Seneca 2004, IV S. 232). Heute ist fast nur noch die gefälschte Version im Umlauf: „Nicht für die Schule, sondern für das Leben lernen wir". Das bewusste Lernen begegnet uns aber fast immer als etwas, das einem speziellen Ziel dient – in aller Regel dem Erbringen von „Leistungsnachweisen" und dem Bestehen von Prüfungen. Wenn Sie in einem Bachelor- oder Masterstudiengang studieren, müssen Sie in jedem Semester erst mal einen Stapel an Leistungsnachweisen abarbeiten, bevor Sie wieder Land sehen. Und an Land warten dann schon wieder die nächsten Prüfungen. Studieren wird auf diese Weise für viele zum Stress. Ständig müssen Aufgaben bewältigt werden, immer drängt einen schon die nächste Bewährungs- und Bewertungssituation.

Das vorliegende Buch leistet Hilfe beim Überleben und Bewältigen. *Alles wird gut* ist ein Coach, der darauf achtet, dass Sie sich nicht zu viel zumuten und dass Sie Ihr Lernen gut vorbereiten und strukturieren. Der Ihnen Raum schafft, wenn es (mal wieder) eng wird und der Sie dabei unterstützt, sich in den Prüfungen gut zu präsentieren.

Um zu bestehen, ist aber nicht nur Ihr Fachwissen gefragt. Darüber hinaus sollten Sie die folgenden Themen unbedingt in Ihren persönlichen Lernplan mit aufnehmen:

- Selbstorganisation
- Prüfungskompetenz
- Kontaktfähigkeit
- Übung im Präsentieren

Die Prüfungsvorbereitung ist wie ein Weg, der Ihnen dann am leichtesten fallen wird, wenn Sie ihn gut gerüstet gehen. Wenn Sie sich neben dem nötigen Fachwissen auch noch die oben genannten Kompetenzen aneignen, ersparen Sie sich auf Dauer viel Stress.

Alles wird gut – wenn Sie aktiv werden und dieses Buch als Hilfe zur Selbsthilfe nutzen. Denn trotz der vielen Vorgaben, Prüfungen und Leistungsnachweise bleiben Ihnen genug Möglichkeiten, das Studium *selbst* in die Hand zu nehmen. Es gibt viele Dinge, die Sie selber steuern können. Entwickeln Sie Ihre persönlichen Potentiale weiter, die Ihnen vielleicht selbst noch unbekannt sind. Gestalten Sie Ihr Studium aktiv, setzen Sie eigene Schwerpunkte, fordern Sie Feedback ein und geben Sie Feedback zurück.

Was Sie auf den folgenden Seiten erwartet:

- Strategien für den Umgang mit Prüfungen
- Ein Modell zur Verbesserung Ihres Lern- und Prüfungsverhaltens
- Eine „Bauanleitung" für den optimalen Lernprozess
- Tipps für die heiße Phase kurz vor und in der Prüfung
- Anregungen zur Nutzung Ihrer bisherigen Prüfungserfahrungen

Entdecken und entfalten Sie Ihre Lern- und Prüfungskompetenzen. Dann brauchen Sie sich auch nicht verrückt machen zu lassen, auch nicht vom größten Stress. *Alles wird gut.*

I. Ohne Prüfung kein Studium

1. Achtung Kontrolle!

Es könnte alles so leicht sein, wenn da nicht diese Prüfungen wären. Sie würden viel unbeschwerter studieren. Sie könnten sich die Vorlesungen und Seminare aussuchen, von denen Sie sich am meisten versprechen. Und Sie würden nur das lernen, was Sie wirklich interessiert. Aber die Realität sieht anders aus: Der Weg eines Bachelor- und Master-Studenten ist gepflastert mit Leistungsnachweisen und Prüfungen aller Art. Permanent ist man auf Bewährung unterwegs. Aber ständige Lern- und Leistungskontrollen können Stress auslösen und verunsichern – packe ich das alles überhaupt?

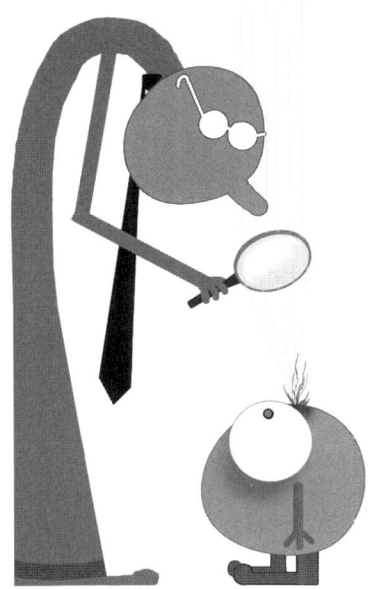

Wenn der Selbstzweifel nagt und Ihnen der Sinn von Prüfungen nicht mehr einleuchten will, möchten wir eine vorsichtige Frage einstreuen: Wofür könnten Prüfungen dennoch gut sein? Aus studentischer Sicht kann hier die Antwort eigentlich nur so pragmatisch wie verblüffend ausfallen: Erst die Prüfungen geben dem Studium eine Richtung. Und in den meisten Fällen sogar einen Abschluss. Prüfungen ebnen Ihnen im Dickicht der Fächer und Stoffe überhaupt erst einen Weg. Denn sie zwingen Sie dazu, sich zu strukturieren und einen Einstieg ins Lernen zu finden.

Ein Beispiel gefällig? Dann möchten wir Sie bitten, gleich ganz praktisch zu werden und sich ein paar Minuten Zeit zu nehmen: greifen Sie zu Blatt und Papier oder öffnen Sie eine Datei an Ihrem Rechner. Und lesen Sie bitte erst dann weiter, wenn Sie die folgende Aufgabe erfüllt haben. Listen Sie nun bitte alle anstehenden Klausuren, Referate, Präsentationen, Abgaben von Übungen, Paper und Hausarbeiten auf, die in den nächsten Wochen und Monaten auf Sie zukommen werden:

Klar ist jetzt, um was es geht. Diese Prüfungen wollen Sie schaffen. Und zwar mit Erfolg und möglichst ohne Stress, richtig? Und um hier bestehen zu können, müssen Sie einen Weg finden, wie Sie ins Arbeiten und Lernen kommen. Einen Weg, den es womöglich noch gar nicht gibt und der von Ihnen erst noch „erfunden" werden muss. Ein Weg mit vielen, vielen Stationen. Vielleicht geht es Ihnen da ja nicht viel anders als der Lehramtsstudentin Lena:

„Na, wie gefällt Dir das Studium?", wird Lena im zweiten Semester auf einer Familienfeier von ihrem Onkel gefragt. „Das Studium ist ganz gut, nur jetzt gerade möchte ich eigentlich gar nicht dran denken. Ich muss nämlich in den nächsten drei Wochen 11 Klausuren schreiben." „Was? So viel in einem einzigen Semester? Hast Du denn während des Semesters keine Referate machen können?" „Doch, zwei. Und drei Hausarbeiten muss ich auch noch schreiben." An dieser Stelle verschluckt sich der Onkel an seinem Kaffee und muss das Gespräch abbrechen.

Lenas Prüfungsliste ist ziemlich lang. 11 Klausuren nach einem einzigen Semester. Die Bildungsstrategen ihres Studiengangs einer fränkischen Universität meinen es ernst. Sie scheinen nicht darauf zu vertrauen, dass die Studenten auch ohne drohende Kontrollen etwas lernen. Vier, sechs oder gar acht Klausuren in einem Semester sind in der heutigen Studienlandschaft normal. Und diese „Normalität" hat direkten Einfluss auf das Studienverhalten. Für viele Studenten und Dozenten gilt die Formel: Studieren = Lernen für eine Prüfung.

Wenn Sie sich zur Gruppe der Betroffenen zählen und wenn Sie bereits in der ersten Aufgabe Ihre anstehenden Leistungsnachweise aufgelistet haben, möchten wir Sie bitten, nochmal aktiv zu werden. Öffnen Sie bitte eine neue Datei oder nehmen Sie ein neues Blatt. Fertigen Sie nun im Querformat 6 Spalten an und tragen Sie jeweils oben die nächsten sechs Monate ein. Beginnen Sie dabei mit dem aktuellen Monat. Verteilen Sie nun die von Ihnen zuvor aufgelisteten Leistungsnachweise in die Spalten. Achten Sie auch darauf, an welcher Stelle in der jeweiligen Spalte Sie Ihren Leistungsnachweis platzieren: Liegt der Termin am Monatsanfang, eher in der Mitte oder am Ende? Wenn möglich, ergänzen Sie diese Halbjahresplanung auch um die zu erwartenden Klausuren und Hausarbeiten des nächsten Semesters. Dabei lohnt es sich, einen Blick in die Prüfungsordnung oder in den Plan des Studiengangs zu werfen, um die Termine abzusichern. Am Ende könnte Ihre Tabelle für die nächsten 6 Monate etwa so aussehen.

Beispiel für einen Prüfungsplan

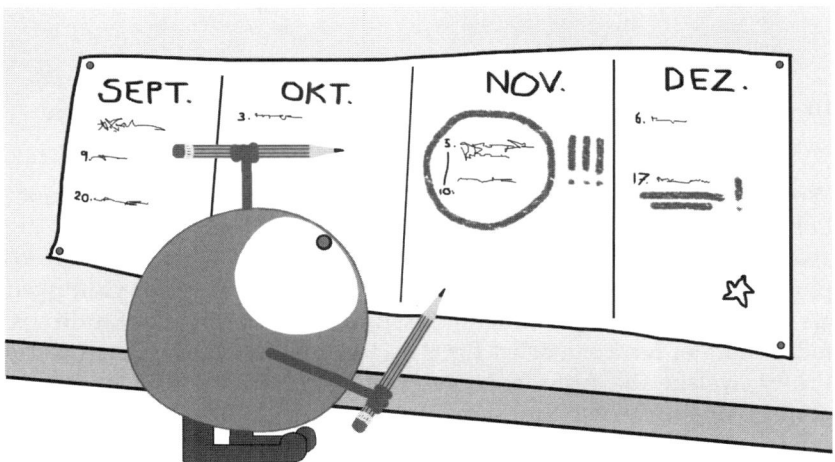

Ihr persönlicher Prüfungsplan wird an mehreren Stellen dieses Buches eine Rolle spielen, wenn es zum Beispiel um die Lernprozesse, die Phasen der Prüfungsvorbereitung und um die Zeitplanung geht. Ergänzen Sie Ihre Tabelle, sobald Ihnen noch Punkte einfallen oder weitere Aufgaben hinzukommen. Sie sehen: Prüfungen haben die Macht, Ihre Aufmerksamkeit zu steuern und – das ist vielleicht gar nicht so übel – Ihrem Studium Feuer zu geben.

Großes Finale oder permanenter Hürdenlauf?

Vielleicht enthält Ihr persönlicher Prüfungsplan nur ein oder zwei Prüfungsprojekte. Gut möglich, dass auf Ihrer Liste nur „Examen" steht. In einigen Studiengängen gibt es weiterhin die klassischen Abschlussprüfungen. Juristen, Mediziner und manche Lehramtsstudenten müssen während des Studiums weniger Leistungsnachweise sammeln, dafür wartet auf sie aber das dicke Ende – das Staatsexamen. Studenten der Bachelor-Studiengänge hingegen brauchen sich nicht durch Abschlussprüfungen schrecken zu lassen. Dafür befinden sie sich jedoch ständig im Prüfungsmarathon. So oder so: Prüfungen spielen im Studium auf jeden Fall eine zentrale Rolle.

In der Schule des Pragmatikers

Wer für Prüfungen lernt, hat ganz selten das Gefühl, für sein eigenes Leben zu lernen. Seneca hat tatsächlich Recht behalten. Sein Satz „Non vitae, sed scholae discimus", mit dem er die römischen Philosophenschulen der Antike kritisierte, beansprucht bis heute Gültigkeit als Beschreibung der besonderen Leistungsorientierung des Studiums. Jeder Student lernt zunächst für die Hochschule, für die Uni, für die Prüfer, welche die Anforderungen festlegen. Woher soll ich als Student in einem Vollzeit-Studium an einer Hochschule denn auch wissen können, was ich von dem Gelernten später einmal brauchen werde? Erst einmal geht es doch nur ums Überleben und Weiterkommen, um die persönliche Situation im Hier und Jetzt. Denn was nutzt es mir, wenn ich für „das Leben" lerne, mich aber später nicht mit einem guten Abschluss bewerben kann? Also muss ich doch erst einmal für die Klausuren der Hochschule lernen und dabei hoffen, dass das Lernen im Leben nutzt. Der Pragmatismus eines Seneca kann für die

Entwicklung einer hilfreichen Haltung dem Studium gegenüber eine gute Schule sein.

„Lerne die Schule kennen und das Leben wird leichter"

Diese Umdeutung des Satzes von Seneca kann den studentischen Tunnelblick gerade zu Studienbeginn wieder weiten. Als Student bzw. Studentin lernen Sie nämlich nicht nur die Fachinformationen, die Ihnen vom Hochschulpersonal präsentiert werden. Sie lernen auch, sich im System Universität sicher zu bewegen und im Studium zu überleben. Das geschieht ganz beiläufig. Darüber wird auch nicht gesprochen, denn es erfolgt unbewusst. In einem verdeckten Lehrplan lernen Sie, worauf Sie in Seminaren und Vorlesungen achten müssen, wie Sie mitschreiben und Ihr Lernmaterial zusammenfassen können. Und wie Sie schließlich für die Prüfungen lernen, damit Sie diese bestehen. Wem es nicht gelingt, die Anforderungen des verdeckten Lehrplans zu erfüllen, wer also keine geeigneten Strategien findet, wird nicht erfolgreich durchs Studium kommen. Diese informellen Lernprozesse werden Ihnen leichter fallen, wenn an Ihrer Hochschule günstige Studienbedingungen herrschen. Wenn Sie aber das Pech haben, an einen Fachbereich gelangt zu sein, der ständig an der Prüfungsordnung herumbastelt, erschwert das Ihre Orientierung. Um zu verstehen, wie das Leben an einer Hochschule funktioniert, brauchen Sie Zeit. Lerne die Hochschule kennen und das Leben wird leichter.

2. Werden Sie Prüfungsexperte

Bleiben wir noch einen Augenblick beim Thema „verdeckter Lehrplan". Studenten sind Kinder der Hochschul-Praxis: Klausuren schreiben, Präsentationen halten, mündliche Prüfungen bestehen, usw. – das alles lernen sie *on the job*. Durch das mehr oder weniger bewusste Aneignen dieser Techniken werden sie Teil des jeweiligen Hochschulsystems. Eine bestandene Prüfung oder eine gute Note zeigen nicht nur, dass sie den Stoff beherrschen. Sie sind immer auch Beweise dafür, dass sie sich im Leistungssystem Hochschule auskennen. Diese persönliche Prüfungskompetenz müssen sich Studenten aber sehr oft hart erarbeiten – durch Versuch und Irrtum. Es ist die Ochsentour der unzähligen Lernerfolge und -misserfolge, die ihre Erfahrung allmählich ausformt. Und dieser Erfahrungsgewinn tritt fast ausschließlich erst in den Prüfungen zu Tage. Leider werden aber die konkreten Er-

fahrungen, welche die Studierenden in ihren Prüfungen sammeln, kaum thematisiert, auch im Freundeskreis nicht. Es gibt keine institutionalisierten Austauschforen an den Hochschulen, geschweige denn eine Austauschkultur, die Studierende darin unterstützt, mit anderen über ihre konkreten Erfahrungen ins Gespräch zu kommen und bewusst aus ihnen zu lernen. Um durch das Semester zu kommen, wird die Prüfungsvorbereitung stattdessen auf ein Minimum reduziert und nach der Prüfung ist man froh, dass man sie hinter sich hat und sie vergessen kann. Schließlich wartet ja schon die nächste auf einen und will vorbereitet werden. Wer hat dann noch Lust, viel über die letzte Prüfung nachzudenken? Die Schattenseiten dieser Rastlosigkeit liegen auf der Hand (bzw. dem Papier): Studierende begehen immer wieder die gleichen Lern- und Prüfungsfehler. Ihr Prüfungsverhalten ändert sich nicht zum Besseren hin, sondern geht in die Endlosschleife.

Dadurch behält die Prüfung aber ihren Schrecken. Und ihre Macht. Prüfungen wollen ernst genommen werden. Entwickeln Sie Ihre persönlichen Strategien, um mit den unterschiedlichen Prüfungsformen umzugehen. Aus jeder nicht so gut verlaufenen Prüfung lernen Sie etwas für die nächste. Das gilt natürlich auch für die erfolgreichen.

Warum sammeln Sie nicht einfach mal auf einer Liste alle Verhaltensweisen, die Ihnen in der letzten Prüfung zum Erfolg verholfen haben? Tun Sie es bitte jetzt und öffnen Sie eine Datei oder nehmen Sie dafür ein neues Blatt. Stellen Sie dieser Sammlung anschließend eine Liste mit Verhalten gegenüber, das in der Prüfung negative Folgen hatte. Dabei geht es nicht nur um Wissenslücken, sondern auch um Ihre eigene Reaktion darauf. Und die Folgen natürlich. Um Prüfungsexperte in eigener Sache zu werden, müssen Sie auch etwas investieren.

Ungeliebte Instrumente

Aber auch den Hochschullehrern geht es nicht anders als den Prüfungskandidaten. Uns ist noch kein Professor begegnet, der scharf aufs Prüfen wäre. Im Gegenteil: Es scheint fast so, als wollte an den

Hochschulen jeder den Prüfungen aus dem Weg gehen. Dafür gibt es gute Gründe, denn Prüfungen sind nicht nur lästig und verschlingen Zeit, sie sind auch grundsätzlich skeptisch zu betrachten. Es sind vor allem vier Argumente, die sich sehr leicht gegen das Durchführen von Prüfungen ins Feld führen lassen:

- Prüfungen sind Herrschaftsinstrumente und dienen der Selektion
- Prüfungen lösen Angst aus
- In Prüfungen wird der Mensch auf seine Leistung reduziert
- Das für die Prüfung gelernte Wissen ist nur oberflächlich kodiert und wird schnell wieder vergessen

Zusätzlich könnte man einwenden, dass das Prüfungslernen kaum freiwillig und aus Interesse erfolgt. Wenn man also Prüfungen schon nicht aus dem Studienalltag verbannen kann, gibt es genug Gründe, sie möglichst auszublenden. Auch von Hochschulseite aus. Und hier geschieht das meistens auf zwei Arten: zum Einen werden Prüfungen von den Dozenten gerne an die Ränder geschoben – ans Ende des Semesters, des Studienabschnitts oder gar des Studiums. Die andere Strategie besteht darin, sie in homöopathischen Dosen über die ganze Studienzeit zu verteilen. Beide Verfahren des Umgangs mit Leistungsnachweisen haben für das Lehren und Lernen an Hochschulen gravierende Nachteile.

Variante 1: Die Prüfung als Randphänomen

Haben Sie schon mal mit Menschen über ihr Studium gesprochen, die noch im 20. Jahrhundert ihren Abschluss gemacht haben? Hatten die nicht ein gemütliches Leben? Sie konnten studieren, diskutieren, protestieren, jobben und reisen – und das alles so, wie sie gerade Lust hatten. Prüfungen waren eher ungewöhnliche Phänomene, denn in nur wenigen Prüfungsfächern musste man am Ende des Semesters eine Klausur schreiben. In manchen geisteswissenschaftlichen Studiengängen benötigte man für das Vordiplom gerade mal zwei bis vier Scheine, die durch Referate und Hausarbeiten zu erwerben waren. Nach vier bis sechs Semestern! Aber aus den Studenten von damals ist trotzdem etwas geworden. Wahrscheinlich gehören etliche Ihrer Professoren zu ihnen. Viele Hochschullehrer, die heute ihre Studenten mit einer Flut von Prüfungen quälen, wurden in ihrem eigenen Studium sehr viel seltener geprüft. Aber hatten sie es dadurch tatsächlich besser? Spielten Prüfungen bei ihnen gar keine Rolle? Doch, sehr wohl sogar. Tatsächlich mündeten die Studiengänge jener Zeit alle in ein großes Horrorfinale ein: die Abschlussprüfung. Sie überschattete alles und breitete vom Ende des Studiums her ihre schreckliche Macht auf die gesamte Studienzeit aus.

Wer sich am Ende seines Studiums einer Abschlussprüfung unterziehen muss, stellt sich schon am Anfang bange Fragen: Studiere ich effektiv? Wähle ich die richtigen Veranstaltungen? Weiß ich genug über das Thema? Wann soll ich mich zur Abschlussprüfung anmelden? Bin ich wirklich reif fürs Examen? Eine Abschlussprüfung ist für viele Studenten wie ein großer Berg. Auch wenn es gelingt, lange nicht an sie zu denken, so bemächtigt sie sich doch rasch der Fantasie und wächst sich zu einer riesenhaften Größe aus.

Marc, mittlerweile Chefarzt in einer Kinderklinik, reflektiert in seinem Internetblog das lange zurückliegende Studium: Mein Medizinstudium war der blanke Horror. Eigentlich bestand es nur aus der Vorbereitung auf die drei Examen. Die Kurse, Praktika, Vorlesungen und Seminare waren bedeutungslos: Ich musste nur am Ende die Multiple-Choice-Klausuren bestehen.

Bis heute haben Abschlussprüfungen nichts von ihrem Schrecken eingebüßt. Studenten vergraben sich hinter dem Schreibtisch, bearbeiten Themen und schreiben monatelang unsicher an einer Hausarbeit, von der sie nicht wissen, ob sie erfolgreich sein wird. Dann bereiten sie sich auf Klausuren vor, deren Benotung plötzlich bis auf die Stelle hinter dem Komma relevant ist. Am meisten fürchten sie sich aber vor den mündlichen Prüfungen. Konkreter: vor der Situation, dem Prüfer direkt ausgeliefert zu sein. Für viele ist diese Situation ungewohnt, weil sie ihnen nur noch aus dem mündlichen Abitur „vertraut" ist. Kein Wunder also, dass es im deutschsprachigen Raum viele tausend Menschen gibt, die zwar fertig studiert, aber nicht ihren Abschluss gemacht haben. Viele Studenten der klassischen Diplom- und Magisterstudiengänge haben sich letztlich nicht den langwierigen Abschlussprüfungen gestellt und verließen die Universitäten ohne akademische Weihen. Zum Glück hat der Arbeitsmarkt ihre Kompetenzen erkannt, so dass sie, zum Beispiel im MINT-Bereich – also in Mathematik, Informatik, Naturwissenschaft und Technik – nicht stärker von Arbeitslosigkeit betroffen sind als ihre absolvierten Kollegen (Becker/Grebe/Bleikertz 2010, S. 19).

Variante 2: Die verteilte Prüfung

Das Verschieben der Prüfungen ans Studienende führt bei allen Beteiligten zu einer Überdosis Stress, auch bei den Hochschullehrern. Wäre es da nicht sinnvoller, die mächtige Abschlussprüfung zu zertrümmern und die Splitter in moderaten Dosen auf das ganze Studium zu verteilen? Das klingt zunächst einleuchtend. Denn wenn die Studenten das gesamte Studium über viele kleine Prüfungsleistungen erbringen und diese nicht mehr mit harten Noten, sondern mit Credit-Points bewertet werden, wird auch ihr Stresslevel auf Dauer niedrig gehalten. Aber stimmt das? Oder handelt es sich hierbei nur um eine andere Form, die Auswirkungen von Prüfungen zu verdrängen? Wird durch das Verteilen von Prüfungen nicht das gesamte Studium mit permanentem Stress belastet? Den Studenten bleibt kein Semester, kein Monat, nicht mal mehr eine Woche, um sich mit Themen zu befassen, die nicht auf eine Prüfung ausgerichtet sind. Aufnehmen, Verarbeiten, Setzenlassen – das alles ist nicht mehr möglich, weil schon die nächste Prüfungsprozedur ansteht.

Leben ist Lernen

Viele elementare Fähigkeiten haben wir ohne Lehrinstitution und ganz nebenbei erlernt. Ein Kind entdeckt die Sprache innerhalb weniger Wochen. Können Sie sich noch daran erinnern, als Sie das Telefonieren, Computerspielen, Radfahren oder Schwimmen gelernt haben? Die meisten Kompetenzen haben wir uns ohne Lehranstalt angeeignet, ganz wie von selbst. Die Rede vom lebenslangen Lernen ist genau genommen redundant: Leben *ist* Lernen. Solange wir leben, stehen wir im Austausch mit unserer Umwelt – und das ist Lernen. Die Frage ist nur, ob wir bis ins hohe Alter hinein in Lernanstalten lernen müssen?

Beim Lernen zum Erfolg verdammt

Dass Lernen ganz offensichtlich keine Tätigkeit sein darf, die ohne Erfolgs- oder Misserfolgsbewertung auskommt, also keinem Selbstzweck überlassen bleibt, haben wir schon von Kindesbeinen an erfahren. Selbst das Radfahren wird in der Grundschule gelernt und anschließend geprüft. Auch beim Schwimmen zählen vor allem die „sichtbaren" Erfolge in Gestalt des „Seepferdchen"-Aufnähers und der bronzenen, silbernen oder goldenen Abzeichen. Nach einem Kurs oder nach einer Schulung erwarten wir selbstverständlich ein Zertifikat von der Prüfungsinstanz. Am besten ein qualifiziertes mit Noten. Zweifellos ist es ein gutes Gefühl, den Erwerb einer neuen Fähigkeit bescheinigt zu bekommen. Gleichzeitig rechtfertigt die Bildungsinstitution ihre Funktion durch die Anzahl der ausgegebenen Teilnahmebescheinigungen, Zertifikate und Zeugnisse. Warum aber wird der Erwerb von Fähigkeiten immer mehr verschult und damit der freiwilligen Beschäftigung entzogen?

Hinter jedem Bildungsangebot steht eine Institution, die festlegt, welche Kompetenzen erworben werden sollen. So gilt es zum Beispiel als gute Sache, wenn möglichst alle Kinder schwimmen können, weil das die Gefahr des Ertrinkens mindert. Am besten wird Schwimmen deshalb möglichst frühzeitig, schon in der Grundschule, gelehrt. Und weil Betriebe festgestellt haben, dass Ingenieure vor allem in Teams arbeiten, gibt es an Hochschulen mittlerweile Trainings in Teamentwicklung. Die sogenannte „outputorientierte Lehre" folgt also der gewünschten Kompetenzerweiterung, die als zertifiziertes Ergebnis am Ende der Ausbildungszeit stehen soll. Ob Studierende am Ende tatsächlich die angestrebten Fähigkeiten erlangt haben, muss sich dann in den Prüfungen zeigen.

Soweit die Theorie. Bei der beschriebenen Outputorientierung ergibt sich aber sogleich ein neues Problem: Es lässt sich nur sehr schwer begründen, *welche* Kompetenzen Studenten bestimmter Studiengänge *wann* beherrschen müssen. Die gängige Praxis, Lernziele verbindlich festzulegen und diese zu begründen, ist relativ beliebig. Zu einem guten Arzt wird man nicht einfach an der Universität, sondern man reift in vielen Jahren reflektierter Praxis heran. In fünf Studienjahren kann man das medizinische Wissen nicht erlernen und nicht alle Kompetenzen eines Arztes entwickeln. Es ist innerhalb dieses Studienzeitraums nur möglich, das medizinische Wissens-System an exemplarischen Punkten kennengelernt zu haben. Das Argument, wir bräuchten Prüfungen als Nachweis von Kompetenzen, erweist sich als äußerst fragil. Zumal keine Prüfung sicherstellen kann, dass Kompetenzen, die einmal abgeprüft wurden, auch dauerhaft vorhanden bleiben.

3. Die Notwendigkeit des Überflüssigen

Es gibt also gute Gründe dafür, den Stellenwert von Prüfungen an Hochschulen zu bezweifeln, das Lernen für die Prüfungen einzustellen und sich sinnvolleren Tätigkeiten zuzuwenden. Dazu wird es aber in absehbarer Zeit nicht kommen. Wer studiert, muss sich prüfen lassen. Nicht weil dafür eine hochschuldidaktische Notwendigkeit besteht, sondern weil unsere Gesellschaft das fordert. Die zwei wichtigsten gesellschaftlichen Funktionen von Prüfungen sind die *Statusverleihung* und die *Auswahl*.

Prüfungsriten für die Statusverleihung

Wenn Sie eines Morgens mit heftigem Zahnschmerz erwachen, mit Glück noch einen Nottermin beim Zahnarzt bekommen, schließlich auf dem Behandlungsstuhl sitzen und sich Ihnen ein Mann in weißem Kittel und mit kreischendem Bohrer nähert, werden Sie dankbar dafür sein, dass es Examensprüfungen gibt. Denn die stellen sicher, dass der weitgehend Unbekannte vor Ihnen auch tatsächlich mehrere Jahre Zahnmedizin studiert hat. Solange er Ihnen nicht in die Lippe bohrt, braucht Sie also nicht der Gedanke zu quälen: Kann der das überhaupt? Die gleiche Haltung der Gelassenheit ist auch auf anderen Feldern angebracht: bei der Fahrt mit der U-Bahn, der Flugreise in den Urlaub, wenn Sie sich an Ihren Anwalt wenden oder wenn Sie Ihr Auto zur Reparatur bringen. Wir wollen sicher sein, dass derjenige, der uns eine Dienstleistung angedeihen lässt, seinen Beruf auch beherrscht. Dass wir diese Sicherheit haben können, verdanken wir gesellschaftlichen Normen. Denn Jurist, Ingenieur, Lehrer, usw. wird ein Mensch nicht durch sein Wissen, sondern durch die von ihm absolvierten Prüfungen.

Das wird besonders in Studiengängen mit Abschlussprüfungen deutlich: Wer geprüft wird, ist unmittelbar nach der Prüfung ein anderer. Bei Abschlussprüfungen verliert er seine Identität als Studierender und wird Jurist, Ingenieur, Lehrer, usw. Das erklärt auch den rituellen Charakter der Prüfung, der – bei allen Verschiedenheiten – einen Vergleich mit den Initiationsriten anderer Kulturen zulässt. Die Hauptfunktion dieser Rituale ist der Übergang in die Gruppe der Erwachsenen. Anders gesagt: Der Absolvent erfährt die kollektive Anerkennung der veränderten sozialen Beziehungen. Dabei hat das Prüfungsritual eine kulturspezifische Funktion zu erfüllen. Es dokumentiert den Entwicklungsstand des Kandidaten und vollzieht sichtbar den Übergang in eine neue gesellschaftliche Position (Scheer/Zenz 1973, S. 11). Ursprünglich waren Rituale echte Hilfen zur Krisenbewältigung, wenn sich im Leben gerade alles veränderte. Doch nur wenige Initiationsriten haben bis heute überlebt (Erdheim 1993, S. 131). Der Prüfungsritus an den Hochschulen ist einer davon. Leider schrecken viele Studierende vor der Prüfungshürde zurück; auch deshalb, weil sie im Umgang mit Ritualen unerfahren sind und ihre hilfreiche Funktion nicht erkennen. In vielen Studiengängen sind Abschlussprüfungen heute nicht mehr üblich. Die Statusverleihung erwirbt man sich kumulativ. Prüfungen markieren dann höchstens noch den Übergang in ein neues Semester.

Die Prüfung als Auswahlverfahren

Neben ihrer Aufgabe, die Statusverleihung von Akademikern zu regeln, werden Prüfungen aber auch als Rekrutierungs- und Selektionsinstrument genutzt. Wer eine anerkannte gesellschaftliche Position einnehmen möchte, muss sich zuvor dafür qualifizieren. Diese Aufgabe erfüllen Prüfungen. Sie sollen möglichst objektiv messbar, zuverlässig und aussagekräftig sein. Gerade diese Funktion macht sie für die Kandidaten so unbeliebt. Denn an einem Auswahlverfahren teilnehmen zu müssen, kann Angst auslösen: Was ist, wenn ich nicht gut genug bin? Was hat es für Konsequenzen, wenn ich nicht dazu gehöre? Insbesondere die Auswahlfunktion von Prüfungen ist mit handfesten volkswirtschaftlichen Absichten verbunden – in Gestalt der späteren Arbeitgeber. Sie fordern von den Hochschulen aussagekräftige Leistungsvergleiche, auf deren Grundlage sie die Besten in späteren Bewerbungsverfahren auswählen können. Aber verträgt sich dieser „Sortierungsauftrag" (Weidenmann 2008) überhaupt mit dem Bildungsauftrag der Hochschul-Lehre? Aus hochschuldidaktischer Sicht wird es problematisch, wenn die Hochschulen etwa Eingangsklausuren dazu missbrauchen, eigene Defizite und Engpässe zu kaschieren. Bei einem Unterangebot an Laborplätzen beispielsweise werden in vielen Hochschulen Klausuren als Auswahlinstrument genutzt. Noch vor dem eigentlichen Lehr-Lern-Prozess wird der Dozent zum Torwächter oder sogar zum Scharfrichter. Manche Eingangsklausuren fragen zudem genau den Stoff ab, der Gegenstand eben jener Veranstaltung ist, für die sich die Studenten in der Klausur zu qualifizieren erhoffen.

Notenvergabe als Abschied vom Bildungsauftrag

„Schaffen wir die Noten ab. Geben wir der Lehre Raum und viel Zeit und Geduld. Geben wir den Lernenden eigene Lernverantwortung", forderte Detlev Buchholz, der Präsident der Fachhochschule Frankfurt, im Festvortrag seiner Amtseinführung (Frankfurter Fachhochschulzeitung 108 2009, S. 20). Es ist bei dem „Gedankenexperiment" geblieben. Auch in Frankfurt kämpfen die Studenten weiterhin um gute Beurteilungen. Selbst wer sein gesamtes Studium über eifrig Creditpoints im European Credit Transfer & Accumulation System/ECTS gesammelt hat und sich auf diese Weise einer dauernden, vergleichenden Benotung entzogen zu haben glaubt, entkommt der Einordnung in eine Rangfolge nicht. Denn zur Dokumentation der Qualität, also der erzielten Noten, dient das System der „Grades". Sie geben die Leistungen der Studierenden im ECTS-Ranking-System wieder und zwar in einer Skala die sich an der „Gauß-Verteilung" orientiert. Das Prinzip dieser Notenvergabe basiert auf der Annahme, dass sich die Prüfungsleistungen in der Kurvenform einer Glocke um einen starken Noten-Mittelwert gruppieren lassen: 30% Note C. Davon ausgehend nimmt die Verteilung nach oben hin ab: 20% Note B und 10% Note A. Ebenso verhält sich die Verteilung nach unten hin: 20% Note D und 10% Note E. Der Pferdefuß dieses Verfahrens: Die Kurvenform wird unabhängig von der tatsächlichen Qualität und Leistungsstärke einer Lerngruppe aufrechterhalten. Ein solcher Verteilungsvorgang an den Fachbereichen wirkt sich automatisch auf die Funktion der Hochschullehrer aus. De facto geben sie ihren Bildungsauftrag zu Gunsten eines Sortierungsauftrags auf. Die Förderung von Lernprozessen bildet nicht mehr die Grundlage ihrer Arbeit. Ihre Aufgabe besteht nur noch im Selektieren. Das Umwandeln nach der „Gauß-Verteilung" hat kuriose Folgen: Der Einzelne wird besser benotet, wenn der Kurs ein schlechtes Leistungsniveau hat. Das wiederum wirkt sich auf die Gruppenarbeit und das Lernklima eines Seminars aus. Warum sollten die Seminarteilnehmer dann noch zusammenarbeiten und sich im Lernen gegenseitig fördern? Das wäre geradezu unklug, denn dadurch würde sich das Niveau der Gruppe anheben, was am Ende des Semesters paradoxerweise zur Senkung des Gesamtschnitts führen und die eigene Leistung herabsetzen würde. Zusammenarbeit ist kontraproduktiv – auf diese Formel lässt sich der Lerneffekt aus einer solchen Notenvergabe bringen. Lernfortschritte jedenfalls vermag sie den Studenten nicht mehr aufzuzeigen. Streng genommen ist sie überhaupt nicht auf die Bewertung von Lernprozessen anwendbar. Denn das Modell der „Gauß'schen Glocke" beschreibt die Häufigkeiten natürlicher Merkmale, wie zum Beispiel die zufällige Verteilung von großer Muskelmasse oder hohem Lungenvolumen in der Gesellschaft. Noten sind aber kein Ausdruck natürlicher Merkmale. Wer erwartet denn eine Normalverteilung von großen Muskeln und Lungen in einem Kader von Leistungsschwimmern?

Drum prüfe, wer sich ewig windet

Eine Frage taucht im Zusammenhang mit Prüfungen immer wieder auf: Was bewerten Prüfungen eigentlich? Das reine Fachwissen? Problemlösungskompetenz? Allgemeinbildung? Persönliches Auftreten? Welchen konkreten Aussagewert hat die Endnote auf dem Abschlusszeugnis? Weil kaum ein Student von Lernstress, Prüfungsangst oder Lampenfieber verschont bleibt, lässt sich darauf schließen, dass in Prüfungen immer auch die Fähigkeit bewertet wird, wie ein Prüfling mit seiner Angst umgehen kann. Prüfungsangst beeinträchtigt die Konzentrationsfähigkeit, das Denkvermögen, die sprachliche Ausdrucksfähigkeit und die soziale Kontaktaufnahme – alles Kompetenzen, die gerade in einer Prüfung benötigt werden, um bestehen zu können. Wer seine Prüfungsängstlichkeit gut im Griff hat, wird diese

Fähigkeiten in der Prüfung denn auch ungestört einsetzen können und erfolgreich sein. Viele Prüfungskandidaten setzen aber alles daran, ihre Angst auszublenden und beängstigenden Fantasien keinen Raum zu geben. Das jedoch bändigt die Angst nicht, sie wirkt im Unbewussten weiter, wächst sich aus und führt zu massiven Beeinträchtigungen des persönlichen Leistungsvermögens. Ein konstruktiver Umgang mit der Angst besteht denn auch nicht in der Vermeidung der Gefühle, sondern in der bewussten Beschäftigung mit den inneren Bildern über die Prüfung sowie mit den Emotionen, die durch sie ausgelöst werden. Was ist da gerade in Ihnen los, wenn Sie an die Prüfung(en) denken?

Wie dreifacher Espresso mit Nachgeschmack

Prüfungen sind uns auch deshalb so unangenehm, weil sie die Macht haben, uns mit einem Mal unter Höchstspannung zu setzen. Das fühlt sich dann so an, als wagten wir im gleichen Moment dreierlei: einen Fallschirmsprung aus 1500 Metern Höhe, einen Fahrradsprint durch die Fußgängerzone in Schallgeschwindigkeit und den Nervenkitzel, alle unsere Spielbankchips im Wert von einer Million Euro auf die „Null" zu setzen. In jeder Prüfung geht es um etwas – rein gefühlsmäßig oft ums Ganze. Immer droht ein Verlust. Mein Ansehen steht auf dem Spiel (und damit vielleicht auch meine fachliche Karriere). Vielleicht muss ich den Kurs wiederholen und dann verliere ich die Gruppe meiner Kollegen aus den Augen, die mir bisher Halt gegeben hat. Oder ich verliere Geld, weil ich die Trainingsstunden nun doch noch weiter bezahlen muss. Aber diese Bilanz wäre zu einseitig, wenn wir nur die negativen Seiten von Prüfungen betrachteten. In der Tat ist mit Prüfungen auch viel Positives verbunden – wenn wir sie bestehen: Wir erhalten für unsere Leistung eine ganz persönliche, individuelle Bewertung. Uns wird am Studienende sogar ein Abschlusstitel verliehen, uns winkt eine neue Stelle, vielleicht sogar ein gutes Gehalt … In Prüfungen steht einiges auf dem Spiel. Deshalb ist es geradezu logisch, dass wir zuweilen mit Angst darauf reagieren.

Lernprozess-Steuerung als Rest-Sinn einer Prüfung

Sind Prüfungen wirklich nur aufgrund dieser bildungsfernen gesellschaftlichen Vorgaben relevant? Haben sie nur die Funktion, Studenten auszuwählen und einen Status zu verleihen? Sind sie tatsächlich nichts anderes als Schikanen, die man notgedrungen über sich ergehen lassen muss? Gibt es denn nicht wenigstens *einen* Sinn, den Prüfungen für das Studium haben? Doch, einen Zweck erfüllen Prüfungen auch für das Studieren: Eine gut gestaltete Prüfung wirkt lernsteuernd. Und zwar deshalb, weil sie ein Ziel für den Lehr-Lern-Prozess definiert und dem Lernenden die Rückmeldung gibt, dass er sein Ziel erreicht hat. Aber auch hier lässt sich gleich wieder ein Einwand erheben: Braucht das Studium denn überhaupt die Steuerung von außen? Wäre das „Selbstgesteuerte Lernen" nicht die angemessene Antwort?

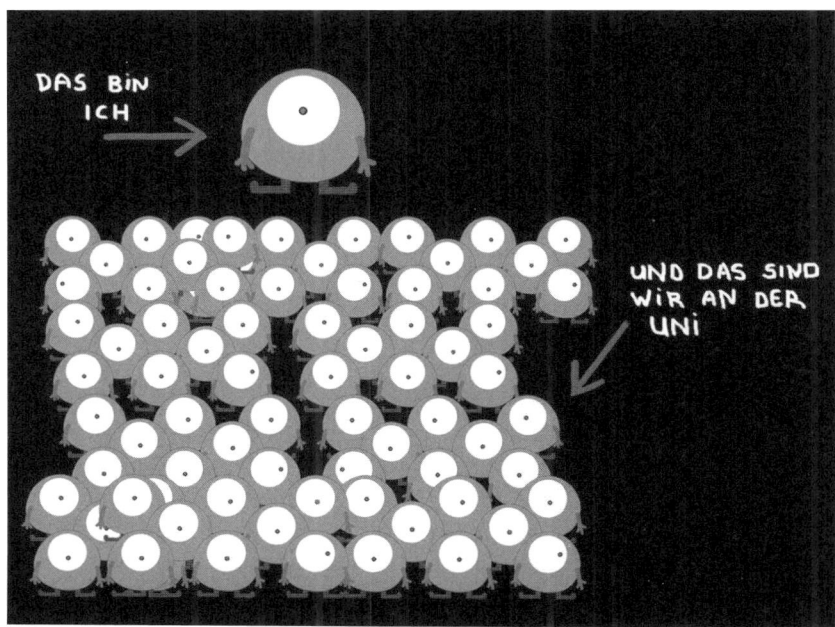

4. Selbstgesteuertes Lernen

Selbstgesteuertes Lernen ist an den Hochschulen und in der Erwachsenenbildung ein sehr strapazierter Begriff. Die folgende Grundthese der Schulpädagogik zum Thema des selbständigen Lernens hat sich auch an den Hochschulen durchgesetzt: „Unterricht, der nicht zur Selbstständigkeit erzieht, verdient nicht den Namen Unterricht – er wäre bloße Abrichtung, Manipulation oder Unterhaltung" (Meyer 1997, S. 29). Trotzdem scheint keine unserer Bildungsinstitutionen ein Problem damit zu haben, die Selbstständigkeit der Studierenden in der Organisation ihres Studiums durch immer straffere zeitliche und inhaltliche Vorgaben einzuschränken. Wenn selbst die „Learning Outcomes" schon vorher festgelegt sind, was können Studierende beim Lernen dann überhaupt noch selbst steuern?

Tatsächlich gibt es eine Reihe von „Faktoren im Lernprozess" (Dietrich/Fuchs-Brüninghoff 1999), die vom Lernenden aktiv gesteuert werden können:

- das Ziel des Lernprozesses (woraufhin?, d.h. welches sind die angestrebten Kompetenzen?)
- die Inhalte des Lernprozesses (was?)
- die Lernregulierung (wann, wie lange?)
- der Lernweg (wie?, d.h. auf welche Weise, mit welchen Hilfsmitteln, alleine oder gemeinsam mit anderen ...?).

Es geschieht nur selten, dass wir in Lernprozesse einsteigen, die wir nach allen Aspekten dieser Liste voll und ganz selbst steuern. Natürlich könnten Sie ganz spontan entscheiden, das Banjospielen zu erlernen. Sie könnten dazu Ihre Übungszeiten selbst festlegen und entscheiden, ob Sie ein Übungsbuch verwenden möchten oder nicht. Aber spätestens dann, wenn Sie bei einem Banjolehrer Unterricht nehmen oder wenn Sie einem Freund versprechen, bei seiner Geburtstagsfeier aufzutreten, endet die völlige Selbststeuerung. Denn Lernsituationen mit mehreren

Beteiligten sind weder nur rein selbstgesteuert, noch sind sie völlig fremdgesteuert. Das Maß der Selbststeuerung variiert vielmehr je nach Einflussmöglichkeit des Lernenden. Manche der oben aufgeführten Faktoren kann der Lernende stärker als andere beeinflussen. Ganz allgemein kann man jedoch sagen, dass das selbstgesteuerte Lernen eine Form des bewussten, individuellen Lernens ist, die sowohl selbst organisiert als auch durch Institutionen begleitet stattfinden kann. Und als Form des individuellen oder in der Gruppe stattfindenden „Selbstlernens" mündiger Erwachsener ist das selbstgesteuerte Lernen für Fremdunterstützung immer offen (Dohmen 1999, S. 16). Selbst für den Fall, dass das Ziel eines Lernprozesses durch die Studienordnung vorgegeben sein sollte, ist selbstgesteuertes Lernen noch möglich. Vorausgesetzt, die Lernenden streben dieses Ziel bewusst und auf eigenen Wegen an. Lehrziele müssen zu Ihren Lernzielen werden.

Auch wenn in Ihrem Studiengang fast alles vorgegeben zu sein scheint, lassen Sie sich das Steuer nicht aus der Hand nehmen. Nutzen Sie die vorgegebenen Prüfungen als Landmarken für Ihre Navigation durch das Studium. Planen Sie die Arbeitszeiten und die Lernschritte klug. Dieses Buch wird Ihnen dabei helfen.

Last Exit Lehr-Lern-Prozess

In einer Hinsicht sitzen Sie im gleichen Boot wie Ihr Dozent: Sie wissen genau so wenig wie er, ob das, was Sie da tun, irgendetwas bringt. Woher können Sie denn schon wissen, ob Ihr Lernen und Studieren erfolgreich sein wird? Und woher wissen Sie eigentlich, was Sie alles wissen? Ihrem Professor geht es kaum anders. Er plagt sich insgeheim mit der Frage: Hat das Lehren überhaupt einen Sinn? Die Lehre ist nämlich ganz und gar vom Lernen abhängig. Ob also Ihr Professor im Seminar tatsächlich „lehrt" und nicht nur vor sich hin redet, hängt für ihn ganz entscheidend davon ab, dass Sie lernen. Ob Sie aber etwas lernen, wissen Sie im Moment seiner Präsentation ja selbst noch nicht. Aus dieser misslichen Lage befreit Sie (und auch Ihren Dozenten) die Prüfung. Diese gibt Ihnen die Möglichkeit, Ihr Wissen schriftlich oder mündlich zu präsentieren, damit Ihr Professor Ihnen ein Feedback darüber geben kann, ob Sie das Thema verstanden haben. Er selbst bekommt von Ihnen auch eine Rückmeldung: Er sieht, was und wie viel Sie von dem begriffen haben, was er in seiner Lehrveranstaltung

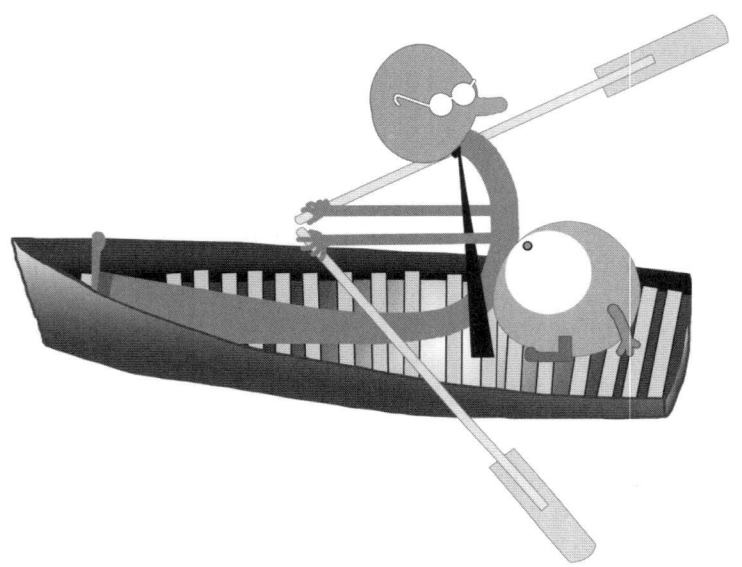

präsentiert hat. Prüfungen könnten auf diese Weise zum Bestandteil einer Feedbackkultur werden, die den Lehr-Lern-Prozess unterstützt. Wer schon während des Semesters vom Dozenten oder von Kommilitonen immer wieder Rückmeldung, Anerkennung und gegebenenfalls Hinweise dafür bekommt, wie er das jeweilige Problem und seine Lösungsmöglichkeiten noch klarer sehen kann, gewöhnt sich rasch daran, Feedback zu erhalten. Das hat auch Auswirkungen auf die anstehende Klausur, deren Beurteilung dann weniger Furcht auslöst, weil die Rückmeldungen im Semester dem Studenten ja bereits bewiesen haben, dass er mit dem Thema etwas anzufangen weiß. Regelmäßige Rückmeldungen von beiden Seiten sorgen für mehr Offenheit und Vertrauen. Sie fördern das Entstehen eines Klimas, in dem ein gemeinsames Lernen möglich wird. Das Erteilen von Feedback ist eine Form des gegenseitigen Spiegelns: Es zielt darauf, dass sich alle, die am Lernprozess beteiligt sind, regulieren können. Sie vergleichen systematisch die Fremdwahrnehmung (wie andere mich sehen bzw. mich verstehen) mit ihrer Selbstwahrnehmung (wie ich mich sehe und was ich ausdrücken will). Auf diese Weise erhalten sie ein realistischeres Bild von ihrem Lern- und Wissensstand.

II. Orientierung finden: Das Lerndreieck

1. Wie gelingt ein Studium?

Das herkömmliche Drehbuch eines gelingenden Studiums orientiert sich an folgendem Plot: In einer Lehrveranstaltung wird ein Lernstoff vorgestellt, den der Student lernt und anschließend als sein Wissen mit Erfolg in einer Prüfung präsentiert. Und das wiederholt er so lange, bis er alle Creditpoints beisammen hat und damit das Studium beendet ist. Als Schema lässt sich dieser Lern- und Prüfungs-Plot wie folgt darstellen:

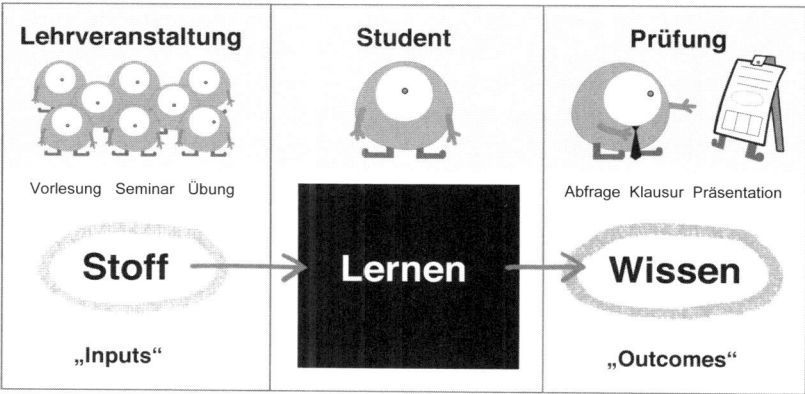

Dieser simple Ablauf wird erst dann komplizierter, wenn sich jemand die Frage stellt, was „Lernen" überhaupt ist. Was geschieht in dieser Blackbox, die „Stoff" irgendwie in „Wissen" verwandelt? Lange Zeit ist diese Frage an den Hochschulen ignoriert worden. Dort konzentrierte man sich lieber darauf, in den Lehrveranstaltungen exzellente Inhalte und die neuesten Forschungsergebnisse zu präsentieren. Was die Studenten daraus machten, blieb ihnen selbst überlassen. Aber eine Änderung gab es schließlich doch: Die Bildungsplaner und Hochschuldidaktiker entschieden, dass man an den Hochschulen wegkommen müsse von der „Input-Orientierung". Stattdessen verschrieben sie sich der „kompetenzorientierten" Lehre (Bundesministerium für Bildung und Forschung 2012, S.1). Sie propagierten damit den Perspektivwechsel vom Lehren zum Lernen. Häufig bleibt es jedoch bei diesem Blickwechsel vom „Input" zum „Output" bzw. zu den „Outcomes" (Zimmermann/Kamphans/Metz-Göckel 2007, S. 199), wie es in vielen Modulbeschreibungen heißt. Anders gesagt: Es geht darum, was am Ende beim Arbeiten des Studenten heraus kommt. Und zwar völlig unabhängig davon, wie es in ihn hineingeraten ist. Wenn ein Arbeitsprozess aber zu messbaren und vergleichbaren Outputs führt, liegt doch der Gedanke nahe, dass es definierbare Inputs geben muss, welche diese Ergebnisse ermöglichen. Das Input-Output-Modell erinnert an den so genannten „Nürnberger Trichter", eine humoristische Darstellung aus dem 17. Jahrhundert, die im deutschsprachigen Raum sehr populär war. Sie veranschaulicht die Vorstellung, man könne mit Hilfe eines Trichters das Wissen direkt in die Köpfe der Lernenden hineingießen. Natürlich war diese Vorstellung des Eintrichterns bereits damals eine Karikatur auf die kontrollierende Lehre und das mechanische Lernen. Und ganz sicher auch ein Reflex auf die Schwierigkeiten der damaligen Lehrer mit der „Wissensvermittlung". Das große Manko, das die Hochschullehre heute noch prägt, sofern sie sich nur auf die Inputs oder die Outcomes konzentriert, besteht im Vermeiden. Sie beschäftigt sich nicht mit den Lehr- und Lernprozessen. Aber gerade in diesem Bereich liegt der Schlüssel dafür, den Studenten das Lernen zu erleichtern. Und das Lehren der Dozenten effektiver zu gestalten.

Lehre nach Plan

Die Doktorandin wird von ihrem Professor gefragt, ob sie im kommenden Semester einen Lehrauftrag übernehmen kann. Sie sagt sofort zu, aber gemischte Gefühle hat sie dennoch: Einerseits fühlt Sie sich geehrt, dass der Professor ihr die Aufgabe zutraut. Andererseits weiß sie, dass nun eine Menge Arbeit auf sie zukommt. Arbeit, die sie eigentlich in die Forschung für ihre eigene Doktorarbeit investieren wollte. Frühzeitig beginnt sie mit der Vorbereitung. Zuerst informiert sie sich in der Modulbeschreibung darüber, welche Lernergebnisse in der Lehrveranstaltung gefordert werden. Dann macht sie sich auf die Suche nach der wichtigsten Literatur und

sammelt Material zum Thema. Obwohl sie bereits Expertin auf dem The-
mengebiet ist, liest sie sich noch einmal gründlich in die aktuelle Literatur
ein und fertigt einen Ablaufplan für die Lehrveranstaltung an. Jetzt fällt
ihr auf, dass der Lehrstoff für die 14 Sitzungen im Semester neu struktu-
riert und erheblich reduziert werden muss. Kurz vor Beginn der Lehrver-
anstaltung ist sie voll im Thema drin und fühlt sich sicher. Jetzt kommen
die Adressaten der Lehre in den Blick: Die Studenten können kommen, sie
wird ihnen „ihr" Thema gut präsentieren.

Viele Dozenten (darunter erfahrene Professoren) bereiten sich in diesem Stil auf ihre Lehrveranstaltungen vor. Sie legen Wert auf einen
guten, persönlichen Kontakt zum Thema, das sie später den Studenten präsentieren werden. Das Prinzip dieser Art der Top-Down-Vor-
bereitung lässt sich mit folgendem Schaubild darstellen:

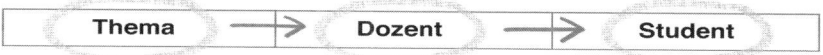

Wenn Sie sich dagegen als Student am Ende dieser Wissensverwer-
tungskette befinden, ändert sich die Perspektive auf den Lehr-Lern-
Vorgang erheblich. Ihre Aufgabe besteht dann im Konsum. Sie müssen
sich zunächst auf das konzentrieren, was der Dozent (meistens vorne)
von sich gibt. Dazu werden Sie möglichst alles mitschreiben, alle
Handouts sammeln und festhalten, was Sie festhalten können. Denn es
kann Ihnen später alles wieder in einer Prüfung begegnen. Ganz selbstverständlich begeben sich Studenten an diese letzte Position in der Kette des Wissenstransfers. Und so selbstverständlich, wie morgens die
Sonne aufgeht, sprechen selbst die Dozenten noch davon, dass es ihre
Aufgabe sei, Wissen zu „vermitteln". Aber genauso sicher, wie wir seit
Kopernikus (1473-1543) wissen, dass die Sonne sich in Bezug zur Erde
nicht bewegt, wissen wir heute auch, dass Wissen nicht vermittelt werden kann. Denn Lernen ist kein Produkt, das irgendwie hergestellt
werden könnte. Es geschieht erst durch den eigenen und direkten Kontakt zum Thema. Diese Erkenntnis der konstruktivistischen Pädagogik
und der neurowissenschaftlichen Lernforschung könnte man tatsächlich als kopernikanische Wende der Didaktik bezeichnen. Der Gegenstand, den es zu „lernen" gilt, muss von den Studenten selbst betrachtet
und erschlossen werden. Im linearen Lehr-Lern-Modell der oben dargestellten Grafik bleibt das Thema jedoch im „Windschatten" des Dozenten. Die Studenten haben bei dieser „dozentenzentrierten Lehre"

überhaupt keine Chance, eine eigene Sicht auf das Thema zu entwickeln, die doch für ihr Lernen so wichtig wäre. Die „drohenden" Prüfungen verstärken diesen linearen Tunnelblick. Sie fördern eine Lernhaltung, die auf Anpassung zielt: Lerne das Thema so, wie es der Dozent präsentiert, denn so fragt er es bestimmt auch in der Klausur ab. Dagegen möchten wir Ihnen jedoch ausdrücklich empfehlen, an dem Versprechen zu zweifeln, dass Ihnen ein Dozent Wissen vermitteln kann. Das Lernen beginnt für Sie erst dann, wenn Sie direkt in Kontakt zum Thema kommen. Ganz ohne „Vermittler".

Lernwelten sind dreieckig

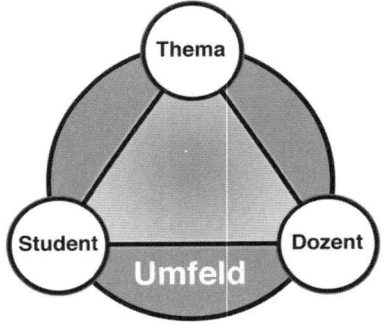

Sobald Sie ein Studium beginnen, einen Seminarraum betreten, ein Buch aufschlagen oder eine Lernplattform im Internet anklicken, sind Sie schon mittendrin. In einem unsichtbaren Dreieck. Alles dreht sich um *Sie*, das *Thema* und die *Person*, die ihnen etwas mitteilen will. Wer das genau ist, der Ihnen etwas mitteilt, hängt vom jeweiligen Kontext ab. Im Fall des Buches oder im Web ist es der Autor, im Seminarraum der Dozent oder der referierende Kommilitone. Dieses Beziehungsdreieck bezeichnen wir als Lehr-Lern-Dreieck. Es umfasst die drei Pole **Student** – **Dozent** – **Thema**. Außerdem wird es in unserem graphischen Modell von einem Kreis umgeben, der das Umfeld der Lehr-Lern-Situation abbildet. Wir empfehlen Ihnen dieses Modell als dynamisches Analyseinstrument für Ihr Studium.

Auf den ersten Blick sieht das Lehr-Lern-Dreieck ganz einfach aus: Zwei Personen (oder Gruppen) kommunizieren über ein Thema. Durch die Verbindungslinien zwischen den drei Polen kommt jedoch eine neue Dynamik ins Spiel. Alle drei Pole stehen miteinander in Beziehung. Und diese Beziehungen können sich ständig verändern. Je nachdem, ob sich die Personen im Gespräch annähern oder entfernen, ob das Thema vielleicht einer der beteiligten Personen näher liegt oder ob es fast ganz aus dem Blick der beiden verschwindet – das

Dreieck behält nur selten die gleichseitige, „ideale" Gestalt bei, wie sie in unserer Abbildung dargestellt ist. Das Beziehungsdreieck kann unter Umständen sogar in eine bedrohliche Schieflage geraten, wenn die Kontakte untereinander belastet sind oder ganz abbrechen. Eine wichtige Rolle für das gesamte Dreieck spielt der Kreis, der alle Pole miteinander verbindet: das Umfeld. Angefangen von den konkreten Bedingungen des Veranstaltungsraums über die institutionellen Gegebenheiten an der Hochschule bis hin zu den allgemeinen Studienbedingungen – das Umfeld kann auf ganz unterschiedlichen Wegen Einfluss auf eine einzelne Seminarsitzung und Ihr gesamtes Studium nehmen. Es kann unterstützend wirken oder stören.

Wem gehört das Thema?

Die Dreiecksform des Modells ist wesentlich, weil sie betont, dass Lernen kein linearer Vorgang der Wissensweitergabe von einer Person zur anderen ist. Das Thema kann nicht einfach vom Lehrer aufgenommen und an Sie weitergegeben werden, damit Sie es in Ihren Wissensspeichern lagern. Anders gesagt: Der Dozent hat keinen direkten Einfluss darauf, was Sie aus dem Thema machen, das er vorträgt. Sie müssen einen *eigenen* Bezug zum Thema entwickeln, um es lernen zu können. Ob dies den Studenten gelingt, kann der Dozent nur dann erfahren, wenn es auf der Beziehungsebene (Dozent–Student) zu einem Austausch kommt. Nur durch dieses Feedback erfährt der Dozent, ob und in welcher Weise Sie Kontakt zum Thema aufgenommen haben und ob Sie evtl. schon Lernerfolge erzielen konnten. Im idealen Lehr-Lern-Dreieck ist der Kontakt des Studierenden zum Thema genauso wichtig wie der Kontakt des Dozenten zum Thema und wie der personale Kontakt zwischen den beiden Personen(gruppen). Um das Lehr-Lern-Dreieck im Gleichgewicht zu halten, müssen Sie als Student aktiv werden. Viele Dozenten klagen über mangelnde Beteiligung der Seminarteilnehmer und verfallen wieder in das einseitige Dozieren. Seine gleichseitige Form behält das Dreieck nur dann, wenn Sie einen ähnlich intensiven Kontakt zum Thema bekommen, wie der Dozent.

Ein Modell für die Prüfung

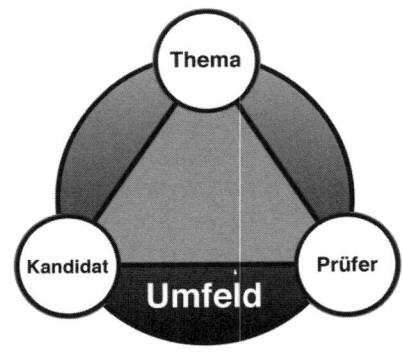

Aber nicht nur die Lehr- und Lernverhältnisse einer Hochschule lassen sich gut als Beziehungs-Modell darstellen. Auch der Ablauf von Prüfungen kann mit Hilfe des Modells gut nachvollzogen oder – noch besser – sogar antizipiert werden. Denn auch Prüfungen sind Kommunikationsformen. Auch sie erfolgen zwischen Dozent und Student. Im Falle einer Klausur beispielsweise läuft diese Kommunikation schriftlich ab. Zwar verändert sich hier die Form und der Charakter der Kommunikation – weil sie sich auf die reine Textebene verlagert und außerdem das Vergleichen, Bewerten und Beurteilen der eigenen Leistung mit ins Spiel kommen –, aber die beteiligten Personen und Elemente sind die gleichen. Mit einem Unterschied: Wenn aus dem Lehr-Lern-Dreieck ein Prüfungsdreieck entsteht, bekommen alle Elemente innerhalb des Beziehungsmodells neue Rollen und Funktionen (s. Schaubild). Der *Dozent* wird zum *Prüfer*, der *Student* zum *Kandidaten*, das *Thema* zum *Prüfungsthema* und im *Globe* des Umfelds gewinnen die Erwartungen und Prüfungsanforderungen der Universität, der späteren Arbeitgeber und der Gesellschaft insgesamt eine manchmal beängstigende Präsenz.

Welchen Nutzen haben Sie als Prüfling von diesem Prüfungsmodell? Es hilft Ihnen nicht nur dabei, alle Elemente gut im Blick zu behalten, die Bestandteile einer Prüfung sind. Es wirkt auch gut gegen Prüfungsstress.

Ein Modell gegen den Stress

„Hey Valentin, wo willst du denn hin?" Nadine holt ihren Kommilitonen an der Kasse des SB-Bäckers ein, nachdem er sie an der Theke ignoriert hatte. „Sorry, ich habe Dich nicht gesehen." – „Und ich hab' dich schon lange nicht mehr in der Mensa und an der Sport-Uni gesehen.

*Was machst Du denn so?" „Oje, ich bin total im Stress, sorry. Die Klau-
suren, die vielen Hausarbeiten und dann noch der Job. Ich hab' im Moment echt extrem wenig Zeit." – „Na, dann pass mal schön auf, dass der
ganze Stress dich nicht noch auffrisst." Nadine ist sich nicht sicher, ob
Valentin das Satzende noch gehört hat, denn der hat das abgezählte Geld
einfach auf den Tresen gelegt und ist auch schon wieder verschwunden.*

Prüfungen sind ideale Keimzellen für Stress. Viele Menschen beurteilen
sie ganz zu Recht als belastend, denn sie lassen sich im Bildungskontext
nicht vermeiden und sind mit hohem Aufwand bei ungewissem Ergebnis verbunden. Wer seine Prüfungen nicht besteht, muss mit Konsequenzen wie schlechten Noten oder Zeitverzögerungen im Studium
rechnen. Bei manchen Prüfungen bangen Studenten um den Verlust ihres Ansehens oder sogar um die Möglichkeit, den Studiengang überhaupt weiterführen zu können. Auf Belastungen reagieren wir, indem
wir eine Einschätzung vornehmen: Welcher Art ist die Belastung, welchen Umfang hat sie und welche Möglichkeiten stehen mir zur Verfügung, sie zu bewältigen? Wenn die Bilanz unseres Abgleichs positiv
ausfällt, wir also über ausreichende Möglichkeiten verfügen, um die Situation zu bewältigen, bewerten wir sie als eine „Herausforderung"
und gehen sie mit positiver Erwartung an. Sobald wir aber merken,
dass die Mittel, die uns zur Verfügung stehen, um die Prüfung zu bewältigen, nicht ausreichen, stellt sich die Belastung für uns als „Überforderung" dar und wir reagieren darauf mit Stress (Lazarus 1999). Im
einen wie im anderen Fall ist das Ergebnis dieses Bewertungsprozesses
eine Emotion (entweder positiv im Falle der „Herausforderung" oder
negativ im Falle der „Überforderung"). Studierende reagieren auf den
Stress mit einer Folge von negativen Emotionen. Um diese herab zu regulieren und nicht mehr so sehr unter ihnen zu leiden, reagieren viele
auf ihre scheinbar ausweglose Situation entweder mit Flucht, Verleugnung oder Aggression. Leider ein sehr beschränktes Arsenal an Handlungsmöglichkeiten. *Flucht*: Genau zur Zeit der Prüfungen müssen Studenten auf einmal mehr jobben. Dafür können sie natürlich nichts, der
Chef braucht sie so dringend. Oder *Verleugnung*: Manche Kandidaten
lassen die Prüfung seelenruhig auf sich zukommen und verändern ihren Tagesablauf nicht, sie kommen aber auch nicht zum Lernen. Und
Aggressivität: Die Uni und der Professor sind schuld daran, dass ich
mich vor der Prüfung so schlecht fühle.

In Valentins Fall ist die Diagnose seines Umgangs mit Stress nicht
so eindeutig. Wenn er seit Tagen auf eine warme Mahlzeit verzichtet,

kann dies ein Zeichen für Autodestruktion sein. Nadine straft er mit Desinteresse. Wir wissen nicht, ob er es schaffen wird, sich mit den Prüfungsthemen zu befassen und in einen Lernprozess einzusteigen. Gestresste Überaktivität kann auch eine Fluchtreaktion sein.

Wie gehen Sie selbst mit Stress um? Kennen Sie Entspannungstechniken, die Ihnen dabei helfen, Ihr emotionales Gleichgewicht wieder herzustellen? Verfügen Sie über genug Organisationstalent, um sich die anstehenden Aufgaben gut einzuteilen? Was hindert Sie daran, in der Prüfung eine Herausforderung zu erkennen? Erinnern Sie sich unbedingt auch an vergangene Prüfungen und Wettkämpfe, die Sie mit Erfolg bewältigt haben.

Prüfungsstress unterm Mikroskop

Eine Prüfung ist weder ein Super-Gau noch eine Lappalie. Sie sollte weder eine unverhältnismäßige Belastung noch eine zu vernachlässigende Banalität sein. Besser, sie wird unter Ihren vorbereitenden Händen zu dem, was sie ist: eine Herausforderung. Das Modell des Prüfungsdreiecks hilft Ihnen dabei, die möglicherweise bedrohlichen und angstauslösenden Aspekte einer Prüfung zu analysieren und neu zu bewerten. Das betrifft auch das Gefühl der Angst selbst: Sieht man Angst als physiologische Reaktion, die durch höheren Pulsschlag und das Ausschütten von Adrenalin neue Energiereserven bereitstellt, dann ist Angst sogar eine positive Reaktion. Und in manchen Fällen wirkt eine bestimmte Dosis Angst sogar erfolgsfördernd. In der Angst schwingt aber auch immer ein Fluchtimpuls mit: Nicht an die Prüfung denken und sich auf keinen Fall damit beschäftigen! Nicht lernen! Abmelden! Wegbleiben! Abschalten! Wenn Sie eine Prüfung erfolgreich bestehen möchten, spielt es kaum eine Rolle, ob und wie viel Angst Sie haben. Viel wichtiger ist, *wie* Sie mit Ihrer Angst umgehen. Folgen sie ihrem Fluchtimpuls oder betreiben Sie Ursachenforschung? Ein konstruktiver Umgang mit der Angst besteht nicht in der Vermeidung der Gefühle, sondern darin, sich mit den inneren Bildern der eigenen Prüfung bewusst zu befassen. Denn erst dann, wenn die Ängste konkret werden, können Sie prüfen, ob sie berechtigt sind.

Den eigenen Bildern trauen

Um innere Bilder geht es auch beim Lernen (Hüther 2006, S. 103). Die Prüfungsvorbereitung hat ein Ziel: durchs Lernen ein inneres Bild über das Thema oder den Lerngegenstand zu entwickeln. Unser Gedächtnis ist keine Datenbank. Wir erinnern uns, indem wir Erfahrungen zu Vorstellungen verknüpfen. Wenn dadurch prägnante innere Bilder in uns entstehen, werden sie zu verlässlichen Inhalten unseres Gedächtnisses. Lernen ist deshalb nicht nur das Füttern eines Datenspeichers für den späteren Abruf  von Einzelinformationen, sondern vielmehr das Gestalten unserer inneren Vorstellungen über ein Thema. Im Prüfungsdialog geht es um den Austausch eben dieser inneren Bilder, die der Prüfungskandidat (aber auch der Professor) über das Thema entwickelt hat. In einer erfolgreichen Prüfung ist es dem Absolventen möglich, seine inneren Bilder so zu verbalisieren (mündlich oder schriftlich), dass sie vom Prüfer verstanden und qualifiziert werden. So gesehen ist der oft gehörte Rat an Kandidaten „Denk nicht an die Prüfung!", „Schalte die Fantasien ab!", „Mach' dir doch keinen Kopf!", kontraproduktiv. Viele gute Prüfungen wurden zuvor von den Prüfungskandidaten in der eigenen Fantasie immer wieder durchgespielt. So konnte der Prüfling innere Bilder über den Ablauf seiner Prüfung entwickeln, sich mit ihnen vertraut machen und dadurch eine Vielzahl von Verhaltensvarianten erproben. Auf diese Weise eignete er sich ein flexibles und authentisches Prüfungsverhalten an, das ihm in der Prüfung Vorteile verschaffte.

So könnte die Prüfung aussehen

Das Prüfungsdreieck ist ein Strukturmodell, das den alten, Angst auslösenden Bildern und konfusen Horrorfantasien über die Prüfung eine Orientierung entgegensetzt. Es veranschaulicht die Beziehungshintergründe einer Prüfung und macht deutlich, dass Prüfungen, egal ob mündlich oder schriftlich, immer Formen von Kommunikation über ein Thema sind. Und solange diese Kommunikation funktioniert, ist das ein gutes Zeichen für das Gelingen der Prüfung. Zum anderen ist das Dreieck ein gutes Analyseinstrument. Denn in jeder Prüfungsszene geht es auch um die ausgewogene Gestalt des Dreiecks. Für einen idealen Prüfungsverlauf ist ein Gleichgewicht der Pole optimal – mit ungestörten Beziehungen und förderlichen Rahmenbedingungen. Im Gesprächsverlauf kommt es erfahrungsgemäß aber nur ganz selten zur Form eines genau gleichseitigen Dreiecks. Ist beispielweise die Beziehung zwischen *Kandidat* und *Prüfer* belastet oder stehen sie sich sehr fern, werden sie es schwer haben, sich motiviert mit einem *Thema* auseinander zu setzen. Oder dominiert der *Prüfer* das *Thema*, so wird der *Kandidat* Schwierigkeiten haben, selbst mit dem *Thema* in Bezug zu kommen. Durch die kommunikative Kompetenz, die jeder Mensch im Laufe seines Lebens für sich erworben hat, ist er mehr oder weniger dazu befähigt, Störungen in diesem Dreieck sowohl wahrzunehmen, als auch darauf zu reagieren.

Die Stärken dieses Modells liegen in seiner Anwendbarkeit. Es erlaubt eine einfache Darstellung der Zusammenhänge, ohne die Komplexität der Situation zu stark zu reduzieren. Außerdem regt seine Offenheit zur Interpretation an. Auch die Prüfungsangst hat ihren Platz in diesem Bild. Sprachgeschichtlich besteht eine Verwandtschaft zwischen dem Begriff „Angst" und dem Wort „Enge" (Kluge 2002). Prüfungsangst entsteht durch die Verengung des Blickfeldes. Auf das Prüfungsdreieck übertragen bedeutet das: Prüfungsangst entwickelt sich immer dann, wenn ein Aspekt des Dreiecks (oder gleich mehrere) ausgeblendet ist. Weil der Kandidat den Kontakt zu sich selbst, zum Thema oder zum Prüfer verliert, erfolgt dann eine Störung der Kommunikation. Wir möchten Sie einladen, das Modell des Prüfungsdreiecks und seine einzelnen Elemente noch etwas genauer zu betrachten. Mit Hilfe dieser Hintergründe werden Sie zukünftig Ihre eigenen Prüfungsprozesse besser gestalten können.

2. Alles dreht sich um Sie, den Kandidaten

Björn studiert Maschinenbau und nimmt nach dem dritten Semester an einem Seminar für Lerntechniken teil. Sein bisheriges Studium beschreibt er so: „Studieren ist doch wie ein Hürdenlauf. Du musst versuchen, eine Hürde nach der anderen zu schaffen. Nur dumm, wenn du an einer hängen bleibst, dann kommst du aus dem Rhythmus und verlierst viel Zeit. Besonders fies ist, dass die Uni zwischendurch und nach Belieben einfach noch mehr Hürden aufstellt. Da gibt es nur eins: sich durchkämpfen. Hauptsache irgendwie ans Ziel kommen."

Studenten haben ganz selten das Gefühl, an den Hochschulen eine wichtige Rolle zu spielen. Sie fühlen sich wie eine Herde, die durch einen vorgegebenen Parcours geschickt wird, mit dem Ziel, dass sie die Hochschule so schnell wie möglich wieder verlassen. Entweder regulär, über das Ziel am Ende des Parcours, oder schon vorher, an den gerissenen Prüfungshürden. Tatsächlich spricht der Bologna-Bericht der Bundesregierung davon, dass „die Bewältigung von mehr Studierenden in durchschnittlich kürzerer Zeit … ein großer Erfolg der Bologna-Reform" ist (Bundesministerium für Bildung und Forschung 2012). Manche Studenten wünschen sich regelrecht Studiengebühren, weil sie dann das Gefühl haben, zumindest als Kunden ernst genommen zu werden.

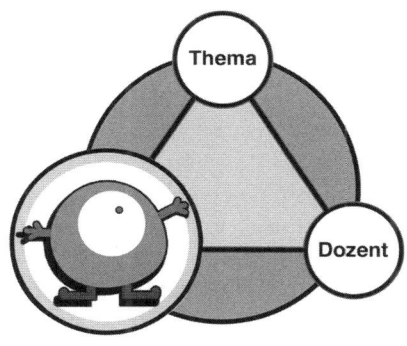

Das Studium wie einen Hürdenlauf anzugehen, bringt Probleme mit sich. Ziel des Studiums ist ja nicht, sich ein routiniertes Handeln anzutrainieren, sondern einen erfolgreichen Lernprozess zu durchlaufen, aus dem ein Kompetenzzuwachs entsteht. Der Hürdenläufer muss sich am Ende nicht an jede einzelne Hürde erinnern, der Student schon. Der Stoff jeder Prüfung muss gelernt werden und das funktioniert nicht dadurch, dass man ihn irgendwie überwindet. Man muss ihn sich zu Eigen machen, ihn inkorporieren. Das jedoch gelingt nur, wenn mit Interesse gelernt wird.

Wie stehe ich zum Lernen? Wie stehe ich zu mir?

Egal, wie die Universität zu Ihnen steht: Sie sind Ihr eigener Unternehmer. Das Studium ist eines Ihrer wichtigsten Projekte und in diesem spielen Sie die Hauptrolle. Laufen Sie im Studium nicht den Anforderungen hinterher, sondern nehmen Sie das Steuer selbst in die Hand. Bestimmen Sie *selbst* Ihre Lernprozesse. Wenn Sie als ganze Person am Lernprozess beteiligt sind, lernen Sie nicht nur etwas Neues. Das Lernen wird auch Ihre Persönlichkeit verändern und bilden. Wir betonen das deshalb, weil diese Perspektive auf Ihr Studium auch Ihr Arbeiten und Lernen unterstützen wird. Weil es ja beim Lernen um ein selbständiges Verarbeiten und Verinnerlichen von neuen Informationen geht, ist Ihr persönliches Interesse am Lernstoff zwingend erforderlich. Tausende von Reizen, Informationen und Eindrücken stürzen täglich auf einen Menschen ein. Es ist eine nicht zu unterschätzende Leistung unseres Gehirns, dass es die wichtigsten Sinneseindrücke für uns herausfiltert, damit wir sie bewusst wahrnehmen und uns zu ihnen verhalten. Welcher Sinneseindruck für uns „wichtig" ist und auf welchen wir achten wollen, können wir in einem hohen Maße selbst beeinflussen. Insbesondere fürs Lernen ist das relevant. Denn diejenigen Informationen, für die ich mich nicht im Geringsten zu interessieren vermag, schlüpfen am ehesten durch meine Wahrnehmungsfilter und entziehen sich dadurch schneller meiner Erinnerung. Informationen dagegen, die ich später wieder brauche – und sei es nur, um mit ihrer Hilfe die nächste Aufgabe zu lösen oder die nächste Klausur zu bestehen –, werde ich mir leichter merken. Was ich lernen möchte, muss deshalb mit einer persönlichen Bedeutung verbunden werden. Aber wie interessiere ich mich für einen Stoff, für den sich sonst niemand interessiert? Indem Sie nach der Relevanz fragen. Warum muss eine Fachkraft jenes Fachgebietes, zu welcher mein Lernstoff gehört, den Gegenstand kennen? Welche Bedeutung hat er für das Fachgebiet? In welchem Kontext wird er angewendet bzw. hat er eine Bedeutung? Welchen Nutzen weist er für die Forschung auf?

Das Lernen als Wachstumsbeschleuniger

Wer lernt, der wächst. Und wer intensiv lernt, der verwandelt sich. Im Laufe Ihres studentischen Lernprozesses verknüpft sich der juristische, germanistische oder physikalische Lernstoff so sehr mit Ihrem persönlichen Wissen, dass aus dem Studenten bzw. der Studentin in Ihnen allmählich ein Jurist, Germanist oder Physiker wird. Und diese Wandlung ist durchaus als *Ver*wandlung zu verstehen, denn sie schlägt sich sogar in der organischen Struktur des Gehirns nieder (Spitzer 2000, S. 182). Das Gehirn eines Historikers unterscheidet sich am Ende des Studiums in der Tat signifikant von dem eines Chemikers. Es überrascht deshalb nicht, dass sich diese Veränderung auch auf die Prüfungen auswirkt. Weil das Lernen so effektiv auf die Persönlichkeit einwirkt, steht in jeder Prüfung immer die ganze Person auf dem Prüfstand. Kein Wunder, dass die meisten Studenten, wenn es um Prüfungen geht, versuchen, sich wieder verschwindend klein zu machen. Sie wollen ihre Person schützen.

Ohne mich läuft hier gar nichts!

Viele Studierende haben oft gar nicht das Gefühl, selbst ein bedeutender Teil ihrer eigenen Prüfung zu sein. Die „Rollen" der Protagonisten in ihrem Prüfungsstück scheinen schon klar verteilt zu sein: Der „mächtige Prüfer" und der „undurchdringbare Prüfungsstoff" erhalten die

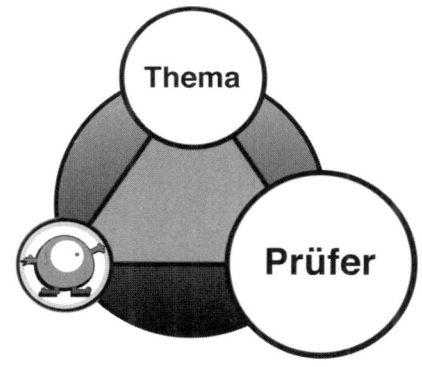

Hauptrollen. Der „Prüfer im Kopf" nimmt für den Kandidaten bereits während des Lernens immer mehr Raum ein, was dazu führen kann, dass er keinen Kontakt mehr zu sich selbst hat. Das Prüfungsdreieck bekommt Schlagseite und ein Austausch „auf Augenhöhe" ist kaum mehr möglich. Der „geschrumpfte" Prüfling hat bereitwillig die blasse Nebenrolle in seinem Prüfungsstück eingenommen. Das Prüfungsdrama kann beginnen! Und immer wieder lassen sich Professoren auf dieses Spiel auch noch ein. Wenn das Stück allzu schleppend voran geht, ergreifen sie schließlich selbst die Initiative, die der Prüfling ablehnt. Sie lassen sich tatsächlich dazu verführen, den Verfolger zu mimen: Die mündliche Prüfung mutiert zum Verhör und der Prüfling wird zum gehetzten, leidenden Opfer. Ganz schön mächtig, so ein Prüfling, dass er den Professor zu einem solchen Verhalten bringen kann!

Sieht Ihr innerer Film beim Thema Prüfung ähnlich aus? Dann lohnt es sich wahrscheinlich, wenn Sie einen kritischen Blick auf Ihre innere Haltung werfen, mit der Sie ins Lernen und schließlich auch in die Prüfung gehen. Die Entscheidung, den aktiven Part in Ihrer Prüfung zu übernehmen, sollten Sie vorher treffen. Sie werden dann mit einer anderen Einstellung lernen. Von Anfang an werden Sie nach der Relevanz Ihres Themas fragen und sich um eine persönliche Verbindung zu den Inhalten bemühen. Ihre innere Haltung wird eine andere sein, sobald Sie nicht mehr den anderen den Verlauf der Prüfung überlassen. Kritische Fragen werden Sie nicht länger in Angst und Schrecken versetzen, weil Sie selbst aktiv sind und Argumente für eine gute Note liefern. Das wird Ihnen in der Prüfungssituation Souveränität verleihen. Und diese spielt als „Reifegrad" der Fachkompetenz bei der Bewertung der Prüfung eine Rolle.

„Ohne mich läuft hier gar nichts!" – mit dieser inneren Haltung möchten wir Sie gerne in die Prüfung schicken. Wer so auftritt, strotzt nur so vor Selbstbewusstsein: Ich bin jetzt dran und Ihr anderen seid nur wegen mir hier. Damit hat man zumindest schon mal die Aufmerksamkeit von Beginn an und macht deutlich, dass man sich für eine gute Bewertung einsetzt. Der Satz lässt sich allerdings auch ganz anders lesen: als bittere Erkenntnis eines allzu passiven Prüfungsverhaltens. Wer in seiner Prüfung nur physisch anwesend ist und alles über sich ergehen lässt, muss ebenfalls erkennen, dass ohne ihn – d.h. ohne seine innere und äußere Beteiligung – tatsächlich nichts läuft.

Was sind Sie in der Prüfung?

Welche Art von Prüfung Sie erwartet, hängt sehr stark von Ihrer Studienphase ab. Befinden Sie sich im ersten Semester eines Bachelorstudienganges oder im Magisterstudium? Ist es Ihre Aufgabe, vor der Seminargruppe ein Poster vorzustellen oder verteidigen Sie Ihre Abschlussarbeit? Diese Überlegungen sind notwendig, um den Charakter Ihrer Prüfung zu bestimmen. Wenn Sie sich mit Ihrem Studium noch in den ersten Semestern befinden, dann wird es in Ihren Prüfungen eher darum gehen, ob Sie die Grundlagen Ihres Faches verstanden und gelernt haben. Die Studentin dagegen, die nach erfolgreicher Erstellung ihrer Abschlussarbeit in die letzte mündliche Abschlussprüfung über ein selbstgewähltes Thema geht, muss sich auf etwas ganz anderes gefasst machen. Die Professorin wird sie als Fachfrau betrachten. Womöglich präsentiert die Studentin ihr sogar ein für sie neues Thema. Gut möglich wäre auch, dass die Professorin ein gutes Prüfungsergebnis der Kandidatin erwartet, weil sie es insgeheim als einen persönlichen Erfolg ihres pädagogischen Wirkens betrachten würde. Nicht selten ist in solchen Prüfungsfachgesprächen der Grundstein für eine weitere Zusammenarbeit gelegt worden, z.B. für eine Promotion.

Wenn Sie an Ihre nächste Prüfung denken:

?   In welcher Studienphase befinden Sie sich gerade?
?   Welche Funktion hat die Prüfung?
?   Was erwartet der Prüfer von Ihnen?
?   Was erwarten Sie von sich selbst?

Wandelndes Lexikon oder Anwender?

Was wird von mir in der Prüfung erwartet und wie soll ich mich verhalten? Leider gibt es keine Musterantworten auf die Frage nach dem „richtigen" Umgang mit den Variablen Prüfer, Thema und Umfeld. Das Prüfungsdreieck empfiehlt deshalb, dass Sie flexibel bleiben und Ihr Prüfungsverhalten individuell auf den Kontakt zum Prüfer und zum Prüfungsstoff abstimmen. So passen Sie Ihr Verhalten dem jeweiligen Charakter einer Prüfung an.

In welchem Modus wird Ihre Prüfung abgehalten werden? Er hängt in aller Regel von der jeweiligen Fachtradition ab und prägt sowohl das Lern- als auch das Prüfungsverhalten des Kandidaten. Ein Medizinstudent, der die MC-Klausuren des Staatsexamens erwartet, muss fachspezifisch viel Stoff lernen und fühlt sich deshalb zu Recht als wandelndes Medizinlexikon oder – noch treffender – als Kopie des Lehrbuches. Wenn er jedoch in die anschließende mündliche Prüfung geht, reicht das Faktenwissen sehr wahrscheinlich nicht mehr aus. Je nachdem, welche Prüferin er dort antrifft, sind ja vielleicht auch seine Fähigkeiten im Umgang mit Patienten gefragt. Aufschluss darüber, ob Sie in der Prüfung mehr als Theoretiker oder als Praktiker gefragt sind, geben Ihnen die Vorgespräche mit den Prüfern. Die legen wir Ihnen ausdrücklich ans Herz.

Prüfungsangst: Appelle eines klugen Insiders

Waren Sie schon einmal in einem Klettergarten? Wandern Sie gerne im Hochgebirge? Oder mögen Sie vielleicht Horrorfilme? Dann kennen Sie das Spiel mit der Angst und den Reiz, sich ihr auszusetzen. Der wohldosierte Nervenkitzel ist für manche eine Herausforderung, der sie sich gerne stellen, um sie zu bestehen. Eine solche Erfahrung stärkt das Selbstbewusstsein.

Manche Menschen aber scheinen überhaupt keine Angst zu kennen. Sie eilen von einer Mutprobe zur nächsten, lassen keine Extremsportart aus und fühlen sich nur dann wohl, wenn sie etwas riskieren. Auch wenn es anders aussieht: Tiefseetaucher, Fallschirmspringer, Höhlenforscher und Rennfahrer sind weit davon entfernt, überhaupt keine Angst zu haben. Wenn das der Fall wäre, würden Sie ihre Leidenschaften nicht lange überleben. Die meisten von ihnen haben sich gut vorbereitet. Vielleicht haben sie sogar Seminare besucht und eine Prüfung absolviert, bevor sie es wagen, den Sport selbständig auszuüben.

Die Angst vor der realen Gefahr – also der Höhe, der Tiefe oder der Geschwindigkeit – kann durch Erfahrung, Training und eine gute technische Ausstattung überwunden werden. Und dennoch nimmt kein erfahrener Taucher seinen nächsten großen Tauchgang auf die leichte

Schulter. Er weiß, dass er keinen Fehler machen darf, denn es geht ja um etwas sehr Kostbares – um seine Gesundheit oder sein Leben. Erst wenn der Tauchgang erfolgreich gewesen ist und er wieder auftaucht, löst sich seine Spannung. Und erst dann kann er bilanzieren und schauen, wie einfach oder kompliziert das Gesamtprojekt für ihn gewesen ist.

Immer wieder vergleichen Studierende die auf sie wartende Prüfung mit einem Sprung von der Klippe – nur dass sie es bisher vermieden haben, Erfahrung im Klippenspringen zu sammeln. Und – um bei dem Bild zu bleiben – sie können auch gar nicht schwimmen, geschweige denn ganz sicher sagen, ob da unten überhaupt Wasser ist. Wer so von der Klippe springt, ist irre oder lebensmüde. Er sollte sich erst einmal mit der Herausforderung beschäftigen, der er sich so leichtfertig zu stellen gedenkt. Zunächst müssen doch die Gefahren eingeschätzt werden. Und dann geht es um die beste Ausrüstung, mit der man sich absichert. Was wird von mir in der Prüfung überhaupt verlangt, wie läuft sie ab und was ist mein Einsatz? Wo bleibt das Prüfungstraining, mit dem Sie sich aufs Bestehen Ihrer Prüfung vorbereiten? Entdecken Sie den Extremsportler in sich und steigen Sie ins Training ein! Und seien Sie nachsichtig mit Ihrer „Prüfungsangst". Sie ist ein weiser Ratgeber, wenn Sie es lernen, ihr genau zuzuhören. Dazu ein paar Fragen zum Nachdenken:

? Was könnten Sie durch eine misslungene Prüfung verlieren?

? Worin besteht Ihr Gewinn, wenn die Prüfung gelingt?

? Wer wäre bereit, mit Ihnen ins Training einzusteigen?

Die Angst als Gegenspielerin

Viele Studierende laufen zu Höchstform auf, wenn es darum geht, sich in allen Formen und Farben das eigene Scheitern auszumalen. Da wird keine noch so abstruse Variante ausgelassen – insgeheim natürlich. Prüfungen stellen gewissermaßen eine Sonderform des Extremsports dar. Und deshalb hat die mentale Beschäftigung mit ihnen natürlich auch ihren besonderen Reiz. Wo es allerdings nicht mehr nur darum geht, die eigene Anspannung durch Horrorfantasien abzubauen, ist Vorsicht angesagt. Denn wer sich mit seinen Prüfungen *nur* noch in Form negativer Verläufe befasst, läuft Gefahr, sie nicht mehr als Herausforderung im positiven Sinne erleben zu können. Sehr schnell entfalten die negativen Erwartungen eine Eigendynamik, die den Prüfling lähmt und blockiert. Leider wagt es kaum jemand, in seiner Fantasie den Prüfungsverlauf positiv zu antizipieren. Woher kommt diese Schwarzmalerei in eigener Sache? In vielen Coaching-prozessen mit Prüflingen haben wir erlebt, dass Prüfungsangst ein Phänomen mit Geschichte ist. Jeder Prüfling verfügt über eine eigene Prüfungsbiografie. Und die Erfahrungen aus vergangenen Prüfungen werden mit jeder neuen Prüfung wieder aktualisiert. In welchen Situationen wir wie stark Angst haben, ist also auch abhängig von unserer bisherigen Prüfungserfahrung. Aber auch von unserer Lebenserfahrung generell. Unser persönlicher Umgang mit Bewertungssituationen lässt sich ja nicht nur auf die Schulzeit begrenzen. Womöglich haben wir bereits in der Kindheit eher schlechte Erfahrungen mit Werturteilen von anderen gemacht und hassen es seitdem, kritisiert zu werden. Der Umgang mit Bewertungen zieht sich durch das ganze Leben: ob Klassenarbeiten, Abfragen und Auftritte bei Festen – unsere ganze Prüfungsbiografie trägt dazu bei, wie sich die Angst heute anfühlt, wann sie auftaucht und wie sie wirkt.

Unserer Erfahrung nach sind die meistens Horrorfantasien und Befürchtungen grundlos. Grundlos aber nur deshalb, weil sie keinen Grund im Hier und Heute haben, sondern sich aus vergangenen Erfahrungen speisen. Angst ist erlernt. Wenn mir einmal etwas Schlimmes passiert ist, meldet sich die Angst beim nächsten Mal in einer ganz ähnlichen Situation. Wie realistisch die Signale der Angst jeweils sind, steht auf einem anderen Blatt. Vielleicht verfügen Sie ja mittlerweile um die Mittel, die Herausforderung einer Prüfung selbst zu bewältigen. Dann können Sie Ihrer Angst ausrichten, dass Sie nicht mehr dieselbe Person sind, die vor 5, 10 oder 20 Jahren noch in einer vergleichbaren Situation gescheitert ist...

„Er hat keine Furcht, er hat keine Angst, ... er hat keine Ahnung", lautet der Untertitel zur Filmkomödie *Johnny English,* einer James Bond-Persiflage mit Rowan Atkinson in der Hauptrolle. Der Protagonist bewältigt darin die haarsträubendsten Situationen eines Geheimagenten, ohne dass er die geringste Angst hat. Er kann auch keine haben, denn er ist so naiv, dass er die auf ihn lauernden Gefahren nicht einmal erkennt. Es ist die Ahnungslosigkeit der Hauptfigur, die den Zuschauer lachen lässt. Denn jeder kennt aus anderen Agentenfilmen die genretypischen Situationen, die als nächstes der Hauptfigur begegnen. Ein Mensch ohne Angst wäre ziemlich komisch. Ein Prüfling ohne Prüfungsangst auch.

Wenn Sie beginnen, gegen Ihre Angst anzukämpfen und sie zum Schweigen zu bringen, haben Sie schon verloren. Sie ist stärker. Lernen Sie Ihre Prüfungsangst lieber kennen und machen Sie aus ihr eine Verbündete auf Ihrem Prüfungsweg. Sie wird Sie sicher durchs lange Tal der Prüfungsvorbereitung führen.

Wenn Sie an Ihre nächste Prüfung denken:

? Verspüren Sie „Prüfungsangst"?
? Welche Gründe könnte dieses Gefühl haben?
? Was können Sie tun, um dieses Gefühl zu beruhigen?
? Mit wem können Sie über die Prüfung und ihre Angst sprechen?
? Kommt Ihnen das Angstgefühl vertraut vor? Wenn ja: mit welchen anderen Situationen ist es verbunden?
? Fragen Sie Ihren besten Freund oder ihre beste Freundin: Wie realistisch sind Ihre Angstfantasien?

Die Angst als Mitspielerin

Angstgefühle sind hartnäckig. Sie lassen sich nicht lange unterdrücken. Warum auch? Meistens „melden" sie sich mit gutem Grund. Als zuverlässige Warnsignale drängen sie in unser Bewusstsein und machen uns auf etwas aufmerksam, das wir (noch) nicht sehen wollen. Das gilt insbesondere für Prüfungszeiten. Aber statt die Angst zum Schweigen zu bringen, sollten Sie lieber genauer hinsehen, worauf sie Ihr Augenmerk lenkt. Das wird Sie vermutlich etwas Überwindung kosten, aber eigentlich möchte die Angst Sie ja nicht quälen. Sie entsteht, weil sie eine Botschaft hat, die für Sie und Ihren Prüfungserfolg sehr wichtig sein kann.

Vielleicht fragen Sie sich jetzt, ob es nicht riskant ist, die eigenen Ängste zu Wort kommen zu lassen? Wird meine Lern- und Prüfungsfähigkeit von dem drohenden Gefühlsschwall nicht völlig überfordert werden? Wie fange ich meine Angstbilder wieder ein, sobald ich ihnen einmal freien Lauf gelassen habe? Indem Sie sich Hilfe organisieren. Erzählen Sie jemandem, dem Sie vertrauen, von Ihrem Stress und den Ängsten, die Sie mit der Prüfung verbinden. Sie werden erleben, wie viel Entlastung Ihnen bereits das Erzählen verschafft. Meistens sortieren sich die ganzen Gefühle schon von selbst und offenbaren, ob und wie sehr sie begründet sind. Und wenn Sie dann noch einen geduldigen und ehrlichen Zuhörer haben, wird er Ihnen seine Einschätzung dazu geben. Zuhören lohnt sich, denn wahrscheinlich ist der eine oder andere wertvolle Hinweise dabei, der die Angst auf ein realistisches Maß schrumpfen lässt. Aber die Angst braucht erst mal einen Raum, um zur Entfaltung zu kommen. Erst dann kann Sie Ihnen nützlich sein.

Wir haben in unseren Coachinggesprächen bisher noch keine Angstfantasie erlebt, die völlig unbegründet war. Selbst der beunruhigende Gedanke an eine längst vergangene Prüfung hat seinen Sinn. Vielleicht kommen Sie nach der Analyse Ihrer Ängste zu dem Ergebnis: Ich bin gar nicht so schlecht vorbereitet. Weil die Angst eine Form der Aufregung ist, mobilisiert sie meine Energiereserven. Das geschieht immer dann, wenn es um etwas geht.

Wenn es Ihnen gelingt, Ihre Prüfungsangst nicht als Gegner zu begreifen, sondern als Mitspielerin, verwandelt sie sich. Sie ist dann wie

ein ortskundiger Lotse, der bei unsicheren Gewässern an Bord eines Schiffes geholt wird, weil er sich mit den Untiefen auskennt. Er lenkt das Schiff nicht selbst, aber er gibt dem Kapitän Hinweise, wo die Klippen unter der Wasseroberfläche verborgen sind und wie er sie umschiffen kann. Und die Vorsicht ist ja nicht unbegründet, denn „Untiefen" lauern in jeder Prüfung. Viele Prüfungen sind Auswahlverfahren: Was ist, wenn ich eine Klippe übersehe? Was hat es für Konsequenzen, wenn ich nicht gut genug bin? Die Angst davor, eingeordnet und eventuell ausgesondert zu werden, verbindet sich mit einer weiteren Form der Angst: der Angst vor einer ungewissen Zukunft. Was liegt hinter dem Studium, das ich durch die Engstelle der Prüfung verlasse? Neue Situationen haben die Macht, Ängste auszulösen. Eine typische Spielart der Angst ist die Unsicherheit vor einer neuen, ungewissen Situation, der man sich (noch) nicht gewachsen fühlt (Riemann 2011). Prüfungsangst ist eine Signalangst und vermischt sich oft mit der Angst vor dem, was nach der Prüfung kommt. Oder eben nicht kommt.

Motivation oder: die Anatomie eines Gaspedals

Prüfungen werden von den meisten Studenten als notwendige Übel gesehen, die sie irgendwie hinter sich bringen müssen, um ein bestimmtes äußeres Ziel zu erreichen. Dass man auch mit einer ganz anderen Haltung in die Prüfungen gehen kann und sogar noch besser abschneidet, haben wir aber auch schon erlebt: Studenten, die das äußere Ziel zu ihrem eigenen gemacht haben und Lust an der Prüfung selbst entwickelten. Für das Lernen und die Präsentation in der Prüfung kann einem Studenten nichts Besseres passieren. Diese „echte" Prüfungsmotivation taucht zwar nur hin und wieder auf, aber dann ist sie sehr hilfreich. Sie ist vergleichbar mit der Spannung, die ein Bergsteiger unmittelbar vor dem Aufstieg zur Spitze empfindet, mit der Einstellung des Schwimmers, der nach monatelangem Training dem finalen Wettkampf entgegenfiebert. Leistungsmotivation wird in den Augenblicken sichtbar, in denen man bereit ist, für ein bestimmtes Ziel, das einem *persönlich* sehr wichtig ist, „alles" zu geben. Sie kommt von „innen" und hat die Eigenschaft, ein seltsamer Cocktail aus Anspannung, Ungeduld, Siegesgewissheit und Lampenfieber zu sein. Sie entsteht aus dem Bedürfnis, erfolgreich zu sein und die eigenen Talente unter Beweis zu stellen. Es kennzeichnet sie die Bereitschaft, eine Bewährungssituation zu nutzen. Sie werden Ihre Motivation erhöhen, wenn Sie sich – bitte diesmal ohne allzu große Bescheidenheit – Ihre Erfolgsaussichten in Gedanken gründlich ausmalen. Oder wenn Sie sich Ihre Berufschancen vor Augen führen, die im Erfolgsfall auf Sie warten.

Allerdings taucht die eigene Prüfungsmotivation so gut wie nie ohne ihre große Gegenspielerin auf: die Versagensangst. Denn die Möglichkeit des Scheiterns ist immer präsent. Die Sorge, in einer Prüfung den Anforderungen nicht zu genügen, führt häufig zu dem Reflex, die Prüfung zu vermeiden – einfach nicht hingehen oder sich einfach nicht anmelden. Dieser „Leistungskonflikt" (Scheer/Zenz 1973, S. 21) begleitet den Prüfungsprozess leider bis zum Schluss. Er äußert sich in einem geradezu pubertären Wechselbad widerstreitender Impulse und Gefühle. Mal entfaltet sich der unbedingte Wille, die Prüfung mit Elan zum Erfolg zu führen, im nächsten Moment schon lähmt einen der Selbstzweifel und man will sie am liebsten gleich ganz absagen. Die Sorge vor dem Scheitern ist dann urplötzlich ins Unendliche gewachsen. Wer seine Stimmungswechsel zu akzeptieren lernt, entwickelt mehr Gelassenheit. Und das kann in der Prüfungsvorbereitung ein entscheidender Vorteil sein.

Ein Gutes hat der ganze Prüfungsstress: Er sorgt nicht nur für erhöhte Herzfrequenz, sondern auch für mehr Aufmerksamkeit und zusätzliche Energiereserven in der Prüfung. Wer jedoch meint, dem persönlichen Stress mit suggestiven Entspannungstechniken oder gar Medikamenten begegnen zu müssen, tut das auf Kosten seiner eigenen Präsenz. Er verhindert ein anregendes und flexibles Prüfungsgespräch, weil er sich in einen zwar relaxten, dafür aber auch umso distanzierteren Zustand versetzt hat. Echtheit, Präsenz und Aufmerksamkeit – ohne sie erreicht kein Leistungssportler sein Ziel.

3. Wenn der Dozent zum Prüfer wird

Professor Dr. Vorbild

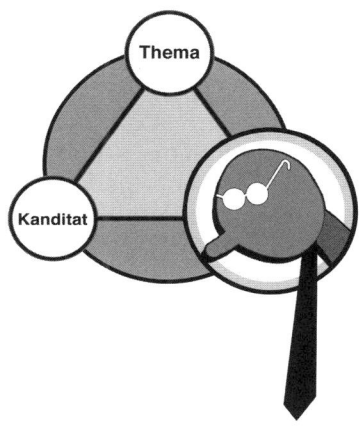

Welchen Ihrer Hochschullehrer halten Sie für den besten? Und können Sie auch sagen weshalb? Wenn wir unseren Seminarteilnehmern diese Frage stellen, ernten wir oft lange Pausen. Erst so langsam wagen sich manche an eine Antwort. Und die fällt anders aus, als wir erwartet hätten. Kaum eine Rolle spielt das Alter des Professors. Auch seine Wesensart (ob er dynamisch oder zurückhaltend ist) oder seine Medienbegeisterung fällt kaum ins Gewicht. In den Augen unserer Seminarteilnehmer waren es vor allem zwei Eigenschaften, die einen guten Professor auszeichnen: Er muss den Studierenden in freundlicher Verbundenheit zugewandt sein und er muss über sehr gute Fachkenntnis verfügen. Gute Professoren verstehen es, diese beiden Aspekte miteinander zu verbinden. Sie leisten für Studierende damit etwas Wertvolles: Sie erzeugen einen geschützten Rahmen, in dem angstfreies Lernen möglich ist. Und sie machen neugierig auf die Lerninhalte. Damit legen sie eine sehr gute Grundlage für das Lernen der Studierenden. Denn wer etwas lernen möchte, orientiert sich nicht nur am Stoff, sondern auch an Vorbildern.

Die Weisheit der Umgangsweisen

Das Zuhören wird Ihnen im Seminar natürlich leichter fallen, wenn Sie einen guten Draht zum Dozenten haben. Damit ist nicht so sehr gemeint, dass er nett ist, gut aussieht oder sich darauf versteht, so zu sprechen, dass man ihm gerne zuhört. Darum geht es wahrscheinlich *auch*. Wichtiger ist aber, *wie* der Dozent mit den Inhalten umgeht. Sie verfolgen während der Lehrveranstaltung sehr genau, in welcher *Weise* er mit seinem Denken, Sprechen und Handeln den Gegenstand aufgreift und entfaltet. So lernen Sie eben nicht nur viele literaturwissenschaftliche Methoden kennen, sondern auch, wie eine Literaturwissenschaftlerin sie konkret auf Texte anwendet. Sie lernen nicht nur die Gesetze des Unternehmenssteuerrechts, sondern auch, wie der Wirtschaftsprüfer sie auslegt. Die Anschaulichkeit, die im exemplarischen Anwenden einer Theorie liegt, wirkt auf die Studenten aber nicht alleine durch die Autorität des Professors lernförderlich. Es gibt auch eine neuronale Ursache für das Lernen am Modell: die Spiegelnervenzellen im menschlichen Hirn (Bauer 2006, S. 40f.). Sie aktivieren beim Beobachten einer bestimmten Handlung die gleichen motorischen Nervenzellen, die auch beim Ausführenden aktiv sind. Der Lehrer, der im Seminar persönlich anwesend ist, fungiert eben auch in Hinsicht auf die hirnphysiologischen Prozesse immer als lebendiges Beispiel dafür, wie in einer Fachdisziplin gedacht und gearbeitet wird. Und noch etwas können Sie lernen, wenn Sie sowohl zum Dozenten als auch zum Thema im guten Kontakt stehen: dass es darum geht, einen eigenen Zugang zum Thema zu finden.

Lehren nach Vorschrift?

Leider liegen zwischen dem Ideal des zugewandten und fachlich immer top aufgestellten Professors und der Lehr-Realität an den Hochschulen meistens unendliche Weiten. Vielen Dozenten gelingt es im Seminar oder in der Vorlesung einfach nicht, gleichzeitig mit den Studenten *und* dem Thema in Kontakt zu kommen. Das kann verschiedene Ursachen haben. Vielleicht sind sie gezwungen, über ein Thema zu dozieren, das sie persönlich nicht interessiert oder das gar nicht zu ihrem Forschungsgebiet gehört. Vielleicht haben sie auch einfach keine Lust, sich mit Studenten im Grundstudium zu beschäftigen. In solchen Fällen werden dann Skripte oder Folien abgelesen, der Lehrstil ist dozentenzentriert und das Curriculum linear. Bei einem linearen Curriculum (Glöckel 2003, S. 190ff.) werden stark reduzierte Stoffinhalte wie Perlen einer Kette nacheinander behandelt. Solche „Lehrgänge" sind für Studenten meistens sehr spannend. Aber nicht etwa, weil das vor ihnen abgespulte Thema so fesselnd wäre, sondern weil sie ständig damit kämpfen, nicht den Anschluss zu verlieren. Der Lehr-Prozess schreitet ohne Rücksicht auf Verluste voran. Die Studenten müssen selber sehen, dass sie mitkommen. Verständlich, dass sich in dieser Atmosphäre auch niemand traut, eine kritische Frage zu stellen. Auch dann nicht, wenn der Professor mal in den Raum schaut und fragt: „Soweit alles klar?" – Stille. Jeder weiß: Wer jetzt fragt, gibt entweder zu, dass er den Anschluss verloren hat oder er hält die Gruppe auf. Leider werden Studenten dadurch allzu schnell entmutigt, ihre eigenen Ideen und neu entdeckte Aspekte des Themas einzubringen. Und wenn sich dann doch jemand traut, eine Frage zu stellen, wird er vertröstet: „Haben Sie bitte etwas Geduld – zu diesem Thema kommen wir später noch". Bei linearen Curricula wird viel auf Vorrat gelernt, d.h. die Bedeutung und der Wert vieler Informationen erschließt sich den Zuhörern erst (viel) später.

Der Professor – das Wesen mit den drei Köpfen

Wenn man Dozenten danach beurteilt, wie sie ihren Lehrauftrag wahrnehmen und ihre Lehrveranstaltungen gestalten, lassen sie sich in aller Regel drei verschiedenen Kategorien zuordnen. Sie treten auf als Präsentator, Trainer oder Lernprozessgestalter (Winteler 2004, S. 16).

1. Der Präsentator

Der Dozent konzentriert sich ausschließlich auf die Darstellung des Lehrstoffes. Im Modell des Lehr-Lern-Dreiecks ist nur *seine* Beziehung zum Thema ausgeprägt. Der thematische Kontakt der Studierenden spielt für ihn dagegen keine erkennbare Rolle.

2. Der Trainer

Weil Lernen ein aktiver Prozess ist, gibt der Dozent nicht nur ein Thema vor, sondern schlüpft auch gleich in die Rolle des Tutors. Er kümmert sich selbst darum, dass die Studenten das Lehrziel erreichen. Bei allen Hinweisen und Übungsvorschlägen verfolgt er immer das eine Ziel: Die Studenten sollen eine bestimmte Fähigkeit erlernen. Die Kommunikation im Lehr-Lern-Dreieck ist bei diesem Typus stark auf die Beziehung des Dozenten zum Thema ausgerichtet. Den Studierenden bleibt nichts anderes übrig, als dem Dozenten und seiner Sicht der Dinge zu folgen und zu versuchen, irgendwie selber einen Kontakt zum Thema zu bekommen. Auch Trainer arbeiten meistens mit einem linearen Curriculum, sind aber dazu bereit, den Ablauf mit dem Lernprozess abzustimmen und die Abfolge der Themen zu variieren.

3. Der Lernprozessbegleiter

In dieser Rolle verzichtet der Dozent darauf, das Thema zu beherrschen. Stattdessen lädt er die Studenten dazu ein, eigene Schwerpunkte zu setzen und Lerninhalte auszuwählen. Er arbeitet sehr wohl nach einem Konzept und bringt dabei seine Erfahrungen ein, ist aber offen für neue Wege. Er richtet seine Aufmerksamkeit besonders auf die Lernprozesse der Studenten: Welche Aspekte des Themas werden von der Lerngruppe als besonders interessant empfunden? Wie verändern sich die „Wissenskonstruktionen"? Was brauchen die Lernenden, um im Lernprozess voranzukommen? Im Lehr-Lern-Dreieck achten sie vor allem auf die Kontaktebene zwischen den Studenten und dem Thema, ohne dabei den eigenen Themen-Bezug aus den Augen zu verlieren. Sie steuern die Lernprozesse über den Aufbau und die Pflege der Kommunikationsebene.

Reiseleiter in einem fremden Land

Dozenten, die sich selbst als Lernprozessbegleiter verstehen, moderieren die Studiengruppe, sprechen Lehr- und Lernziele ab und vereinbaren Regeln für den Ablauf der Lehrveranstaltung. Sie entscheiden sich meistens für ein zweidimensionales Curriculum (Glöckel 2003, S. 193ff.). Dieses betrachtet das gesamte Stoffgebiet als Fläche, auf der größere Felder speziell hervorgehoben sind. Im Gegensatz zum linearen Curriculum gibt es beim zweidimensionalen Curriculum keine festgelegte Abfolge einzelner Themen. Hinter diesem Konzept steckt die Vorstellung, dass die Studierenden die für das Fachgebiet prägnanten Felder kennen lernen müssen, um einen Gesamteindruck vom Thema zu erhalten. Studenten, die an einer „zweidimensionalen" Lehrveranstaltung teilnehmen, ergeht es wie einem Urlauber, der ausgewählte Orte in den Vereinigten Staaten besucht. Er hofft, dass sich an den ausgewählten Stellen die Besonderheiten des Landes besonders gut widerspiegeln. Ein solches Curriculum zielt darauf, den Studenten die Grundkategorien oder Basiskonzepte des Fachgebietes bekannt zu machen, mit deren Hilfe sie sich später orientieren und dann selbständig auf dem Feld weiterarbeiten können. Es geht um ein Lernen an typischen Fällen oder prägnanten Beispielen, wobei die ausgewählten Teilbereiche des Themas möglichst die Gesamtstruktur des Faches widerspiegeln sollten.

Wie man lehrt, so prüft man

Für das Bestehen Ihrer nächsten Prüfung sollten Sie sich den Lehrstil Ihres Prüfers genauer ansehen. Wenn Sie wissen, nach welchem Curriculum er seine Lehrveranstaltung aufbaut, sind Sie auch schon darüber im Bilde, wie er prüfen wird. Und darauf können Sie mit Ihrer Prüfungsvorbereitung reagieren. In einer Lehrveranstaltung nach dem linearen Curriculum bleibt Ihnen nichts anderes übrig, als alle Daten, Informationen und Materialien zu sammeln, so viel wie möglich davon zu verstehen und sich mit dem gesammelten Material einen eigenen Zugang zu den Prüfungsthemen zu verschaffen. Meistens verlaufen die dazugehörigen Klausuren, Abfragen und mündlichen Prüfungen nach demselben Schema: Der Prüfer fragt entlang der thematischen Perlenkette nach den, in seinen Augen, wichtigsten Inhalten.

Der Prüfungsstil des Lernprozessbegleiters sieht anders aus. Er ist gespannt darauf, zu sehen oder zu lesen, wie Sie mit den Methoden, die Sie bei ihm gelernt haben, umgehen. Er wird mit Neugier verfolgen, wie Sie an das Thema herangehen und was Sie daraus entwickeln. Da kann es vorkommen, dass ein Professor im Fach Biologie für Pharmazeuten die mündlichen Prüfungen mit einer Internetrecherche vor Ort beginnt. Es kommt ihm darauf an, dass man weiß, wie man sich Fachinformationen besorgen kann und nicht, dass man sie auswendig gelernt hat.

Prüfer werden – in eine ungeliebte Rolle schlüpfen

Wer einen Lehrauftrag an einer Hochschule übernimmt, hat meistens auch die Pflicht, Prüfungen abzunehmen. Für diese Aufgabe werden Dozenten von ihren Studierenden nicht wirklich geliebt. Das Machtgefälle in der Prüfung und die Tatsache, dass der Prüfer die Leitungsaufgabe übernimmt, lösen beim Prüfling nicht nur Ängste, sondern manchmal auch Ärger aus: „Da gehe ich erst gar nicht hin." – „Wenn der mich fertig machen will, geh ich einfach raus. Mir doch egal ...". Hinter solchen Reaktionen verbirgt sich die Vorstellung, der Professor hätte ein eigenes Interesse an der Prüfung. Tatsächlich aber hat er keinen persönlichen Gewinn von dieser Prozedur. Im Gegenteil: Prüfungen sind für ihn oftmals verlorene Zeit, ein lästiges, aber notwendiges Übel. In der Regel erhalten Prüfer noch nicht einmal eine zusätzliche Vergütung. Der einzige Nutznießer des Rituals sind Sie. Sie bekommen etwas vom Prüfer: seine Zeit, seine Aufmerksamkeit und sein Feedback, im günstigen Fall seine Anerkennung und eine Bewertung, die Sie für Ihren Studienabschluss benötigen. Die Prüfung ist in Wahrheit eine Dienstleistung zu *Ihren* Gunsten.

So betrachtet haben Studierende das Recht, geprüft zu werden, während Professoren die Pflicht haben, Sie zu prüfen. Interessant ist in diesem Zusammenhang die Frage, wo eigentlich die Prüfer ihrerseits das Prüfen gelernt haben? In unseren Seminaren haben wir es erfahren: Viele Professoren prüfen so, wie sie es selbst als Studierende erlebt haben und geben damit ihre eigenen Erfahrungen weiter – im positiven wie im negativen Sinne. Obwohl die Prüfungsrituale wesentlicher Bestandteil der institutionellen Kultur der Fachbereiche, der Hochschulen und der Berufsverbände sind, erhalten nur die wenigsten Hochschullehrer eine qualitative Ausbildung für diese Aufgabe.

Die besondere Herausforderung, der sich ein Professor stellen muss, besteht in einem radikalen Rollenwechsel. Bisher hat er Ihren Lernprozess unterstützt und Sie vielleicht sogar auf die Prüfungen vorbereitet. In der Prüfung aber (oder bei der Bewertung der Klausur) steht er Ihnen nun in einer anderen Funktion gegenüber. Er muss Ihre Leistung bewerten.

Rollenspiele in Alltag und Prüfung

Bitte versetzten Sie sich einmal in folgende Situation:

Sie sitzen in der U-Bahn und lesen ein Buch. Plötzlich ruft jemand: „Die Fahrkarten bitte!" Ihr Puls wird schnell, Sie greifen in die Tasche – heute Morgen hatten Sie sie noch eingesteckt, oder? Vor Ihnen baut sich ein junger Mann auf und beobachtet jede Ihrer Bewegungen. Sie tasten nach dem Portemonnaie, finden es nach einer Ewigkeit und reißen es auf: Da ist sie. Erleichtert zeigen Sie dem etwas blassen Jüngling die Monatskarte, er bedankt sich und Sie widmen sich wieder Ihrem Buch.

Die beschriebene Szene ist alltäglich – und doch hebt sie sich vom Alltag ab. Durch Rollenzuweisung entsteht in bestimmten Situationen eine kalkulierte Distanz zum Gegenüber: Jemand erhebt den Anspruch, Ihren Fahrausweis sehen zu dürfen. Ob Sie es mit einer Ärztin, einem Polizisten, einer Richterin oder eben mit dem Fahrkartenkontrolleur zu tun haben – alle genannten Personen haben eine Rolle im gesellschaftlichen Kontext eingenommen und treten mit uns über ritualisierte Formen der Begegnung in Kontakt. Wir akzeptieren diese Rollenzuweisungen und stören uns für gewöhnlich nicht weiter daran. Auch eine Prüfung ist ein Ritual, in dem Prüfer und Prüfling ihre Rollen spielen. Im Gegensatz zu anderen Situationen erleben Studierende die Prüfung aber häufig als künstlich und befremdend. Der Prüfer geht auf Distanz, er erhält in diesem Ritual die Aufgabe (und zugleich die Macht), eine Leistung zu beurteilen. Im Kopf vieler Studierender entsteht dadurch das Bild des „objektiven Prüfers", der rein sachlich urteilt und emotional unerreichbar ist. Sympathieaspekte werden als irrelevant (weil unsachlich) abgetan – leider. Denn die Wahrnehmung des Prüfers, der emotionale Kontakt zu ihm, ist die Grundvoraussetzung für den Aufbau eines gelungenen Prüfungsdialogs. Ob ein Prüfer als fern oder nah erlebt wird, ist für den Verlauf einer Prüfung sehr wichtig.

Der Prüfer im Kopf

Vielleicht haben Sie mit Ihrem Prüfer bisher ja noch kaum ein Wort gewechselt und begegnen ihm erst in Ihrer Prüfung richtig. In diesem

Falle werden Sie vielleicht die wenigen Kontaktmomente und Erinnerungen an ihn ausschlachten und sich vorstellen, wie er Sie in der Prüfung behandeln wird. Hier ist Vorsicht angeraten. Sehr häufig speisen sich die Gedanken über Prüfer aus Erfahrungen, die wir mit wichtigen Bezugspersonen aus unserer Vergangenheit gemacht haben. Vater, Mutter, Lehrer, Chefs – sie liefern das Material, aus dem unsere inneren Bilder über Prüfer geformt werden. Andererseits gelingt es in aller Regel nicht, sich bewusst *kein* Bild vom Prüfer zu machen. Spätestens in den Träumen kurz vor einer wichtigen Prüfung nimmt der Prüfer konkrete Gestalt an. Und das ist in dieser Phase auch gut so. Schließlich handelt es sich ja um eine *Vorbereitung* auf den Prüfungs-Dialog. Warum sollte sich nicht auch Ihr Unbewusstes mit der anstehenden Prüfung beschäftigen dürfen?! Der Dialog mit einem Fremden bedarf der vorsichtigen, herantastenden Kontaktaufnahme. Die anfängliche Fremdheit muss in eine gewisse Vertrautheit verwandelt werden. Wenn das bereits vor der Prüfung erfolgt ist – auch in Träumen und Fantasien –, bleibt Ihnen in der Prüfung mehr Zeit für die Präsentation Ihres Themas.

Wer in die Rolle des Prüflings schlüpft, nimmt meistens auch einen Positionswechsel im eigenen Kopf vor. Der Prüfer steigt zum „Chef im Ring" auf, während man selbst zum kleinen Sparringspartner herabsinkt. Zum „Chef" kann man nur noch aufschauen und versuchen, seine „Schläge" möglichst gut zu parieren. Das Gefälle in der Kommunikation ist jedenfalls vorprogrammiert. Sehr häufig zieht sie auch ein passives Rollenverhalten der Prüflinge nach sich. Aber ist das auch angebracht? Was ist realistisch und was ist Fantasie? Es ist unbestreitbar, dass sich Professoren für Idealisierungen und Projektionen aller Art eignen. Man hält sie für super klug, sie sind brillante Forscher und allwissende Gelehrte. Wer könnte ihnen schon das Wasser reichen? Aber diese Überhöhungen des Prüfers sind für die Prüflinge fast immer mit der eigenen Entmachtung verbunden. Wenn dem Prüfer schon so viel Platz eingeräumt wird, bleibt für einen selbst kaum noch Raum. Aber was soll ein Prüfer noch machen, wenn ihm der Prüfling deutlich signalisiert, dass er sich schon fast aufgelöst hat und die Prüfung sowieso daneben geht?

Am Modell des Prüfungsdreiecks kann man sich immer wieder verdeutlichen, welche Beziehungs-Pole gerade einer Korrektur bedürfen. Für den Aufbau des eigenen Selbstvertrauens ist es von unschätzbarem Wert, wenn Sie die Prüfungssituation antizipieren, d.h. sie in der eigenen Phantasie probehalber durchspielen. Dieses Training erst macht es Ihnen möglich, in der Prüfung die eigene Stimme zu finden. Erst dadurch – und durch die Aufrechterhaltung Ihres Kontaktes zum Thema – können Sie den Dialog mit dem Prüfer wagen und anfangen, ihm gute Argumente für eine Benotung zu liefern. Wenn Sie an den Prüfer oder an die Prüferin Ihrer nächsten Prüfung denken:

? Welche Themen waren ihr/ihm im Laufe des Semesters besonders wichtig?
? Bei welchen Themen gab er/sie sich besonders Mühe?
? Was müssen Sie konkret leisten, um bei ihr/ ihm die Bestnote zu erhalten?
? Mit welchem Themenaspekt könnten Sie ihn/sie überraschen?

Kontaktfreude zahlt sich aus

An überfüllten Hochschulen herrscht zwischen Ausbildern und Studierenden bis zur Prüfung häufig Funkstille. Umso wichtiger sind die Vorgespräche. Sie bilden einen wichtigen Aspekt des Prüfungsprozesses. Es ist ein wichtiger Bestandteil der Prüfungsvorbereitung, neben den Vorlesungen, Kolloquien und Seminaren der Prüfer auch ihre Sprechstunden zu besuchen. Wenn Sie mit dem Professor ein Vorgespräch vereinbaren oder sich ihm nur kurz vorstellen, werden Sie beide davon profitieren. Denn auch dem Professor wird es angenehmer sein, wenn er weiß, mit wem er es in der Prüfung eigentlich zu tun haben wird.

Beziehungskiste

Wenn Sie Ihren Prüfer bereits kennen, spielt die gemeinsame Geschichte eine wichtige Rolle. Viele Studierende verunsichert der Gedanke, dass der einst ferne, idealisierte Professor, mit dem sie im Laufe des Studiums vielleicht sogar per du geworden sind, nun plötzlich wieder mit beängstigender Machtfülle ausgestattet ist. Da stellen sich viele zu recht die Frage: „Habe ich meine Fachkompetenz in den vielen gemeinsamen Projekten nicht schon längst unter Beweis gestellt? Kann der Professor meine fachliche Qualität nicht schon gut genug beurteilen?!"

Vielleicht wäre es sinnvoll, diese Irritation beim Professor direkt zu thematisieren. In jedem Fall ist es gut zu wissen, dass die Prüfung ein Ritual ist. Für eine kurze Zeit schlüpfen beide Seiten in typisierte Rollen. Als Prüfling präsentieren Sie Ihr Thema und bekommen von Ihrem Professor ein abschließendes Feedback zu Ihrer fachlichen Leistung. Das bestehende Vertrauensverhältnis muss deshalb durch die Prüfung nicht aufgegeben werden. Wer als „Hiwi" tagtäglich mit seinem Professor zusammenarbeitet, ist ganz besonders angewiesen auf eine qualifizierte Form der Beurteilung, denn im „Alltagsgeschäft" bleibt häufig keine Zeit für persönliche Rückmeldung.

Das Prüfungsritual ermöglicht sogar dann ein gelungenes Examen, wenn die Beziehung zum Professor belastet ist. Durch die Rollenzuweisung entsteht eine neue Beziehungsform, in der sich die Beteiligten am Prüfungsgespräch weitgehend auf fachbezogene Sachthemen konzentrieren können. Optimaler ist es natürlich, wenn Sie Ihre persönlichen Konfliktthemen bereits vorher ausgeräumt haben. Gegebenenfalls müssten Sie gemeinsam mit dem Prüfer überlegen, ob ein unvoreingenommenes Prüfungsgespräch überhaupt noch möglich ist oder ob besser jemand anderes die Prüfung abnimmt.

Der Prüfer als Gutachter

Auch in schriftlichen Prüfungen spielt der Kontakt zum Prüfer eine Rolle, denn auch hier wird dialogisch kommuniziert: Der Prüfer stellt Ihnen ein Thema, das Sie in Textform bearbeiten müssen. Er liest Ihre Beiträge und gibt Ihnen ein Feedback in Form einer Note. Stellen Sie sich vor, wie dankbar Ihnen der Korrektor dafür sein wird, wenn er eine gut gegliederte, überschaubare, leserliche und lesenswerte Klausur vor sich hat! Nicht selten schlägt sich diese Dankbarkeit auch in Bonuspunkten nieder.

Gnade mit dem Prüfer

Wenn Sie die Beziehungsebene Prüfling-Prüfer schon frühzeitig stärken, wird sie auch in Ihrer nächsten Prüfung stabil sein. Das zahlt sich
beim Fachgespräch über Ihr Thema aus. Und falls Sie insgeheim noch
immer befürchten, der Prüfer würde Ihnen erst im Augenblick des
Prüfungsbeginns seine wahre Identität offenbaren und Sie als Scharfrichter zur Schlachtbank führen, hilft Ihnen vielleicht ein Stück Pragmatismus weiter: Selbst der sarkastischste und gelangweilteste Professor wird versuchen, den Gesprächsprozess am Laufen zu halten.
Und er hat ganz sicher keine Lust, Sie noch einmal in der Prüfung zu
sehen. Machen Sie es deshalb den Prüfern nicht so schwer, zu einer
Beurteilung zu kommen. Überwinden Sie sich und zeigen Sie, was in
Ihnen steckt.

4. Was machen Sie aus dem Thema?

Facetten des Prüfungsthemas im Lehr-Lern-Dreieck

Angelina besucht ihre Freundin Oana, die in Wien Philosophie studiert. Weil Angelina Zeit hat und etwas von Oanas Leben sehen möchte, begleitet sie ihre Freundin kurzerhand an die Uni. Sie betreten einen kleinen Saal, in dem eine überschaubare Anzahl Studenten sitzt. Der Dozent beginnt pünktlich mit seiner Vorlesung. Nach ein paar einleitenden Worten kommt der Dozent gleich so richtig in Schwung: „Die Wissenschaft enthält sich in ihr selbst diese Notwendigkeit, der Form des reinen Begriffes sich zu entäußern, und den Übergang des Begriffs ins Bewusstsein. Denn der sich selbst wissende Geist, eben darum, dass er seinen Begriff erfasst, ist er die unmittelbare Gleichheit mit sich selbst, welche in ihrem Unterschiede die Gewissheit vom Unmittelbaren ist, oder das sinnliche Bewusstsein, – der Anfang von dem wir ausgegangen; dieses Entlassen seiner aus der Form seines Selbsts ist die höchste Freiheit und Sicherheit seines Wissens von sich.“ Angelina ist Biologin, eigentlich ganz gut in Deutsch und verzweifelt. Sie versteht kein Wort, dabei ist nicht mal ein einziges Fremdwort gefallen. Bestürzt schaut sie Oana an. Die grinst und sagt: „Keine Angst, das ist Hegel. Den versteht niemand auf Anhieb".

Für Angelina sind die Gedanken Hegels geradezu verstörend fremd. Trotz gleicher Muttersprache findet sie keine Ansatzpunkte, um das Gesagte zu verstehen. Wenn sie sich nicht die Mühe macht, den Hegeltext noch einmal in Ruhe zu lesen und Wort für Wort zu entschlüsseln, wird sie nie erfahren, was Hegel über das menschliche Bewusstsein sagte, das sich durch die Wissenschaft befreien kann. Sie steckt in einem klassischen „Lern"-Dilemma: ihr reichhaltiger Schatz an Lern- und Lebenserfahrung vermag das

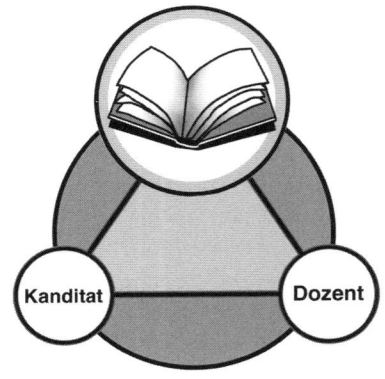

fremdartig Neue nirgendwo „anzudocken". Die zwei Hegelsätze, die sie hörte, finden innerhalb ihres neuronalen Netzes keine vergleichbaren Informationen und keinerlei Ähnlichkeiten, an die sie hätte anknüpfen können, um sich dem Thema zu nähern. Für Angelina ist gerade eine bedeutsame Erkenntnis aus der Gehirnforschung plastisch erfahrbar geworden: Wir können nichts völlig Neues und Unbekanntes lernen.

Wenn wir unbekannte, neue Sachverhalte nicht von vornherein bei Seite schieben, sucht unser Gedächtnis fast automatisch nach Bekanntem und nach möglichen Ansatzpunkten, um sie zu verstehen. Dabei greift das Gedächtnis auf unser gesammeltes Vorwissen zurück. Es sucht nach vorhandenen Analogien, die zu den neuen Erfahrungen passen könnten. Das Gedächtnis versucht einzuschätzen, wie die neuen Informationen von ihrer Wichtigkeit oder ihren Zusammenhängen her zueinander passen könnten und wie sie sich zum bereits vorhandenen Wissen verhalten (Spitzer 2000, S. 143). Wie bei einem Puzzle kann die neue Information erst dann „eingesetzt" werden, wenn sie zu den anderen passt. Andernfalls muss das Gehirn nach den Verbindungsteilen suchen.

In einer Lehrveranstaltung sind Sie ständig damit beschäftigt, Ihr Vorwissen nach Analogien zu durchsuchen oder mit den bereits vorhandenen Vorstellungen abzugleichen, zu denen die neuen Informationen des Themas irgendwie passen könnten. Ein guter Dozent weiß, wie viel Neues er seinen Studenten zumuten kann. Er wird keine Hegeltexte einfach so vorlesen, ohne sie anschließend beispielhaft und nachvollziehbar zu analysieren und zu erschließen.

Geteiltes Thema – gemeinsame Verantwortung

Entwickelt sich die Kommunikation zwischen Dozent und Studierenden im Seminar gut, entsteht ein gemeinsames Lehr-Lern-Thema. Es entfaltet sich mit jeder Frage, jedem Beitrag und jeder Information ein Stück mehr. Jede neue Information wird von den Teilnehmern auf ihren Bedeutungsgehalt hin beurteilt, um sie verstehen und lernen zu können. Im Idealfall gleicht der Dozent seine Inputs permanent damit ab, wie sie auf seine Studenten wirken. Seine Leitfrage: Haben die Studenten die Bedeutung der Information erfasst? Auf studentischer Seite lässt sich der komplementäre Prozess mit der Frage beschreiben: Begreife ich, warum die neue Information aus der Sicht des Dozenten bedeutungsvoll ist? Eine solche Frage kann aber nur beantwortet werden, wenn der Lehr-Lern-Prozess ganz bewusst Rückmeldungen vorsieht. Diese Vorgehensweise ist grundlegend für den hermeneutischen Lehr-Lern-Prozess. Wenn Studenten dieser Raum vom Dozenten eingeräumt wird und sie noch dazu ermutigt werden, das auszudrücken, was sie in welcher Weise verstanden haben, wird sehr rasch noch etwas anderes deutlich: Jede Information enthält mehr als nur *einen* Bedeutungsgehalt. Im themenzentrierten Dialog entsteht nun ein wechselseitiger Verständnisprozess, der den gemeinsamen Gegenstand entfaltet und weiter ausdifferenziert. Und das ist auch der Grund, weshalb Ihr Dozent nur die halbe Verantwortung für die Entfaltung des Themas hat. Weil es sich immer um ein „geteiltes" Thema handelt, ruht die Verantwortung auch auf Ihren Schultern. Was brauchen Sie von ihm, um besser zu verstehen?

Multiple-Joy – eine Ansichts-Sache

Tim studiert im 4. Semester Medizin und bereitet sich gerade auf wichtige Klausuren vor. Sie bestehen aus Fragekatalogen, die im Multiple-Choice-Verfahren beantwortet werden müssen. Also quält er sich wochenlang damit, in Übungsbögen Kreuze an die richtige Stelle zu setzen. Es fällt ihm schwer, sich hinter den Fragen einen Prüfer vorzustellen, denn schließlich wurden die Fragen landesweit von einer Kommission festgelegt und die Auswertung der Antwortbögen erfolgt mit Computern. So viel Prüfungserfahrung hat er schon gesammelt, um zu wissen, dass ihm in den Klausuren nicht viel Zeit zum Nachdenken bleiben wird. Er muss sein Wissen schnell abrufen können, um nicht in Verzug zu geraten.

Kann man hier noch von einem gemeinsamen Thema in der Prüfungskommunikation sprechen? Es hat bei all der Anonymität des Prüfungsverfahrens zumindest nicht den Anschein. Tim ist fixiert auf den Wortlaut der Fragen und der zur Auswahl stehenden Antworten, z.B. wenn es um die menschliche Leber geht. Er muss „einfach nur" die richtige Antwort finden. Welche Vorstellung er persönlich über dieses Organ hat, ist in der Klausur nicht von Bedeutung. Oder etwa doch? Wenn Tim seine Prüfungsvorbereitung dazu nutzt, sich ein eigenes Bild von der Leber zu machen, ist er unabhängiger. Und er kann flexibler auf unvorhergesehene Fragen reagieren. In jeder Klausur ist es möglich, dass eine neue Frage gestellt wird, die noch nicht in den bekannten Fragenkatalogen vorkam. Außerdem erleichtert es Tim das Lernen, Behalten und wieder Aufrufen, wenn er nicht nur spezielle Fragen zur Leber lernt, sondern alle wichtigen Aspekte bündelt und zu einer persönlichen Vorstellung über die Leber miteinander verknüpft. In der Klausur hängt alles davon ab, ob Tim die Fragen richtig versteht, mit dem gelernten Thema verknüpfen kann und dann das Kreuz an der richtigen Stelle setzt. Auch Multiple-Choice-Fragen sind also Teil eines Prüfungsdialogs, auf den Sie sich ganz persönlich einstellen können.

Der Stoff, aus dem man Wissensteppiche knüpft

Auch für mündliche Prüfungen ist es in jedem Fall günstiger, nicht bloß einzelne Fakten und viele Daten zu lernen. Setzen Sie stattdessen auf das Erlernen von Argumentationen, Strukturen und Zusammenhängen, so dass Sie eine eigene Ansicht des Themas entwickeln, über die Sie dann in der Prüfung mit einander sprechen. Über einen fertig geknüpften Teppich kann man sich besser austauschen, als über ein loses Bündel unverarbeiteter Fäden. Außerdem lässt sich das Muster eines Teppichs besser einprägen als seine zigtausend Bestandteile. Schaut sich der Professor dann in der Prüfung das Muster genauer an, wird er kaum nach Dingen fragen, die jenseits der Ränder liegen. Und wenn er es doch tut, gibt es vielleicht Möglichkeiten, ihn wieder zurück auf den Teppich zu holen. Natürlich hat jeder Teppich „Grenzen". Es sind aber oft die kleinen, komplex geknüpften Teppiche, die am wertvollsten sind. Anders gesagt: Kein Prüfer erwartet grenzenloses Wissen, aber er wird auf Materialauswahl, Argumentationsmuster und Verarbeitungsqualität achten.

Stoff mit doppeltem Boden

In den Lehrveranstaltungen ist es die Aufgabe der Dozenten, die Studenten mit den Themen des Fachgebietes in Kontakt zu bringen, damit sie lernen können. In der mündlichen Prüfung können Sie als Kandidat dazu beitragen, dass ein gemeinsames Thema entsteht. Wenn Sie die

Fragen des Prüfers nur mit knappen Antworten parieren, um den Ball so schnell wie möglich wieder loszuwerden, wird der Dozent irgendwann müde, sich immer neue Fragen auszudenken. Zeigen Sie Interesse. Geben Sie nicht nur Antworten, sondern teilen Sie Ihre Sicht mit. Denn sobald einer der Gesprächspartner sein Interesse am Thema verliert, erlahmt der Dialog oder bricht ganz ab. Oft scheint das Thema ein Eigenleben zu führen, denn es ist nicht vollständig kontrollierbar. Weder von einem Gesprächspartner allein, noch von beiden gemeinsam. Warum? Weil es erst noch ent-deckt werden muss. Es tritt im Dialog aus dem Hintergrund in den Vordergrund und nimmt erkennbare Gestalt an. Darin liegt die Chance des Prüfungsgesprächs. Ein Thema, das von vielen Seiten beleuchtet wird, eröffnet immer neue Dialogmöglichkeiten. Wer es versteht, sich im Vorfeld ein Thema anzueignen, schreckt nicht vor der Offenheit des Gesprächsverlaufs zurück. Er entwickelt einen eigenen Standpunkt, kann sich für „sein" Thema begeistern und bleibt dennoch offen für dialogische Impulse, die ihn zum Wagnis der Mehrperspektivität locken.

In der Prüfung fallen also Prüfungsstoff und Thema nicht deckungsgleich zusammen. Das Thema ist nicht gleichbedeutend mit dem angekündigten und dann mehr oder weniger gut gelernten Prüfungsstoff. Wer zu sehr am Stoff klebt, kann nicht offen auf die Fragen des Prüfers reagieren und verfehlt unter Umständen das Thema des Gespräches. Ein Prüfungsthema entsteht im Dialog zwischen Prüfer und Prüfungskandidat. Natürlich immer vor dem Hintergrund des Prüfungsstoffes. Es ist im besten Falle weder das Thema des Prüfers noch das des Kandidaten, sondern das Thema von beiden. Häufig haben Prüflinge nach der Prüfung das Gefühl, gar nicht über das Prüfungsthema befragt worden zu sein. Es irritiert sie, dass es nicht nur um die Fakten ging, mit denen sie sich wochenlang herumgeschlagen haben, sondern dass ganz neue Aspekte in den Vordergrund kamen, mit denen sie vorher nie gerechnet hatten.

Vielleicht wird Ihnen die mündliche Prüfung leichter fallen, wenn Sie sich tatsächlich auf ein Gespräch einstellen. Auch dann, wenn Sie es mit einem sturen Abfrager zu tun haben. Schwierig wird es nämlich meistens dann, wenn ein Abfrage-Prüfer plötzlich dialogisch wird und von Ihnen verlangt, zu einem Thema Ihre persönliche Meinung zu äußern. Wenn Sie dann nicht auf ein Gespräch eingestellt sind, erwischt er Sie leicht auf dem falschen Fuß. Mit einer dialogischen Haltung wird Ihnen das Wechselspiel von Standbein (Abfragen) und Spielbein (Gespräch) leichter fallen.

Wir müssen reden – das Thema im Prüfungsdialog

Oft geht es in der Vorbereitung auf eine mündliche Prüfung darum, ein selbst gewähltes Thema exemplarisch zu bearbeiten und das Ergebnis in der Prüfung vorzustellen bzw. zu zeigen (lat. praesentare). Bei einer guten Präsentation möchte der Zuschauer und Zuhörer mit dem Thema oder mit dem Produkt in Kontakt kommen. Er erwartet zu Recht, dass sein Interesse geweckt wird. Nicht anders ergeht es auch dem Prüfer. Er möchte mit interessanten Zusammenhängen gefüttert werden, damit sich anschließend ein echtes Fachgespräch entwickeln kann. Nur in den Fällen, in denen das Ergebnis der Präsentation so mager oder uninteressant ausfällt, dass er keinen Impuls zu einem Austausch entdeckt, wird er versucht sein, sonstiges Fachwissen abzufragen. Das empfindet der Prüfling dann häufig so, als würde der Prüfer ein neues Thema aufmachen und nun von ihm verlangen, auf vermintem Gelände seine Tanzkünste zu zeigen. Üben Sie das Präsentieren, dann werden Sie wirklich wissen, was Sie wissen. Wenn Sie an das Thema der kommenden Prüfung denken:

? Für welche Aspekte des Prüfungsstoffes interessieren Sie sich am meisten?

? Welche Inhalte kennen Sie am besten?

? Worüber würden Sie mit dem Prüfer am liebsten diskutieren?

? Welche Fragen über das Thema wird der Prüfer ganz sicher stellen?

Das Handout – eine unterschätzte Hilfe

Jonas ist im Stress. Nicht, weil er in drei Tagen seine letzte mündliche Prüfung in Geschichte hat, sondern weil ihn die Professorin vor einer Woche in der Sprechstunde um ein Handout gebeten hat. „Wozu denn noch ein Handout?", fragt er sich seitdem. „Was soll jetzt diese Schikane?! Warum der ganze Aufwand mit der Lernerei und mit dem Abfragen, wenn ich das Thema schon vorher schriftlich einreiche?!". Nun sitzt er an dem Dokument, das er unbedingt heute noch an die Professorin schicken muss. Es ist bereits auf fünf Seiten angewachsen.

Jonas merkt, dass irgendetwas schief läuft. Und das so kurz vor der Prüfung. Seine Stressgefühle signalisieren ihm, dass mit dem Handout etwas nicht stimmt. Es hat viel zu viele Seiten und gleicht eher einer Abhandlung. Viele Aspekte des Themas stehen da unverbunden nebeneinander auf dem Papier. Da es in mündlichen Prüfungen um Argumentation und die thematische Diskussion geht, macht eine derartig umfangreiche Materialsammlung tatsächlich keinen Sinn.

Dabei könnten Handouts sehr hilfreich sein. Wenn sie gut gemacht sind, profitieren alle Beteiligten davon. Vor allem dem Prüfungskandidaten geben sie Sicherheit. Er bringt etwas mit in die Prüfung, das er vorzeigen kann – kurz gefasst und gut strukturiert. Aber auch dem Prüfer erleichtert ein Handout die Erfüllung seiner Aufgabe. Er sieht, über was er prüfen soll, kann schneller aus der eventuell vorangegangenen Prüfung umschalten und erkennt das Material, aus dem er sinnvolle Fragen stellen kann. Selbst der Beisitzer wird sich über Ihr Handout freuen. Er hat eine Vorlage für das Prüfungsprotokoll und wenn er in Ihrem Themengebiet selbst kein Fachmann ist, kann er sich dank Ihres Handouts zumindest grob orientieren.

Bauanleitung für das Handout

Ein gutes Handout ist ein DIN A4-Blatt, das einseitig bedruckt ist. Es enthält den Namen des Prüflings, das Fachgebiet, das Datum und Thema der Prüfung. In manchen Fällen bezieht sich die Prüfung auf mehrere Themen, die nacheinander geprüft werden. Hier ist es vielleicht sinnvoll, für jedes Thema ein eigenes Handout zu erstellen. Kleinere Themengebiete lassen sich auch auf einer Seite nacheinander abhandeln.

Handouts können in verschiedenen Formaten erstellt werden. Die drei gängigsten sind:

• Gliederung
• Thesenpapier
• Übersichtsplan

Wenn Sie Erfahrungen im Umgang mit diesen Formaten gesammelt haben, werden Sie auch leichter entscheiden können, welches zu Ihnen und Ihrem Thema passt. Wir schlagen Ihnen vor, jedes dieser Formate zu erproben – anhand Ihres aktuellen Prüfungsthemas.

1. Das Handout als Gliederung

Fertigen Sie als erstes ein kleines Handout zu Ihrem aktuellen Prüfungsthema an und orientieren Sie sich dabei an Gliederungen, die Sie schon von anderen schriftlichen Arbeiten her kennen.

- Beginnen Sie mit der gängigen Grobgliederung in Einleitung, Hauptteil und Schluss.
- Formulieren Sie diese drei Gliederungspunkte als kurze, aussagekräftige Überschriften zu Ihrem Prüfungsthema.
- In der *Einleitung* nennen Sie das Thema bzw. die Fragestellung und die maßgebliche Literatur.
- Der *Hauptteil* Ihrer Gliederung sollte möglichst drei, aber nicht mehr als fünf Überschriften bzw. Kapitel umfassen. Überlegen Sie, wie Sie Ihr Thema logisch anhand dieses Schemas gliedern. Zu jeder Kapitelüberschrift können Sie eine weitere Gliederungsebene einfügen und – wenn unverzichtbar – sogar noch eine dritte. Verwenden Sie kurze, aber aussagekräftige Überschriften. Am Ende liest sich Ihr Handout in Gliederungsform wie das Inhaltsverzeichnis eines spannenden Buches. Es sollte einen dazu anregen, gleich mit dem Lesen anzufangen.
- Ein hilfreiches Kriterium zur Beurteilung des eigenen Handouts könnte der imaginierte Fremdblick sein. Schlüpfen Sie dazu für einen Moment in die Rolle eines Oberkellners in einem exklusiven Restaurant, der an einem Tisch seinen Gästen die Menükarte überreicht. Wie präsentieren Sie ihnen Ihre Auswahl der Köstlichkeiten? Vielleicht geben Sie einleitend einen kurzen Überblick über das, was Ihre Küche zu bieten hat und was Sie Ihren Gästen thematisch anempfehlen? Wie werden Ihre Gäste reagieren? Seien Sie ehrlich. Läuft ihnen das Wasser im Mund zusammen oder müssen Sie die schriftliche Zusammenstellung Ihres Menüs noch ein wenig überarbeiten?

2. Das Handout als Thesenpapier

Wie sieht Ihr Prüfungsthema aus, wenn Sie es in die klassische Form eines Thesenpapiers bringen? Welche Thesen sind für Ihr Thema unverzichtbar, welche können vernachlässigt werden?

- Sammeln oder entwickeln Sie mindestens 20 Aussagen bzw. Behauptungen zu Ihrem Prüfungsthema. Formulieren Sie diese in ganzen Sätzen. Versehen Sie alle Sätze, die einen Sachverhalt begründen, mit einer Klammer. Finden Sie unter den verbliebenen Aussagen Ähnlichkeiten und Zusammenhänge? Reduzieren Sie diese durch Zusammenfassungen.
- Nummerieren Sie nun die wichtigsten 10 Aussagen und bringen Sie diese in eine sinnvolle Reihenfolge. Schreiben Sie die Aussagen untereinander. Lesen Sie jede Aussagen laut vor und arbeiten Sie an der Formulierung. Sind die Aussagen verständlich, pointiert und könnten Sie jede These mit Ihren Fachkenntnissen begründen?
- Ist jede These in etwa gleich gewichtet? Lassen sich einzelne Thesen noch weiter zusammenfassen?
- Überlegen Sie auch, ob eine kurze Eingangs- und Abschlussbemerkung Ihr Thesenpapier abrunden (z.B. darüber, auf welches Thema sich die Thesen beziehen, wie Sie sie gewonnen haben oder auf welcher Literaturgrundlage sie basieren).

3. Das Handout als Übersichtsplan

Wenn Sie sich für dieses Format eines Handouts entscheiden, sind Ihre grafischen Fähigkeiten gefragt. Sie visualisieren für den Prüfer, den Beisitzer und sich selbst das Prüfungsthema und geben dadurch allen Beteiligten einen bildhaften Überblick.

- Mit welchen grafischen Darstellungsformen haben Sie bereits Erfahrungen gesammelt – Poster, Mindmap, Tabelle, Themen-Landkarte, Bildcollage, Diagramm, Tag Cloud …?
- Sammeln Sie auf einem Extrablatt zunächst stichpunktartig alle zentralen Aspekte Ihres Themas.
- Gliedern Sie diese Aspekte in Haupt- und Unterpunkte.
- Wählen Sie nun eine der oben erwähnten grafischen Formen aus, mit der Sie die Punkte visualisieren können. Eignet sich für Ihre

Punkte z. B. ein Mindmap oder ist eher die Themenlandkarte angebracht?

- Übertragen Sie Ihre gewählte Darstellungsform nun auf das eigentliche Handoutblatt.
- Achten Sie auf Übersichtlichkeit: Das Handout sollte möglichst nur aus einem Blatt bestehen.
- Üben Sie, Ihre Graphik zum Sprechen zu bringen. Mit welchen Worten wird sie Ihre Sicht des Themas erläutern?

Wo *ich* bin, kann ein *wir* werden

Selbst wenn Ihnen ein gutes Handout gelungen sein sollte, quält Sie ja vielleicht eine viel grundsätzlichere Frage: Ist es überhaupt möglich, ein Thema so spannend darzustellen, dass ich das Interesse des Professors für zwanzig Minuten fesseln kann? Und wenn ja: Kennt er nicht ohnehin schon alle Seiten des Themas in- und auswendig und damit viel besser als ich? Wenn ich so frage, haben insgeheim schon wieder meine Wissenslücken das Kommando übernommen. So klingt die Stimme der Prüfungsangst. Und die macht deutlich, dass sich meine Perspektiven verschoben haben – weg von mir und hin zum Prüfer. Eine ungünstige Verschiebung. Denn genau genommen geht es ja in meiner Prüfung nicht um *ein* Thema. Es geht um *mein* Thema. Neu sind deshalb nicht die Literaturzitate, die ich auswendig gelernt habe, sondern meine Präsentation der von *mir* ausgewählten und neu zusammengestellten Aspekte des Themas. Geprüft wird immer meine Art, mit den Daten und Theorien umzugehen, meine ganz persönliche Art und Weise, wie ich mit den Elementen des Themas jongliere. Erfolgreich werde ich also nur dann sein, wenn *ich* mit meinem Thema in Kontakt bin.

Sobald ihnen dieser Kontakt gelingt, entdecken viele Prüflinge plötzlich etwas ganz Unerwartetes: Der riesige, angsterregende Prüfungsstoff gibt ihnen am Ende sogar Sicherheit. Anders gesagt: Wenn der Stoff zu meinem Thema geworden ist, wird er mir zum Halt. Er bietet mir einen relativ sicheren Standort, von dem aus ein Gespräch möglich wird. Ich kann plötzlich ganz motiviert in eine Prüfung gehen, um dort etwas zu präsentieren. So wird ganz nebenbei nicht nur mein Thema sichtbar, sondern auch ich selbst.

5. Das Umfeld spielt immer mit

Nebentätigkeiten mit Nebenwirkungen

Studenten haben meistens Dringen-
deres und vielleicht sogar Besseres
zu tun, als sich stundenlang an den
Schreibtisch zu setzen und zu lernen.
Weil das menschliche Gehirn ja sowieso ständig am Lernen ist, könnte
man sogar behaupten, dass es voll-
kommen unnatürlich ist, den „normalen" Lebensablauf zu unterbre-
chen und sich eine Zeit lang ausdrücklich nur auf das Lernen zu

konzentrieren. Und selbst wenn uns das gelingt, dann ohnehin nur
deshalb, weil wir seit der Grundschule mit subtilem Zwang dazu an-
gehalten wurden.

*Sunita studiert Sozialpädagogik. Sie nimmt ein Prüfungscoaching in An-
spruch, weil sie unzufrieden mit ihren Prüfungsleistungen ist. Dem Coach
erzählt sie, dass sie in fast jedem Semester zwei Scheine weniger macht als
die Kommilitonen und selbst dann sind die Noten nur mittelmäßig. Deshalb zweifelt sie mittlerweile auch an ihren fachlichen Fähigkeiten. „Vielleicht sollte ich damit aufhören." – „Erzählen Sie doch mal, wie bei Ihnen
eine typische Studienwoche aussieht", fordert der Coach sie auf. „Zum
Glück konnte ich in diesem Semester alle Veranstaltungen auf Montag bis
Donnerstag legen. So kann ich am Freitagvormittag meine Wäsche wa-
schen und einkaufen und nachmittags im Altenheim anfangen. Dort arbeite ich auch am Samstag und Sonntag. Ich habe nämlich Krankenschwester
gelernt und kann mir damit mein Studium finanzieren. Ein Problem ist,
dass ich unter der Woche manchmal nicht in die Vorlesungen gehen kann,
weil mich dann die Familie, bei der ich Au-Pair-Mädchen war, zum Babysitten braucht." – „Sie machen also ein Teilzeitstudium?" – „Nein, ich arbeite in Teilzeit. 20 Stunden." – „Plus Babysitten." – „Das mache ich ja in*

der Freizeit." – „Und in der Studienzeit." Sunita schweigt. Nach einer
Weile sagt sie: „Ja, Sie haben recht. Das Studium kommt zu kurz. Ich kann
mich nicht genauso darauf konzentrieren wie meine Kommilitoninnen.
Kann man sich eigentlich auch als Teilzeitstudentin einschreiben und sich
dann mehr Zeit für das Studium lassen?"

Vielen Studenten geht es wie Sunita. Es macht ihnen nichts aus, regel-
mäßig und pünktlich einer Erwerbsarbeit nachzugehen. Ihre Haupt-
aufgabe, nämlich das Studium, kommt dabei aber zu kurz. „Ich muss
erst meinen Unterhalt verdienen", heißt es dann meistens. Aber selbst
den Studenten, die nicht auf das Jobben angewiesen sind, fällt es leichter, zur Arbeit zu gehen, als in die Bibliothek. „Dort hat man ja keinen
Vorgesetzten, der darauf achtet, dass man pünktlich erscheint".

Vielleicht hilft diese Vorstellung: Wenn es um Ihr Studium geht,
sind Sie Ihr eigener Unternehmer. Warum sind Sie dann aber so nachsichtig im Umgang mit Ihrem Mitarbeiter? Sie fahren einen ruinösen
Geschäftskurs, denn für jedes Jahr, das Sie Ihr Studium später abschließen, setzen Sie mindestens 30.000 € in den Sand. Gewinn macht
nur die Firma, bei der Sie jobben. Die verdient richtig Geld an den fle-
xiblen und qualifizierten Studenten, für die sie nur einen Minilohn
bezahlen muss. „Nebentätigkeiten" sind ein Musterbeispiel dafür, wie
sehr das persönliche Umfeld eines Studenten es vermag, seine Energien vom Studium abzuziehen.

Studienzeiten sind Gründerzeiten

Das Bild einer eigenen Firma könnte Ihnen dabei helfen, das Umfeld
Ihres Studiums aktiv zu gestalten und Ihre Arbeitsbedingungen zu
verbessern. Wenn Sie eine Firma gründen wollten, würden Sie wahrscheinlich erst einmal einen **Firmensitz** wählen. Wie sieht der bei Ihnen konkret aus? Anders gefragt: Wie gestalten Sie Ihren Arbeitsplatz
fürs Lernen?

? Arbeiten Sie zu Hause am Schreibtisch oder gehen
Sie zum Lernen lieber in die Bibliothek bzw. in
andere öffentliche Räume (z.B. Cafés)?
? Möchten Sie lieber alleine in einem Raum lernen
oder suchen Sie die Nähe von anderen, die auch
am Schreibtisch sitzen?

? Können Sie an Ihrem Arbeitsplatz bequem mehrere Stunden verbringen oder brauchen Sie Hilfsmittel (Kissen, Fußstütze, eine spezielle Tastatur ...)?

? Ist Ihr Arbeitsplatz so attraktiv gestaltet, dass Sie sich gerne dort aufhalten (Licht, Aussicht, ein Bild, eine Pflanze, Musik, keine Musik, ein angenehmer Duft...)?

? Oder gibt es zu viele Reize, die Sie ablenken? In diesem Fall empfehlen wir: Internet aus, AB einschalten und auf „lautlos" stellen, Fernseher ausschalten, eventuell Recorder für die Aufnahme der Lieblingsserie programmieren, Krimis bis zum Abend bei Nachbarn auslagern ...

Legen Sie in Ihrer Firma verbindliche **Arbeitszeiten** fest und betrachten Sie Ihr Lernen als Arbeitszeit.

✓ Machen Sie Ihrem Chef, Ihren Eltern, Freunden und Bekannten klar, dass Lernen Arbeitszeit ist. Auch wenn Sie Student sind, können Sie nicht einfach zu jeder Tages- und Nachtzeit jemanden zum Flughafen fahren oder gerade mal eben für Ihre Oma einkaufen gehen...

✓ Überlegen Sie, wie viel Zeit zum Geldverdienen Sie einsetzen müssen und reduzieren Sie gegebenenfalls Ihre Ausgaben.

✓ Planen Sie auch Freizeit ein und verteidigen Sie diese genauso wie Ihre Arbeitszeit.

✓ Stöbern Sie Zeitfresser auf und erlegen Sie diese ohne Gnade und ohne zu zögern!

✓ Am tatsächlichen Umgang mit Ihrer Zeit können Sie Ihre aktuell geltenden Prioritäten ablesen. Von Zeit zu Zeit ist es vielleicht notwendig, sich dieser Prioritätenfragen zu stellen: Bin ich eigentlich noch Student oder arbeite ich schon für eine andere Firma?

Halten Sie Ihre **Firmentermine** ein. Anders gesagt: Respektieren Sie die Rahmenbedingungen der Lehrveranstaltungen.

✓ Gewöhnen Sie es sich an, pünktlich in den Lehrveranstaltungen zu erscheinen. Verpassen Sie nicht den Einstieg des Dozenten, der Ihnen hilft, den Anschluss im Lernprozess zu finden.

✓ Neben der körperlichen Anwesenheit spielt auch die geistige eine Rolle. Sie tun sich selbst einen Gefallen, wenn Sie weitgehend wach sind und nicht von den Nachwirkungen des vergangenen

Abends abgelenkt werden. Ignorieren Sie für eine Weile auch Ihr Smartphone und den Sirenengesang des Internets. Natürlich ist kaum etwas schöner, als sich von diesen Gespielinnen aus der Konzentration locken zu lassen. Sie machen sich dadurch aber das Lernleben unnötig schwer. Geben Sie Ihrem Hirn die Chance, die Informationen gleich aufzunehmen und zu verarbeiten, statt später noch Extraschichten fürs Nacharbeiten einzulegen.

Kümmern Sie sich um eine attraktive **Unternehmenskultur**. Ihr Lernen darf nicht zur Sklavenarbeit geraten.

✓ Schaffen Sie sich Anreize und Belohnungen: ein Kinobesuch, Eis beim Lieblingsitaliener, nach Feierabend Freunde treffen … Bekannte, Freunde und Familie bilden Ihr soziales Netz. Nutzen Sie es für Ihr Studium. Und trauen Sie sich ruhig mal, Ihrer Großmutter die Funktionsweise des *Antiproton Decelerator* zu erklären. Wenn Ihnen das gelingt, haben Sie ihn ganz sicher verstanden.
✓ Beteiligen Sie sich an Arbeitsgruppen oder bilden Sie selbst welche. In der Gruppe lernt es sich besser. Sie erhalten dort wichtige Lernfeedbacks und werden motivierter arbeiten. Wenn Sie erleben, wie Sie selbst in der Gruppe mit dem Thema umgehen, werden Sie entdecken, was Sie schon alles wissen.
✓ Und lassen Sie sich nicht von negativen Umfeldbedingungen entmutigen. Ob langweilige oder übervolle Lehrveranstaltungen, lernfeindliche Hochschulpolitik, hässliche Seminarräume, ungünstige Berufsaussichten, ein inkompetenter Dozent, eigene Wissenslücken – nobody is perfect!
✓ Warum helfen Sie nicht mit, ungünstige Umfeldbedingungen zu verbessern? Engagieren Sie sich in Unigruppen – wenn Ihr Zeitplan Ihnen das erlaubt.

Es kann der beste Student nicht in Frieden lernen, wenn sein Umfeld es nicht will

Der Umfeld-Kreis des Lehr-Lern-Dreiecks ist ein sehr mächtiges Element. Er hat Einfluss auf alle anderen Elemente und Beziehungen. Er kann sogar verhindern, dass der Lehr-Lern-Prozess überhaupt zustande kommt. Wenn der Dozent seine Seminargruppe mal wieder eine halbe Stunde warten lässt, stecken dahinter bestimmt widrige

Umstände aus seinem eigenen Umfeld. Was aber steckt dahinter, wenn es im Vorlesungssaal plötzlich unangenehm kalt ist? Ein technisches Versagen? Eine Panne beim Energiezulieferer? Ein Streik im Facilitymanagement des Hauses? Wenn schon jede gewöhnliche Lehrveranstaltung und damit auch jede persönliche Lerneinheit so abhängig ist von den genannten Umfeldfaktoren, wie sehr wird dann erst das Umfeld eine Rolle spielen, wenn es um etwas wirklich Wichtiges geht – z.B. eine Prüfung?!

Störsignale

Das persönliche Umfeld, in dem ich als Student meine Prüfungen vorbereite, hat einen nicht zu unterschätzenden Einfluss auf meine Prüfungsleistungen. Einige der Faktoren, die über meinen Prüfungserfolg entscheiden, kann ich jedoch selber beeinflussen. Denn ob ich mir einen unattraktiven Arbeitsplatz aussuche oder für meine Vorbereitung schlecht ausgestattet bin, fällt ebenso in meinen Zuständigkeitsbereich wie das Nachgeben bei den vielen Ablenkungsmöglichkeiten, die Teil meiner Lernumgebung sind. Wie sieht Ihr persönliches Inventar an Störungen aus, mit denen Sie in der Prüfungsvorbereitung zu kämpfen haben? Wir haben ein paar Faktoren gesammelt, mit denen viele Studierende (immer wieder) zu kämpfen haben:

• Störungen durch Mitbewohner
• Gar kein oder kein funktionierender Zeitplan
• Zeitliche und persönliche Belastung durch den Gelderwerb
• Finanzielle Sorgen
• Persönliche Krisen (Beziehungen, Krankheit, etc.)
• Fehlende Perspektiven nach dem Studium
• Ungeeigneter Lernort

Um den Lernstoff für die nächsten Prüfungen optimal präparieren zu können, wäre ein störungsfreies Umfeld natürlich perfekt. Aber zugleich auch utopisch, denn selbst wenn wir die äußeren Störfaktoren ausschalten, melden sich schnell die „inneren" Störer und blockieren unsere Konzentration. Wer sich ganz aufs Ausschalten von Störungen verlegt, verschwendet Zeit und Energie. Es sei denn, es gelingt ihm gleichzeitig, tiefer in den Prüfungsvorbereitungsprozess einzusteigen. Meistens haben Störungen sogar etwas Gutes: Sie verraten sich selbst und weisen auf Lösungen zu ihrer Überwindung hin. Störer sind Signale dafür, dass eine Veränderung angesagt ist, die für die Prüfungsvorbereitung und das Prüfungsergebnis eine besondere Bedeutung hat. Häufig ist es möglich, diese Störungen mit ein wenig Aufmerksamkeit und Mühe zu beheben. Störungen haben deshalb immer Vorrang, weil ihre Beseitigung das Lernen wieder erleichtert.

Lernen mit Pausen

Wie lange aber dient die Beschäftigung mit einer Störung noch dem Lernen und wann beginnt sie, zu einer Ablenkung mit negativen Folgen zu werden? Wenn zum Semesterende hin die Klausuren anstehen, fällt es Studenten oft nicht leicht, das zu entscheiden. Dabei wäre es gerade in Zeiten des intensiven Lernens ja geradezu geboten, sich auch mit etwas anderem als dem Lernen zu beschäftigen. Irgendwoher müssen ja neue Energien kommen. Weil sich in Prüfungszeiten das eigene Lebensumfeld stark verändert und auf das Lernen verengt, rücken manche Dinge zeitweise aus dem Blickfeld, die als Energiequelle vorher noch eine hohe Bedeutung hatten. Wer sich aber nur noch hinter dem Schreibtisch verkriecht und auf Kontakte, Sport, Kunst und Musik verzichtet, arbeitet nicht unbedingt effizienter und konzentrierter. Lebenslust und Prüfungsvorbereitung passen sehr wohl zusammen. Sie bedürfen nur einer guten Organisation. Planen Sie deshalb in Ihrem Prüfungsvorbereitungsprozess unbedingt Pausen mit ein. In diesen Pausen sollten Sie Dinge tun, auf die Sie sich freuen und die neue Energie freisetzen. Und wenn Sie sich vor der Pause noch notieren, wo sie später weitermachen wollen, brauchen Sie auch keine Sorge mehr zu haben, dass Sie nach der Pause den Weg zurück zum Schreibtisch nicht mehr finden.

Krisen als Motor fürs Lernen

Gegen viele Störungen von außen kann man sich beim Lernen abschirmen. Aber nicht alles lässt sich beiseiteschieben. Was ist, wenn ich in Prüfungszeiten mit Ereignissen konfrontiert werde, die sehr tiefe und schmerzhafte Emotionen auslösen, z.B. Trauer über eine Trennung, Angst wegen einer Erkrankung, Sorge um geliebte Personen ...? Unsere Erfahrung zeigt etwas Überraschendes: Gerade weil die Prüfung einen so mächtigen Einfluss hatte, war es vielen Prüflingen möglich, sich an den Schreibtisch zu setzen und mit dem Lernen weiterzumachen. Trotz Leid und trotz Angst.

So seltsam das klingen mag: Sorgen und Leid beeinflussen zwar das Wohlbefinden und die Leistungsfähigkeit, aber sie blockieren nur selten das Lernen. Im Gegenteil: Krisen können beflügeln, vor allem dann, wenn sie bewusst durchlebt werden. Sie zwingen einen dazu, vorwärts zu gehen, denn sie lassen die Prüfung als sinnvolle Alternative und Chance zur Veränderung erscheinen. Krisen in Prüfungszeiten sind unserer Erfahrung nach übrigens keine Ausnahmen. Vielleicht tauchen deshalb immer wieder unerledigte Dinge in Prüfungsphasen auf, weil Lernzeiten immer auch Phasen des Alleinseins sind. So manches brillante Prüfungsergebnis ist beispielsweise in einer Phase von Liebeskummer vorbereitet worden.

Die Heizung benotet mit

Wer es gelernt hat, seine Vorbereitungszeit von Störungen frei zu halten oder sich trotz allem auf das Thema der nächsten Prüfung zu konzentrieren, ist für den „Ernstfall" schon gut vorbereitet. Denn auch in der Prüfung erwarten einen manchmal Überraschungen aus dem Umfeld. Optimal ist ein Prüfungsumfeld dann, wenn es den Teilnehmern die Konzentration auf den Dialog über das Thema ermöglicht. Beide, Professor und Kandidat, sind körperlich und geistig präsent, so dass der Prüfling seine Vorstellung des Themas präsentieren kann und es sich im Dialog weiter entfaltet. Die von allen Beteiligten wahrgenommene Situation – das „Hier und Jetzt" – wird als angemessen empfunden. Soweit der angestrebte Idealzustand. Wie soll man als Student jedoch reagieren, wenn alles ganz anders kommt? Wenn zum Beispiel die Heizung ausgefallen ist und draußen Schnee liegt? Oder wenn das Licht blendet? Was macht man, wenn die offene Tür zum Sekretariat stört und die Prüfung durch mehrere Telefonate unterbrochen wird? Was ist zu tun, wenn der Beisitzer immer wieder einnickt und sogar schnarcht? Wer könnte bei solchen Störungen immer die Ruhe bewahren und souverän bleiben? Hier ist das Eingreifen des Prüfers gefragt. Er ist für das Einhalten des äußeren Rahmens der Prüfung zuständig. Vielleicht ist es nicht geschickt, gleich in rüder Form eine Veränderung von ihm einzufordern. Das lenkt von der Prüfung ab und könnte schnell Ihren Kontakt zum Prüfer belasten. Hilfreicher ist es, wenn Sie den störenden Kontext ohne Vorwürfe und mit Ich-Aussagen ansprechen. Teilen Sie immer nur *Ihre* Wahrnehmung mit: „Ich kann Ihr Gesicht nicht sehen, die Sonne blendet mich" oder „Ich muss immer daran denken, dass man uns vom Sekretariat aus zuhören kann". Das klingt sehr defensiv, gibt dem Prüfer aber die Chance, ihren Hinweis nicht als persönlichen Angriff zu verstehen und auf Ihr Anliegen positiv zu reagieren. Es ist in diesen Fällen Aufgabe des Prüfers, die Störung zu beheben.

Das Umfeld in der Klausur

Manchmal bekommt man den Einfluss des Umfelds auf die eigene Prüfungsleistung besonders drastisch zu spüren. Vor allem dann, wenn die nächste Klausur ansteht, sollten Sie mit einer ganz besonderen Gruppensituation rechnen. Stellen Sie sich folgende Situation vor:

Über hundert Personen sitzen mit Ihnen in einem riesigen Vorlesungssaal. Alle schweigen und beschäftigen sich mit dem Papier, das vor ihnen liegt. So langsam ist die Luft im Raum verbraucht. Und Sie müssen sich noch ein paar Stunden konzentrieren, bevor Sie ihn verlassen können. Eine solche Atmosphäre finden Sie nur, wenn Klausuren geschrieben werden. Wehe dem, der sich in einer solchen Anspannung nicht „wohl" fühlt, der sich von jedem Hüsteln, Atmen, Fußscharren oder Stühleknarren ablenken lässt und immer wieder neu den Zugang zu seinen Aufgaben finden muss. Hoffentlich haben Sie an eine Flasche Wasser, einen Müsliriegel oder einen Apfel gedacht… Und hoffentlich haben Sie so gelernt, dass Sie den Lernstoff auch unter diesen erschwerten Umfeldbedingungen abrufen können. Manche Prüflinge behelfen sich mit Ohrenstöpseln…

Antizipation – Das Umfeld mitbestimmen

Jede Prüfung unterliegt Einflüssen, die Sie nicht vorhersehen und nur selten mitbestimmen können. Aber auch wenn Sie in Ihren Prüfungen nicht alles in der Hand haben, können Sie sich auf manches durchaus schon vorher einstellen. Auf den Prüfungsraum etwa. Wenn er ohne weiteres besichtigt werden kann, setzen Sie sich dort doch schon mal auf einen Stuhl. Was löst die konkrete Vorstellung, sich hier bald prüfen zu lassen, bei Ihnen aus? Wo wird der Prüfer sitzen, wo der Beisitzer? Wie lauten die Einleitungsworte, mit denen Sie Ihr Thema präsentieren werden? Erobern Sie sich Ihren Prüfungsraum schon vor der Prüfung!

Im weiteren Sinne gehört zum Umfeld jeder Prüfung auch der institutionelle Kontext: das Notensystem oder die Prüfungsordnung. Wenn etwa Juristen schon ein Prädikatsexamen erhalten, sobald sie 9 von 18 Punkten erreicht haben und die volle Punktzahl so gut wie nie vergeben wird, dann beeinflusst dieser Punktegeiz die gesamte Prüfungsprozedur. Es gelingt den Prüflingen nur in Ausnahmefällen, perfekt zu sein. Wer 14 Punkte erreicht, bekommt zwar hohe Anerkennung, jedoch nur unter Vorbehalt. Es könnte ja noch einer besser sein und 15, 16, 17 oder gar 18 Punkte erreichen. Das führt dazu, dass kaum ein Jurist in der Prüfungsvorbereitung den Ehrgeiz entwickelt, den Jackpot zu knacken.

Das Umfeld umfasst aber auch die jeweilige Prüfungskultur der Hochschule: Mit welcher Sorgfalt werden Prüfungen durchgeführt? Des Weiteren spielen auch berufspolitische Einflüsse eine Rolle. Eine 2 im Staatsexamen ist plötzlich nicht mal mehr „ausreichend", wenn das staatliche Schulamt nur noch Lehrer mit der Note 1,5 einstellt. Oft sind es diese äußeren Faktoren, die den Prüfling sogar mehr belasten als das unmittelbare Prüfungsgespräch bzw. die Klausur. Wenn Sie sich mit den eigenen Prüfungsbedingungen auseinandersetzen, trainieren Sie Ihre Wahrnehmung. Sie werden dann besser erkennen, welche Elemente Ihres Umfelds Sie zu Ihren eigenen Gunsten verändern können. Die Fähigkeit, Situationen zu antizipieren, sie also in der eigenen Vorstellung zu entwerfen und zu bedenken, ist für das Bestehen sehr wichtig.

III. In sechs Schritten zur Prüfung

Den Lernprozess selbst steuern

Amir ist sauer. Vor allem auf sich selbst. Der 22 jährige BWL-Student geht – soweit es ihm zeitlich möglich ist – in jede Vorlesung und jedes Seminar und erhält trotzdem keine guten Klausurnoten. Er weiß auch woran es liegt: In jeder Veranstaltung bemüht er sich, genau zuzuhören und mitzuschreiben. Spätestens nach einer halben Stunde aber wird es ihm zu viel und er schafft es nicht mehr, alles aufzunehmen. Darunter leiden auch seine Mitschriften. Wenn er dann später die Unterlagen wieder rauskramt, um für die Klausur zu lernen, weiß er manchmal gar nicht mehr, was er da aufgeschrieben hat. Er muss also den ganzen Stoff noch mal im Lehrbuch nachlesen. Aber dafür ist dann nicht mehr genug Zeit. Er geht so ziemlich in jede Klausur mit dem Gefühl, dass sein Wissen nichts als Schweizer Käse ist.

Lernen ist für Amir ein Rätsel. Damit befindet er sich in guter Gesellschaft, denn viele Studenten suchen nach dem für sie passenden Lernzugang. Leider gibt es aber darüber, was „gutes" Lernen ausmacht, auch an den Universitäten unterschiedliche Auffassungen. Professoren haben sehr differierende Ansichten, wie Lernen funktioniert. Und die Neurodidaktik als jüngste Autorität auf dem Gebiet der allgemeinen Didaktik versucht auf ihre Weise, mit Bild gebenden Verfahren, dem Lernen auf die Spur zu kommen. Ihre Ergebnisse fließen in unsere Darstellung ein. Was das Lernen für alle Beteiligten – Studenten und Didaktiker gleichermaßen – so kompliziert macht, ist eine ganz einfache Tatsache: Lernen ist keine Tätigkeit.

Lernen ist keine Tätigkeit

„Lies das!", „Rechne das aus!" oder „Schreib das mal hin!". Diesen Aufforderungen könnte man ohne weiteres folgen. Wie aber verhält es sich mit Sätzen wie: „Versteh das!" oder „Lern das!"? Psychologische Tests zeigen, dass die Aufforderung zum Lernen für den Lernerfolg irrelevant ist (Shacter 2001, S. 80). Lernen ist keine klar definierte Tätigkeit, die lediglich angewiesen werden könnte. Lernen ist nicht *machbar*, sondern beschreibt nur einen Endzustand. Ich beabsichtige, etwas zu tun, um am Ende gelernt zu haben. Was aber ist dieses „etwas"?

Wenn Studenten sagen, sie fangen jetzt an zu lernen und man fragt genauer nach, was sie denn da konkret tun, sagen viele verwundert: „lesen natürlich". Beim Lesen aber bleibt meistens nicht viel hängen. Die Aktivität des Lernens übersteigt die Tätigkeit des Lesens bei weitem. Wer „lernt", muss Skripte durcharbeiten, muss Textstellen markieren und exzerpieren. Die herausgeschriebenen Leseergebnisse müssen dann meistens noch wiederholt werden. Und zwar so lange, bis der Stoff als gelernt gelten kann. Und dennoch kann einem keine dieser Tätigkeiten einen Lernerfolg garantieren. Wer weiß denn schon, ob Sie aus dem, was Sie gerade lesen, etwas „lernen"? Kein Wunder, dass sich ein „lernender" Student leicht vom Schreibtisch weglocken lässt und viel lieber etwas Praktisches macht: Putzen, Wäschewaschen oder Gartenumgraben zum Beispiel. Hierbei sieht man am Ende wenigstens seine Arbeitsergebnisse.

Lernen ist ein Prozess

Wer lernt, steckt in gewisser Weise in einer Klemme. „Lernen" ist per se zwar keine Tätigkeit, aber ohne aktives Handeln können wir auch keine neuen Erfahrungen sammeln. Und ohne neue Erfahrungen können wir auch nicht lernen. Der Lernprozess, der zum Lernen führt (von lat. „procedere": voranschreiten), besteht daher aus einer sinnvollen Abfolge *mehrerer* Einzelschritte. Wenn ich mich dazu entschließe, meine Lernvorlage nach einem ersten Durchlesen schriftlich zusammenzufassen, handelt es sich um eine konkrete Tätigkeit, die ich auch zeitlich planen kann. Wenn ich mir anschließend noch Stichworte notiere und Schlüsselbegriffe auf Karteikarten übertrage, habe ich mein Lernrepertoire um eine zusätzliche Handlung erweitert, die sichtbare Ergebnisse bringt. Mit Hilfe dieser Karteikarten kann ich anschließend kontrollieren, ob ich die Informationen aus meinem Gedächtnis wieder aufrufen kann. Erst durch die Verknüpfung verschiedener Tätigkeiten zu einem Prozess wird der Lernerfolg planbar.

Die Planbarkeit des Lernens ist sehr beruhigend, weil ja am Ende eine Klausur oder Prüfung wartet. Wenn ich absehen kann, dass ich den Lernstoff des Skriptes innerhalb der verbleibenden Wochen gewiss durcharbeiten werde, entsteht ein Gefühl der Souveränität. Zumindest zeitweise.

Wenn Sie diese Zeilen lesen können, müssen wir davon ausgehen, dass auch für Sie das Lernen nichts Neues ist. Denn „Lernen zu lernen, muss niemand lernen" (Precht 2013, S. 196), weil unser Gehirn dies bereits perfekt beherrscht. Selbst dann, wenn Sie mit Ihren Erfolgen nicht zufrieden sind. Das Problem mit dem Lernen liegt nämlich ursächlich woanders. In Schulen und Hochschulen gelingt es nicht, gehirngerecht zu *lehren*. Daraus haben Sie schon frühzeitig in Ihrem Leben „gelernt" und mit einer Anpassungsleistung reagiert. Sie mussten Sie sich im Laufe Ihrer Bildungskarriere bestimmte Lerngewohnheiten aneignen, damit der Lernstoff hirnkompatibel wird und Sie ihn lernen können. Aber werden diese Techniken Ihnen auch an der Hochschule dabei helfen können, in jeweils neuen Themengebieten das Lernziel zu erreichen? Vielleicht müssen Sie ja neue Lernaktivitäten für Ihren Lernprozess entwickeln?

Lernprozesse nutzen

Lernen ist ein Prozess, der aus verschiedenen Schritten besteht. Bei jedem Einzelschritt ist das Gehirn in besonderer Weise gefordert. Damit Sie sich besser orientieren können, was Ihr Gehirn fürs bessere Lernen gerade braucht, stellen wir Ihnen die sechs Schritte des gehirngerechten Lernens vor. Mit ihrer Hilfe werden Sie am Ende Ihre Lernziele besser erreichen. Ganz gleich, ob Sie sich als Einzelkämpfer oder im Team auf den Lern- und Prüfungsweg machen. Die folgenden sechs Lernschritte helfen Ihnen dabei, Ihre Zeit und ihre Kräfte so gut einzuteilen, dass Sie fit und motiviert in die Prüfung gehen können:

1. Schritt: Lernentschluss fassen
2. Schritt: Überblicken
3. Schritt: Strukturieren
4. Schritt: Bearbeiten
5. Schritt: Wiederholen
6. Schritt: Präsentieren

1. Schritt: Lernentschluss fassen

Wer sein Studium und das Lernen als Entwicklungsprozess versteht, lebt leichter. Klausuren, (Examens-)Prüfungen und der Studienabschluss stellen ein Ziel dar, das irgendwie erreicht werden soll. Aber es ist wie bei anderen Lebenszielen auch – die Reise durch Neuseeland, der Motorradführerschein, der selbstgedrehte Film, usw. –: Träume *bleiben* Träume, solange sie nicht umgesetzt werden. Und dazu braucht es einen Entschluss. In manchen Studienfächern müssen sich Studenten irgendwann dafür entscheiden, ihre Abschlussprüfungen offiziell anzumelden. In den meisten anderen Fachbereichen dagegen kommt das Studienende ohne große Abschlussprüfung auf sie zu. Aber auch diese Studenten können sich nicht vor einer Entscheidung drücken, *wann* und in *welche* Lernprozesse sie einsteigen wollen.

A. Jedes Lernprojekt beginnt mit dem Entschluss, anzufangen

Nach einem zweiwöchigen Kroatienurlaub kehrt Sofia Mitte Oktober wieder an die Uni zurück. Vor dem Urlaub hatte sie ein Praktikum absolviert und davor die Klausuren des letzten Semesters geschrieben. Sie studiert Geografie und schaut sich am Sonntag vor der ersten Studienwoche des neuen Semesters im Internet den neuen Stundenplan an. Dann entdeckt sie die Beschreibungen der einzelnen Veranstaltungen. „Oje, was kommt da alles auf mich zu?" Bei einigen Seminarbeschreibungen hat sie eine gewisse Vorstellung, um was es inhaltlich gehen könnte. Manche Themen schließen an die Vorlesungen des vergangenen Semesters an. Aber mit „Geomorphometrie" kann sie überhaupt nichts anfangen. Und dann auch noch bei diesem Professor! Ein Zwangsneuro-

tiker, der seinen Stoff ohne Rücksicht auf Verluste durchzieht. Das kann ja lustig werden. Insgeheim rechnet sie schon damit, die Semesterklausur nicht im ersten Durchlauf zu schaffen. Aber es gibt keine Alternative, die Teilnahme ist für alle obligatorisch. „Na schön", denkt sie sich, „die Vorlesung werde ich mir mal geben".

Sofia ist eine vorbildliche Studentin. Sie informiert sich vor Beginn des Semesters über die anstehenden Herausforderungen. Zwar in der letzten Minute, aber immerhin. Schade ist nur, dass sie nicht daran denkt, sich eine Prüfungsliste zu machen (→ S. 12). Sofia wird in den ersten Tagen des neuen Semesters fleißig in die Veranstaltungen gehen und versuchen, von dort etwas „mitzunehmen". Aber sie wird nicht das Gefühl haben, von Anfang an in einen Lernprozess eingestiegen zu sein, der in der ersten Sitzung des Semesters beginnt und mit der Klausur endet. Dazu wird sie auch in der Lehrveranstaltung nicht aufgefordert oder eingeladen werden, denn die Kommilitonen und die meisten Dozenten klammern Prüfungen am liebsten aus und verschieben sie auf das Irgendwann. Aber gerade ihr Angst-Seminar „Geomorphometrie" verlangt nach einer erfolgversprechenden Strategie. Und um eine solche zu entwickeln, muss sich Sofia entscheiden: Nimmt sie den Kampf auf oder besucht sie zunächst unverbindlich die Veranstaltung, um sich zu einem späteren Zeitpunkt zu entscheiden und dann wirklich loszulegen? Ihr Entschluss hängt natürlich von dem Arbeitsaufwand und den geforderten Prüfungsleistungen in den anderen Fächern ab. Vielleicht ist es nicht möglich, am Vorabend des ersten Vorlesungstages eine Entscheidung zu treffen. Spätestens aber am Ende der zweiten Studienwoche. Oder was meinen Sie?

Prüfungen brauchen Entscheider

Kennen Sie diese Situation: Ihr Stundenplan ist in der ersten Semesterwoche prall gefüllt mit 28 bis 34 Wochenstunden, aber schon nach zwei bis drei Wochen Studium ist der Plan viel schlanker geworden?! Die Studienrealität ist eine wirksame Diät. Wenn der Teller mit den notwendigen und den interessanten Dingen zu voll beladen war, bleibt einiges liegen. Bei dieser Schlankheitskur des Wochenplans übersehen Studenten meist, dass sie damit faktisch auch den Scheinerwerb für einige Fächer in diesem Semester gestrichen haben. Sie schaffen es nicht, in die Lehrveranstaltungen zu gehen, nehmen sich aber dennoch vor, am Ende des Semesters die Klausuren zu schreiben.

So schleppen sie eine Last durchs Semester, die ihnen ständig das Gefühl vermittelt, noch mehr arbeiten zu müssen. Dabei könnten sie sehr viel Energie sparen, wenn sie schon frühzeitig eine klare Entscheidung träfen: „In diesen Fächern schreibe ich die Klausur und in jenen nicht!".

Sie erleichtern sich das Lernen, wenn Sie zum Anfang des Semesters nicht nur einen Stundenplan, sondern zusätzlich auch noch einen Prüfungsplan erstellen (→ S. 13). Dann steigen Sie im jeweiligen Fach automatisch in das Prüfungsdreieck ein. Und das bedeutet: Alles, was Sie ab jetzt in jedem einzelnen Fach tun – jede gelesene Seite, jede besuchte Vorlesung und jede absolvierte Übung –, ist Teil Ihrer persönlichen Vorbereitung auf die Prüfung. Und die Prüfung selbst verliert mehr und mehr ihre Schrecken. Die Klausur muss nicht mehr ausgeblendet werden und sie tritt auch nicht mehr so plötzlich auf den Plan, wie sie es sonst zu tun pflegte: als Gespenst inmitten der letzten hektischen Semesterwoche. Mit einem Prüfungsplan haben Sie mehrere Monate Zeit, die Sache in aller Ruhe und Schritt für Schritt anzugehen.

Checkliste zum Entschlussfassen

✓ Befassen Sie sich noch vor dem ersten Vorlesungstag des neuen Semesters mit dem kommentierten Vorlesungsverzeichnis Ihres Studienfaches.

✓ Erstellen Sie einen Stundenplan *und* einen Semester-Prüfungsplan.

✓ Klären Sie, welche Prüfungsformen und Leistungsnachweise auf Sie warten. Informieren Sie sich anhand der Prüfungsordnung oder in der Studienberatung.

✓ Führen Sie mit Hilfe eines Wochenplans eine Realitätsprüfung durch: Lassen sich alle Studientermine, Job-Verpflichtungen und Freizeittermine zeitlich miteinander vereinbaren?

✓ Wie viel Pufferzeit für die Vor- bzw. Nachbereitung der Studienveranstaltungen haben Sie?

✓ Wenn Sie Studien- bzw. Prüfungsziele in diesem Semester definitiv nicht erreichen können, wann werden Sie diese nachholen?

✓ Laden Sie Kommilitonen aus Ihrem Semester ein, bei einem Cappuccino über die Stundenpläne und Ihren Prüfungsplan zu sprechen.

B. Die Anmeldung zur Abschlussprüfung

In einigen Fachbereichen endet die Studienzeit mit einer Abschlussprüfung. Auch hier müssen die Studierenden meistens selbst aktiv
werden, sich für den Abschluss entscheiden und sich dann zur Prüfung anmelden. So viel Selbstverantwortung stürzt manchen Studenten jedoch in eine Krise. Immerhin geht mit der Abschlussprüfung ein
Lebensabschnitt zu Ende, der in der ersten Grundschulklasse begon-
nen hat. Das formale Ende des Studiums bringt große Veränderungen
mit sich und löst Verunsicherung und Ängste aus. Außerdem halten
sich viele Kandidaten noch gar nicht für ausgereift und fragen sich:
Erfülle ich tatsächlich alle Anforderungen? Kann ich jetzt schon den
letzten Schritt wagen? Gut, wenn man sich die Unsicherheit auch ein-
gestehen kann. Denn wer sich für die Abschlussprüfung anmeldet,
sollte sich darüber klar sein, dass er damit ein für alle sichtbares Zeichen setzt, dass er das Ende seines Studiums akzeptiert und die damit
verbundenen Veränderungen annimmt.

Manche Studierenden verschweigen aber vor Familie und Freunden lieber, dass sie sich angemeldet haben. Sie wollen dadurch nervi-
ge Fragen vermeiden („Wann bist Du denn endlich fertig mit dem
Studium?!"). Verständlich. Schließlich weiß man ja nie, ob im Examen
nicht doch etwas schief geht. Vielleicht erspart man sich ja auch die
mögliche Schande?! Wer seine eigene Prüfungsanmeldung aber ver-
schweigt, verschenkt damit leider einen sehr positiven Effekt. Denn
die Anmeldung könnte ja auch die Selbstdisziplin fördern und ein
neues Selbstbewusstsein geben: Aus dem Studenten wird ein Kandidat für die akademische oder staatliche Abschlussprüfung. Die Zulassung zur Prüfung dokumentiert, dass der Prüfling ein Reifestadium
erlangt hat, das er sich einzig und allein durch eigene Studienleistungen erworben hat. Und das ist doch schon mal was.

Land in Sicht

Zum Glück gibt es in den meisten Studienfächern feste Anmeldefris-
ten fürs Examen. Das ist deshalb so wichtig, weil man sich (und dem
eigenen Umfeld) mit dieser Anmeldung ein deutliches Zeichen setzt:
Jetzt beginnt meine Prüfungszeit. Mit diesem Startschuss können Sie
sich darauf verlassen, dass Prüfungen Sie nicht so unerwartet ereilen
werden wie eine Diarrhö oder das Schreiben eines Inkassounterneh-

mens. Es besteht nicht die Gefahr, dass Ihre Konzentration aufs Hauptstudium durch Prüfungstermine beeinträchtigt wird, die sich ständig aus dem Nichts anschleichen. Das würde schnell auf Kosten Ihrer Konzentration und Ihrer Motivation gehen und Ihnen rasch den Spaß am Studieren nehmen. Besser ist es deshalb, wenn Prüfungszeiten absehbar kommen und gehen, wenn sie einen Anfang und ein Ende haben. Das erlaubt Ihnen, bewusst in das Beziehungsgeflecht des Prüfungsdreiecks ein- und auch wieder auszusteigen.

Die Prüfungsordnung ist ein wichtiger Leitfaden für die Bewältigung der Anmeldungsprozedur. Weil Sie mit der Anmeldung eine neue Studienphase beginnen, die Ihre volle Aufmerksamkeit benötigt, sollten Sie es vermeiden, „Überhänge" in Form von alten Hausarbeiten oder Klausuren mitzunehmen. Diese Altlasten könnten Ihre Vorbereitungszeit erheblich einschränken. Es ist deshalb ratsam, hier rechtzeitig kurzen Prozess zu machen, und sich ganz auf den Abschluss zu konzentrieren. Die Anmeldung selbst ist auch schon eine Art Prüfung, denn das Prüfungsamt prüft, ob die Voraussetzungen für das Examen gegeben sind, ob alle notwendigen Studienleistungen erbracht wurden. Ist am Ende die Zulassung zur Prüfung unter Dach und Fach, atmen die meisten Studierenden erst einmal auf. Mit dem Abschluss des Anmeldeverfahrens ist der erste Etappensieg im Prüfungsprozess errungen. Die erste Prüfung haben Sie bereits erfolgreich hinter sich gebracht.

Checkliste Anmeldung zur Abschlussprüfung

✓ Legen Sie eine To-Do-Liste für Ihre Anmeldung zur Prüfung an. Sortieren Sie die Punkte nach Prioritäten.
✓ Lesen Sie die Prüfungsordnung. Enthält sie weitere Punkte für die To-Do-Liste?
✓ Eröffnen Sie einen Prüfungskalender, in dem Sie den Vorbereitungsprozess zeitlich planen können.
✓ Verabreden Sie sich mit einem Absolventen, der gerade bei „Ihrem" Professor Prüfung gemacht hat. Stellen Sie Ihm mindestens 10 Fragen, die Ihnen dabei helfen, sich die anstehende Prüfungssituation auszumalen.

C. Das Prüfungsamt bin ich

Mediziner und Juristen melden sich häufig erst dann zum Examen, wenn sie mit dem Lernen schon weit vorangeschritten sind. In diesem Fall müssen sie ihren Einstieg ins Prüfungsdreieck selbständig festlegen und gestalten. Hierzu bedarf es der klaren Entscheidung, die Prüfung im Blick zu behalten und mit der Prüfungsvorbereitung zu einem selbst bestimmten Termin anzufangen. Dieser Beschluss ist wie eine Anmeldung, die man bei sich selbst einreicht. Und eben weil man sie mit sich selbst ausmacht, steht sie häufig auf schwachen Füßen. Gute Vorsätze können aber an Stabilität gewinnen, wenn man sie durch eine äußere Form unterstützt. Zum Beispiel:

Checkliste für die Anmeldung bei sich selbst

✓ Schreiben Sie das Prüfungsdatum groß auf einen Zettel und hängen Sie ihn an einem zentralen Ort im Zimmer auf.
✓ Beginnen Sie einen neuen Terminplan bzw. tragen Sie die Etappenziele der Prüfungsvorbereitung in einen bereits vorhandenen Plan ein.
✓ Teilen Sie fünf Freunden oder Freundinnen aus Ihrem direkten Umfeld mit, an welchem konkreten Termin Sie in die Prüfung gehen werden.

D. Die Motivation kommt aus dem Ziel

Ein erstrebenswertes und realistisches Ziel ist wie ein Magnet. Es wirkt anziehend und unterstützt damit die Vorbereitung. Und es steuert und stützt Ihr persönliches Vorankommen im Prüfungsstoff. Was aber, wenn die Bedeutung des Ziels nicht klar ist, wenn die Berufsaussichten schlecht sind oder wenn das Studienende vielleicht sogar das Ende der Aufenthaltsgenehmigung bedeutet? In diesen Fällen ist das Ziel mit weiteren Ängsten verbunden. Es ist nicht besonders klug, die Weiche zu stellen und einfach loszufahren ohne zu wissen, wohin die Reise eigentlich gehen soll. Vor allem dann, wenn man sich keine großen Umwege leisten kann. Zunächst ist also eine Zielklärung angesagt, auch bei ungünstigen Prognosen. Wie sehen die Berufsaussichten tatsächlich aus? Wo ist ein Einstieg ins Berufsleben möglich? Wie wird sich mein Alltag nach dem Examen verändern? Welche Wünsche kann ich mir dann erfüllen? Wenn ein Umzug ansteht, wo soll er mich hinführen? Wie soll dann mein Leben aussehen? Forschen Sie nach einem guten Ziel. Es darf ruhig auch ein Fernziel oder eine Vision sein: Selbstständigkeit, Professur, Veröffentlichungen, Regierungsbildung, ...

Graue Zellen gegen das Grauen des Lerndrucks

Mit Ihrer Anmeldung nehmen Sie einen Gast bei sich auf, der Ihnen nicht mehr so schnell von der Seite weichen wird: den Lerndruck. Und der stellt enorme Ansprüche an seinen neuen Wirt. Wie gehen Sie am besten mit ihm um? Dem Druck nachgeben und einfach lernen? Aber wie lernt man „einfach"? Viele Studierende haben sich in Seminaren, Übungen und Praktika zwar eine gewisse Lernerfahrung angeeignet, aber reicht das für den neuen Studienabschnitt oder für die anstehende Prüfung? Auf Sie wartet nun eine Stoffmenge, die sehr umfangreich ist. Statt beiläufigen Lernens ist nun explizites Lernen angesagt. Das verunsichert viele, denn jetzt stellen sich neue Fragen: Bin ich eigentlich gut im Lernen? Fällt es meinen Kommilitonen womöglich leichter als mir?

Schade, denn die Zweifel an der eigenen Lernfähigkeit sind eine perfide Form der Selbstdemontage. Schließlich beweist unser Gedächtnis permanent, dass es zu Höchstleistungen fähig ist. Bei allem, was Sie tun, ist Ihr Gedächtnis beteiligt, arbeitet reibungslos, diskret und blitzschnell. Hirnforscher können bestätigen, dass das menschliche Gehirn nahezu vollkommene Speicher- und Zugriffssysteme enthält, die zu komplexeren Prozessen fähig sind als die modernsten Computer (Schacter 2001, S. 16f.). Trauen Sie Ihren grauen Zellen ruhig etwas mehr zu.

2. Schritt: Überblicken

A. Ein Überblick erleichtert den Einstieg ins Lesen

Wie lange brauchen Sie, um sich ein Buch zu kaufen, das Sie gerne lesen möchten?

Angenommen, Sie stehen in einer Bahnhofsbuchhandlung und möchten sich noch schnell ein Buch für eine mehrstündige Zugreise kaufen. Berge von Büchern türmen sich vor Ihnen auf. Sie haben die Qual der Wahl. Greifen Sie vielleicht nach einem Krimi oder soll es dann doch lieber ein Roman sein? Vielleicht sogar ein Klassiker? Wie gehen Sie vor? Lassen Sie sich vom interessantesten Einband ansprechen? Oder suchen Sie nach einem bekannten Titel oder Autor? Nehmen Sie ein Buch nach dem anderen in die Hand? Lesen Sie sich den Text auf der Rückseite durch und überlegen sich, ob Sie das Thema interessiert? Schauen Sie sich das Inhaltsverzeichnis an, lesen Sie gar den Klappentext? Achten Sie auf die Schriftgröße und Seitenanzahl und überlegen sich, wie lange Sie an dem Buch lesen werden? Lohnt sich die Zeit, die Sie dafür investieren möchten? Oder rufen Sie einen Freund oder eine Freundin an und hoffen auf eine gute Leseempfehlung? Schließlich wollen Sie die Zeit im Zug ja gut für sich nutzen. Eine ketzerische Frage sei uns dabei gestattet: Suchen Sie sich Ihre Fach- und Studienliteratur genauso sorgfältig aus?

Nahezu alle Studierenden, die wir kennen gelernt haben, gehen mit ihrer Studienliteratur unkritischer um als mit der Auswahl ihrer Freizeitliteratur. Dabei investieren Sie im Studium doch viel mehr Energie in den Leseprozess und setzen dabei auch mehr Lebenszeit aufs Spiel als beim Kauf eines schlechten Romans. Den kann man immer noch in die Ecke feuern, wenn er nicht das hält, was er versprochen hat. Das trockene und schlecht strukturierte Lehrbuch aber wird brav von Anfang bis Ende durchgeackert, auch wenn das Tage dauert und am Ende nicht viel für den Lernprozess und die Prüfungsvorbereitung bringt. Nur die wenigsten Studenten denken daran, das vom Professor empfohlene Lehrbuch einem kritischen Überblick zu unterziehen.

„Das wird schon das beste Buch zum Thema sein, da kann ich gleich vorne mit dem Lesen anfangen", denkt sich der arme Student. Und wird schon bald über den Autor fluchen, weil er wenig versteht, wahnsinnig gelangweilt ist und merkt, dass bei ihm nichts hängen bleibt. Aber das Buch einfach weg zu werfen scheint hier als Lösung auszuscheiden. Schließlich wird der Inhalt Gegenstand eines wie auch immer gearteten Leistungsnachweises sein. Und was der Professor empfohlen hat, ist Gesetz. Mit einem gründlichen Überblick (Inhaltsverzeichnis, Umfang, Kapitelthemen) hätte sich so mancher Studierende viel Zeit gespart und wäre wenigstens gleich an die Stelle im Buch gelangt, an der sein Thema vorgestellt wird.

Jeder Leseprozess ist ein Lernprozess. Und der Leseprozess beginnt bei einem Fachbuch am besten immer mit einer Phase des Überblicks. Da Sie noch viel Zeit in die Bearbeitung des Fachbuches stecken werden, wird sich ein sorgfältiger Überblick über das Buch für Sie auf alle Fälle rentieren. Durch den Überblick nehmen Sie eine neue Haltung gegenüber dem Inhalt des Buches und gegenüber dem Autor ein. Sie nehmen den Aufbau, die Zwischentöne und die Bandbreite an Themen wahr, die vor Ihrem Auge entfaltet werden. Und wer es ganz eilig hat mit dem Verschaffen eines Überblicks, sollte nach dem Blick aufs Inhaltsverzeichnis gleich ein Kapitel komplett lesen – aber nur

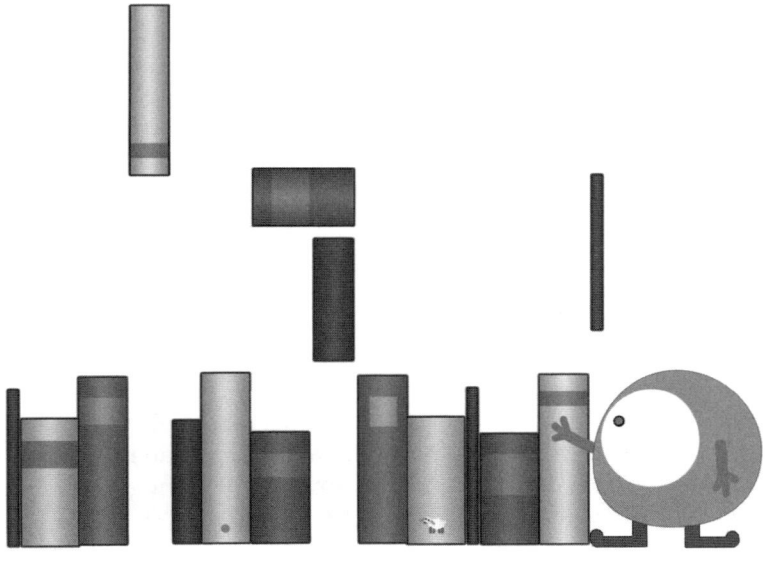

den jeweils ersten Satz eines jeden Absatzes. Von Absatz zu Absatz lesen Sie immer nur den ersten Satz und hangeln sich auf diese Weise, bis zum Kapitelende. Das verschafft Ihnen einen guten Überblick und spart Zeit.

Checkliste für den Überblick beim Leseprozess

✓ Wer hat das Buch empfohlen? Können Sie auch sagen warum? Ist Ihr Dozent zugleich der Autor?

✓ Recherchieren Sie, ob es alternative Bücher gibt, die ausführlicher, besser strukturiert, angenehmer zu lesen oder aktueller sind.

✓ Wie ist das Buch aufgebaut? Wie viele Kapitel hat es? Welche inhaltliche Logik hat der Ablauf der Kapitel?

✓ Gehen Sie ein Kapitel im Schnellverfahren durch. Dazu lesen Sie immer nur den ersten Satz eines Absatzes und hangeln sich auf diese Weise durch sämtliche Absätze bis zum Ende des Kapitels. Was für einen Überblick haben Sie bekommen?

✓ Wenn Sie sich unsicher sind, ob das Buch für das Thema relevant ist, sprechen Sie mit Kommilitonen darüber. Vielleicht haben die schon ein Fachbuch entdeckt, das sich besser eignet.

B. Ein Überblick über die Lehrveranstaltung

Nicht nur das Kennenlernen von Fachbüchern erfordert Zeit. Auch Lehrveranstaltungen benötigen Aufmerksamkeit, Zeit und die Bereitschaft, sich mit ihren Inhalten zu befassen. Ein Blick auf den Aufbau, die Inhalte und die Form eines Seminars lohnt sich sogar bei Lehrveranstaltungen, deren Besuch obligatorisch ist, weil sie innerhalb der Module vorgeschrieben sind. Selbst wenn Sie streng genommen also keine Wahl haben und teilnehmen müssen, entscheiden Sie sich besser für einen Überblick über die Veranstaltung. Aus purem Eigeninteresse. Sie helfen damit nämlich Ihrem Gehirn auf die Sprünge:

David hat bereits vor seinem schwer definierbaren „Menü 1" Platz genommen, als Finn und Lea sich in der Mensa zu ihm an den Tisch setzen. „Na. So, wie du aussiehst, sollte man sich wohl in der ersten Semesterwoche besser nicht mit dir an einen Tisch setzen". – „Hör bloß auf. Ich hab' schon nach einem halben Tag hier wieder die Schnauze voll.

*Stundenlang musste ich mir so ein sinnfreies Gelaber anhören. Ich hab'
echt nix gecheckt. Und das Krasse ist, dass das auch noch in dem Fach
war, das mir bisher einigermaßen gefallen hat und in dem ich im letzten
Semester eine ganz gute Klausur geschrieben habe. Aber heute ... Ey, ich
habe nichts kapiert. Überhaupt nichts. Ihr hängt hier praktisch mit nem
Erstsemester ab. Nur, dass Ihr's wisst. Wenn mir nicht bald mal einer
kräftig in den Arsch tritt, wird das Semester eine Katastrophe".*

Wir wissen nicht, ob Finn und Lea der Aufforderung ihres Kommilitonen gefolgt sind, würden David aber dringend empfehlen, sich mal
einen Überblick über seine Fächer zu verschaffen. Dabei könnte er so
vorgehen:

Checkliste für den Überblick in der Lehrveranstaltung

✓ Beschaffen Sie sich schon gleich zu Beginn des Semesters das
   Skript der Vorlesung oder des Seminars und lesen Sie sich die Ka-
   pitelüberschriften durch.
✓ Lesen Sie im kommentierten Vorlesungsverzeichnis die Beschreibung der Veranstaltung. Ist dort eine Themenabfolge angekündigt?
✓ Schauen Sie sich in der Bibliothek die drei neuesten Lehr- und
   Fachbücher zu dem Thema an. Wer hat das jeweilige Buch geschrieben? Wie hat der Autor das Thema entfaltet? Welches dieser
   Werke ist Ihnen am sympathischsten?
✓ Zeichnen Sie ein Cluster zum Thema, das alles enthält, was Sie
   über das Thema schon wissen oder zu wissen glauben. Clustern
   geht so: Schreiben Sie das Hauptthema (z.B. den Titel der Lehrveranstaltung) in einem Wort in die Mitte Ihres Schaubilds und
   kreisen Sie es farblich ein. Finden Sie anschließend verschiedene
   Unterthemen (je ein Wort) und schreiben Sie sie um das Hauptthema herum. Kreisen Sie diese ebenfalls farblich ein. Dadurch
   entsteht ein Schaubild mit übersichtlichen Themenportionen oder
   „Klumpen" (engl.: Cluster). Die Cluster, die in einem Sinnzusammenhang stehen, werden nun mit Linien oder Pfeilen verbunden.
   Auf diese Weise können Sie ein komplexes Thema grafisch darstellen. Diese „Landkarte" Ihres Vorwissens wird Ihnen dabei helfen, Ihr eigenes inneres Bild vom Thema weiterzuentwickeln.
✓ Statt Clustern hilft auch eine Schreibübung: Nehmen Sie sich eine
   Viertelstunde Zeit und schreiben Sie ganz flott und unsortiert alles
   auf, was Sie schon über das Thema wissen. Sie werden überrascht

sein, an wie viel Vorwissen Sie im kommenden Semester anbauen
können.

✓ Kurz vor einer Klausur werden alte Klausuren aus den vergangenen Semestern plötzlich wieder sehr wertvoll, weil man sich an
ihnen orientieren und sich selbst testen kann. Besorgen Sie sich
vor dem Semester solche Altklausuren und gehen Sie sie durch,
auch wenn Sie nicht viel verstehen. Sie bekommen in jedem Fall
einen Überblick, was am Semesterende von Ihnen verlangt werden wird und können sich darauf einstellen.

✓ Schauen Sie sich in den ersten Veranstaltungen mal im Seminarraum um. Wer sitzt denn da noch so? Vielleicht kennen Sie den
einen oder anderen Kommilitonen? Bei wem können Sie sich über
die Inhalte informieren, wenn Sie an einer Sitzung mal nicht teilnehmen? Mit wem können Sie Literatur austauschen? Wer eignet
sich für eine Arbeitsgruppe?

Vorurteile erleichtern das Lernen

Wozu eigentlich der ganze Aufwand, fragen Sie sich vielleicht, gibt es
keinen entspannteren Einstieg? Es geht bei allem nur ums Eine: Ihr
Gehirn für die bessere Aufnahme neuer Informationen vorzubereiten.
Und zwar so früh wie möglich. Das funktioniert nun mal besser,
wenn Sie sich einen Überblick verschafft haben – über den Stoff, über
die Lehrveranstaltungen, über Ihre Prüfer und über Ihre Kommilitonen. Da mag vielleicht schon am Anfang Arbeit auf Sie zukommen.
Aber es wird Ihren Stresspegel deutlich senken, wenn Sie mit einem
realistischen Vorwissen in die Seminare gehen. Wer sich bereits zu
Semesterbeginn einen Überblick über den neuen Stoff verschafft hat,
wird schneller seinen Umfang erfassen können. Da steht in der ersten
Sitzung dann nicht mehr bloß ein riesiger Berg an Stoff vor Ihnen,
sondern einer, dessen Höhe Sie besser einschätzen können. Er ist endlich und damit auch überwindbar. Sie werden den Lernstoff besser
einschätzen können, wenn Sie wissen, dass er sich in fünf, vier oder
vielleicht auch nur drei Kapitel eines Fachbuches gliedert. Vielleicht
entdecken Sie auch schon Ansatzpunkte für das Verstehen der neuen
Wissensgebiete. Auf jeden Fall aktivieren Sie mit einem gründlichen
Überblick Ihr eigenes Vorwissen, das Sie bereits zu diesem Wissens-
gebiet besitzen.

Auf der Suche nach Ähnlichkeiten

Dabei spielt die jeweils erste Sitzung im Semester eine wichtige Rolle. Während der Dozent erklärt, was Sie im neuen Semester erwartet, sucht Ihr Gedächtnis nach Analogien, die zu den neuen Informationen passen. Was ist Ihnen an den Informationen des Dozenten bereits vertraut, was nicht? Das Gehirn ist dabei in zwei Richtungen aktiv: Es achtet auf die neuen Input-Reize und versucht gleichzeitig, diejenigen Gehirnareale zu aktivieren, in denen bereits ganz ähnliche Bedeutungsmuster kodiert sind. Dadurch verschafft sich das Gehirn nicht nur einen Überblick über das neue Wissen, sondern auch über das bereits vorhandene. Hier muss die neue Information ja schließlich auch angeknüpft werden.

Haben Sie in den vergangenen Semestern vielleicht Seminare besucht, die mit dem neuen Stoff verwandt sind? Auch bei so exotischen Themen wie „Simulation von Biomolekülen" im Fach Mathematik wird Ihnen Ihr Vorwissen mit Assoziationen und Verknüpfungen den Einstieg erleichtern. Die Überblicksphase ist deshalb immer auch eine Motivationsphase, in der Sie die Bedeutung, den Nutzen oder die Relevanz eines Themas erkennen können. Und genau dies würde David helfen, mit mehr Interesse und Gelassenheit an das Studium im neuen Semester heranzugehen. Uns interessieren Inhalte, die eine reizvolle Verschiedenheit zu unserem bisherigen Wissen haben und möglichst noch mit einem Nutzen verbunden werden können.

Lernen heißt umbauen

David ist ein Musterbeispiel dafür, wie man Opfer einer besonders hinterhältigen Lernblockade werden kann. Ausgerechnet sein Vorwissen hindert ihn daran, sich unvorbelastet an den neuen Lernstoff zu machen. Er ärgert sich darüber, dass er gerade in dem Fach, in dem er eine gute Klausur geschrieben hat, nun wieder von vorne beginnen muss und reagiert darauf mit Widerstand. Lernen vollzieht sich zwar immer auf der Basis des bereits existierenden Vorwissens. Im Lernprozess vermehrt sich das Wissen aber nicht nur (im Sinne einer Fakten-Addition), es erhält auch eine neue Qualität. Denn der neue Stoff lockert alte Bedeutungsverknüpfungen im Gehirn und verbindet sich mit ihnen zu einem neuen Wissensmuster. Dieses wiederum ist dazu fähig, neue Informationen aufzunehmen. Alte Wissensmuster behalten so lange ihre Gültigkeit, bis neue Bedeutungsverknüpfungen auftauchen – und der neuronale Umbau erneut beginnt. Und gerade dazu hat David keine Lust mehr. Er möchte seine vertrauten Wissensmuster, die er im vergangenen Semester geknüpft hatte, nicht mehr neu ordnen müssen. Es bleibt ihm aber keine andere Wahl ...

Lernen ist harte Arbeit. Es wartet aber ein Trost auf jeden Lernenden: Je größer das Vorwissen ist, desto mehr Anknüpfungspunkte bietet es einem, den neuen Lernstoff aufzunehmen. In dieser Hinsicht sind etwa Examenskandidaten gegenüber Studienanfängern klar im Vorteil. Ihre Erfahrung – und damit Ihr Vorwissen – ist umfangreicher und zugleich aufnahmefähiger. Wenn Sie sich also fragen, wie Sie für ihre Prüfung lernen sollen, dann ist die Antwort aus gedächtnispsychologischer Sicht einfach: Aktivieren Sie Ihr Vorwissen und docken Sie neue Informationen dort an.

C. Überblick bei einer Abschlussprüfung

„Es gibt ein Ziel, aber keinen Weg; was wir Weg nennen, ist Zögern." (Kafka 1992, S. 118). Der Akademiker Franz Kafka scheint sich seine Erinnerungen an die Examenszeit bewahrt zu haben. Jedenfalls benennt er ein Problem, das viele Prüflinge im Abschlussexamen ratlos macht: Die Reise zum eigenen Examen muss auf einem Weg erfolgen, den es noch gar nicht gibt. Was also tun, wenn die Anmeldung zur Prüfung erfolgt ist? Wie anfangen? Vielleicht doch erst mal in den Urlaub fahren und alles Weitere in Ruhe planen? Aber wie lange auch immer Sie zögern, die Prüfung kommt von selbst auf Sie zu. Erbarmungslos naht der Prüfungstermin – der Konsum von Zigaretten, Kaffee und Fingernägeln steigt. Je später Sie hier die Initiative ergreifen, desto bedrohlicher werden Sie die Situation empfinden. Was also tun? Erfinden Sie Ihren Prüfungsweg selbst, indem Sie ihn planen und gehen. Zu langes Hinauszögern der Prüfungsvorbereitung erzeugt nur Angst und belastet die Nerven – Ihre und die Ihrer engsten Freunde. Wer seinen Weg zur Prüfung plant und aktiv gestaltet, setzt mit seiner Initiative der Angst etwas entgegen.

Alles nach Plan

Ein Prüfungsprozess kommt erst durch Planung in Schwung. Und Planen heißt auch, sich einen Überblick über das Ziel zu verschaffen.

Um im Bild zu bleiben: Überblick bekommen Sie, wenn Sie einen erhöhten Aussichtspunkt aufsuchen und von dort aus Ihr Ziel anvisieren. Sie werden sehen, in welcher Richtung es liegt und ob sich schon erste Wegmarkierungen abzeichnen. Und wenn Sie sich dann auf den Weg begeben, können Sie vermutlich eine neue Erfahrung machen: Sie „wachsen" mit jedem weiteren Schritt. Mehr Wissen, mehr Einsicht, Übung im Umgang mit dem Stoff und ein klareres Bild von der Prüfung werden sich einstellen. Der Überblick zeigt Ihnen, welches Material Sie bereits haben und welche Skripte und Bücher Sie noch benötigen. Auch der Zeitfaktor kommt jetzt in den Blick: Sie können nun besser einschätzen, wie viele Arbeitsstunden Ihre Prüfungsvorbereitung noch benötigt und was Sie dadurch an Ihrem Tagesablauf ändern müssen. Vielleicht fragen Sie sich auch, wie und wo Sie lernen wollen, denn sowohl Ihre Art des Lernens als auch der geeignete Lernort können – je nach Thema, Vorwissen und Fragestellung – ganz unterschiedlich aussehen.

Alleswissenmüsser?

Lernen für die Prüfung ist vergleichbar mit dem Aufpusten eines Luftballons in einem großen Raum. Der erste Luftstoß ist mit dem stärksten Widerstand verbunden. Danach geht es einfacher, bis der Ballon an seine Kapazitätsgrenzen kommt. Jetzt wird es nicht nur schwerer, noch mehr Luft hineinzubekommen, man muss auch noch ständig aufpassen, dass die Luft nicht wieder entweicht oder der Ballon platzt. Sie müssen sich Ihren Atem also gut einteilen. Weil das Lernen harte Arbeit ist, lohnt es sich, vorher genau zu überlegen, in welchem Buch Sie welche Inhalte finden und was aus welchen Lernmedien gelernt werden muss. Erfolgreiches Lernen beginnt also immer mit einer Übersicht über das notwendige Material.

Eine weitverbreitete Lernerfahrung möchten wir jetzt schon vorwegnehmen. Dazu kommen wir noch einmal auf das eben beschriebene Bild zurück. Ihr Wissen ist wie ein Ballon, der im Raum des Nichtwissens schwebt und durch das Lernen (= Aufpusten) immer größer wird. Die Vergrößerung der Ballon-Oberfläche hat zur Folge, dass sich auch die Berührungspunkte mit dem Nichtwissen vermehren. Je mehr Sie wissen, umso mehr Anknüpfungspunkte zu Unbekanntem haben Sie auch. Wer lernt, stößt also ständig auf neue, unbekannte Aspekte. Aspekte, die er kennen sollte? Oder sogar kennen muss?

Die Antwort darauf hängt von einer einzigen Grundfrage ab: Sind die Größe des Raums und die Menge der Luft endlich oder unendlich? (Mittelstraß 2003). Welchen Unterschied das macht? Wenn der Raum (also die Summe des gesamten Fachwissens eines Themas) endlich ist, besteht die theoretische Möglichkeit, dass er vom Prüfer komplett „beherrscht" wird. Wenn Sie nun als Prüfling im Lernprozess damit beginnen, Ihren Wissensballon aufzublasen, wird er zwar mit jedem Pusten etwas größer, zugleich aber vergrößert sich auch die Berührungsfläche zum vom Prüfer beherrschten restlichen Wissensraum. An einer dieser vielen, unbekannten Stellen könnte der Prüfer im Kontext einer mündlichen Prüfung – mit spitzen Fragen? – „zustechen", auf Wissenslücken stoßen und ihren Wissensballon zum Platzen bringen. Aber ist die Summe theoretischen Fachwissens zu einem bestimmten Thema immer endlich?

Den Horizont des Prüfers erweitern

Angenommen, der Wissensraum ist unendlich groß und das Fachwissen prinzipiell unbegrenzt. Würde sich dann nicht die Perspektive grundlegend ändern? Niemand kennt die Grenzen des Wissens. Auch der Prüfer musste seinen Wissensballon durch Lernen füllen. Zugegeben: Sein Ballon ist zwar größer und er ist auch schon länger mit dem Aufpusten beschäftigt. Aber durch seine enorme Größe hat er noch mehr Berührungspunkte zum Unbekannten als der Ballon des Studenten. Die Vorstellung, dass auch das Wissen des Prüfers wie ein verletzbarer Luftballon im unendlichen Raum des Wissens ist, kann Ihren Prüfungsprozess von Anfang an entlasten. Sie werden in der Prüfung garantiert nicht dem allwissenden Prüfer begegnen. Selbst beim Abprüfen von Grundlagen kann es prinzipiell immer die Möglichkeit geben, dass das Basisrepertoire an Wissen um neue Fakten, Theorien und Definitionen erweitert wird. Wer weiß, vielleicht erweitern Sie sogar ein wenig den Horizont Ihres Prüfers?

Warum Lernen eine Prima-Sache ist

In den meisten Fächern verfügen Sie bereits über Vorwissen. Und an dieses dockt Ihr Gedächtnis beim Lernen neue Inhalte an. Darüber hinaus tragen Sie wahrscheinlich viel Geprimtes in sich und wissen es noch nicht einmal. Unter Priming (Bahnung) verstehen die Gedächtnisforschung eine Art Déjà-vu-Effekt, der fürs Lernen wichtig ist. Priming bezeichnet das Wiedererkennen von Reizen, die man zu einem früheren Zeitpunkt schon einmal wahrgenommen, aber nicht explizit gelernt hat (Markowitsch 2002, S. 88). Wenn diese allererste Wahrnehmung einer neuen Information noch kein Lernen bewirkt, so löst sie aber zumindest eine Bahnungsreaktion im Gehirn aus. Die Grundlage für ein späteres Wiedererkennen wurde gelegt. Das bedeutet: Geprimtes kann später leichter erinnert und gelernt werden. Die gehirnphysiologische Ursache dafür liegt in der ange*bahnten* Reizung der Nerven. Die entsprechenden Nervenbahnen besitzen nach dem Priming einen höheren Wirkungsgrad. Sie können mit weniger starken Reizen und weniger Anstrengung zum Lernen aktiviert werden. Wie wär's mit einem Test?

 Schnappen Sie sich doch mal Ihre Prüfungsunterlagen (ein Script oder Lehrbuch) und schauen Sie sich eine Klausurfrage, eine Themenüberschrift oder ein grafisches Modell an. Versuchen Sie jetzt mal, nur aus ihrem Vorwissen heraus, dazu Stellung zu beziehen (die Klausurfrage zu beantworten, das Thema zu erläutern, das Modell zu erklären...). Tun Sie es bitte *jetzt*. Es geht nur um einen Test zur Wirksamkeit Ihres Vor-Wissens. – – – Und? Hat es geklappt? Jede Wette: Ihnen ist etwas eingefallen!

Das Vorwissen bildet Ihre Wissensbasis, die im weiteren Lernprozess ausgebaut werden soll. Verschaffen Sie sich deshalb nicht nur einen Überblick darüber, was noch vor Ihnen liegt, sondern auch darüber, was Sie irgendwann zu diesem Thema schon einmal gelernt, geschrieben oder als Referat gehalten haben. Lesen Sie den alten Stoff ruhig noch einmal durch. Vergangene Erfahrungen und bereits vorhandene Kenntnisse beeinflussen das, was wir neu lernen und behalten (Shacter 2001, S 91). Hier existiert bereits eine Basis, an welche die Lernprozesse und neue Informationen gut angeschlossen werden können. Das ist nötig, denn das Gedächtnis reagiert auf völlig Unbekanntes mit Widerstand. Noch ein Vorteil des Primings: Es aktiviert Ihr Interesse am Thema. Die Gedächtnisforschung hat entdeckt, dass Emotionen wie Begeisterung und Faszination sich auf das Lernen auswirken, weil sie Interesse wecken, das „mit der Gedächtnisleistung positiv korreliert" (Roth 2003, S. 26). Vielleicht gelingt es uns, mit diesem Hinweis Ihre Aufmerksamkeit von der bloßen Menge des vor Ihnen liegenden Stoffes auf die Entdeckung einiger fachlicher Leckerbissen zu lenken? Es wartet noch viel auf Sie, das ent-deckt werden will. Denn Lernen ist immer eine Frage des richtigen Primings. Sie wissen mehr, als Sie wissen.

Was wollen Sie investieren?

Wenn Sie sich einen Überblick über die anstehenden Aufgaben verschaffen, gewinnen Sie Souveränität. Dann liegen Ziel, Zeit und Stoffmenge klarer vor Ihnen. Der Einstieg in die Prüfungsvorbereitung wird Ihnen leichter fallen. Vielleicht lässt er sich noch einfacher finden, wenn Sie sich den Nutzen Ihrer Arbeit genau vor Augen führen. Manchmal hilft ein wenig Pragmatismus weiter: Was muss ich investieren, um das Maximale zu erreichen? Reicht schon ein geringer Aufwand, um relativ komfortabel durch die Prüfung zu kommen? Der Überblick über die anstehenden Arbeiten hilft Ihnen zu entscheiden, was Sie in jede Prüfung investieren möchten. Zum richtigen Abwägen gehören: Ihr bisheriges Wissen und Können in diesem Fach, der Einfluss der Prüfungsbewertung auf die Abschlussnote, der Umfang und Schwierigkeitsgrad des Stoffes – und nicht zuletzt Ihr eigener Anspruch an die Note.

Checkliste für die Überblicksphase einer Abschlussprüfung

- ✓ Legen Sie alle für den Prüfungsstoff relevanten Materialien bereit (Fragenkataloge, alte Klausuren, Mitschriften, usw.).
- ✓ Tragen Sie den Prüfungstermin in Ihren Kalender ein. Erstellen Sie einen groben Zeitplan: Welches Thema bearbeiten Sie an welchen Tagen?
- ✓ Notieren Sie Ihre drei gefährlichsten Zeitfresser auf einem Blatt und hängen Sie es gut sichtbar an Ihrem Arbeitsplatz auf.
- ✓ Finden Sie heraus, wer die Klausur korrigiert oder die Prüfung abnimmt. Klären Sie, ob der Prüfungsstoff Teil des Spezialgebietes des Professors ist und ob er darüber etwas veröffentlicht hat.
- ✓ Organisieren Sie eine Lerngruppe und lassen Sie das erste Treffen an einem Ort stattfinden, an dem Sie einen guten Überblick haben (Aussichtsturm, Hochhaus, Baukran, Hochbett ...).

3. Schritt: Strukturieren

A. Ohne erkennbare Struktur kein Lernen

Großmeister brauchen sich ein Schachbrett nur fünf Sekunden lang an-zusehen, um sich den Stand aller Figuren zu merken. Und dabei ist es egal, um welche Partie es sich handelt! Versierte Schauspieler schaffen es, innerhalb weniger Stunden völlig neue Rollen auswendig zu lernen. Komplett! Manchen Laiendarstellern gelingt das noch nicht mal mit dem Einkaufszettel fürs Wochenende. Was ist die Ursache für solche enormen Gedächtnisleistungen? Neue Informationen kann man sich viel einfacher behalten, wenn es Muster darin gibt, die einem irgendwie vertraut sind. Oder die man wenigstens mit vertrauten Strukturen ver-binden kann.

Einen Gegenstand aber, bei dem ich keine Struktur zu erkennen vermag, kann ich nicht ins Gedächtnis integrieren. Das ist die bittere Erkenntnis der Lernforschung. Auch sehr geübte Schauspieler verzwei-feln manchmal an äußerst komplizierten und unvertrauten Textvorla-gen. Und wenn man dem Großmeister ein Schachbrett mit wahllos und unsinnig aufgestellten Figuren zeigt, sind seine Erinnerungsleistungen auch nicht besser als die eines Nichtschachspielers (Schacter 2001, S. 85). Unser Gehirn kapituliert, wenn es mit neuen Informationen konfron-tiert wird, die keine erkennbaren Strukturen enthalten. Das wahllos zu-sammengestellte Schachbrett kann dann nicht mehr als Gesamtbild ei-ner schon einmal gespielten Konstellation erkannt werden. Jede Figur muss in diesem Fall erst mit ihrem Standort gesondert wahrgenommen und gemerkt werden. Dafür reicht dann aber die vorgegebene Zeit von 5 Sekunden nicht aus.

Das Gehirn sucht sich Strukturen

Weil wir auf Chaos und Unübersichtlichkeit in aller Regel mit Unsi-cherheit oder Angst reagieren, macht sich unser Denken aus eigenem

Antrieb auf die Suche nach Strukturen. Sehr deutlich wird das an folgendem Beispiel.

Versuchen Sie doch bitte mal, sich folgende Zahlen in der angegebenen Reihenfolge zu merken: 6 – 8 – 9 – 5 – 1 – 3 – 8 – 4 – 2 – 7 – 2 – 4. Nun legen Sie bitte das Buch zur Seite, gehen Sie zu Ihrem Handy und tippen Sie die Ziffern dort auswendig ein.

Haben Sie alle Zahlen richtig eingetippt? Dann haben Sie sie im Kopf vermutlich in Zweier- oder Dreiergruppen eingeteilt. Denn anders ist es dem Kurzzeitgedächtnis kaum möglich, sich mehr als fünf bis sieben Einzelinformationen zu behalten. Aber selbst bei der Aufteilung in vier Zahlengruppen wie 689 – 513 – 842 – 724 setzt das Kurzzeitgedächtnis so genannte „phonologische Schleifen" ein (Schacter 2001, S. 77), d.h. es repetiert die Zahlensequenzen immer wieder.

Wenn wir es beim Lernen aber mit einem Berg von Einzelinformationen zu tun haben, bilden wir ganz automatisch Relationen oder versuchen, in der sich uns darbietenden Komplexität eine systematische Struktur zu entdecken. Diese Struktur prägen wir uns dann ein. Und daran ist wiederum das Vorwissen beteiligt. Es hängt aber nicht alles nur vom Vorwissen ab. Wenn etwa das zu lernende Material bereits eine deutlich erkennbare Struktur aufweist, auf die man selbst oder durch andere aufmerksam geworden ist, so ist das Lernen, Behalten und Erinnern auch dann möglich, wenn man nicht auf vorhandenes Wissen zurückgreifen kann (Bredenkamp 1998, S. 66f.).

Zwischen Gedächtnis und Struktur besteht ein enger Zusammenhang. Zum einen versucht unser Bewusstsein, der Umwelt mit Hilfe des Gedächtnisses eine Ordnung aufzuerlegen (Schacter 2001, S. 91), damit es sich in ihr orientieren kann. Zum anderen begünstigt die Strukturierung des Lernmaterials die Verarbeitungsprozesse im Gedächtnis (Bredenkamp 1998, S. 80). Wenn wir lernen, lernen wir Strukturen. Wie aber können wir diese Erkenntnis für die Prüfungsvorbereitung nutzen?

Es bleiben uns eigentlich nur zwei Möglichkeiten, aus einem Wust völlig neuer Informationen die fürs Lernen so wichtigen Strukturen herauszuarbeiten. Entweder wir suchen nach bereits vorhandenen Strukturen oder wir machen uns die Mühe, die neuen Inhalte selbst zu strukturieren. Beide Wege lohnen sich.

B. Nach vorhandenen Strukturen suchen

Ein gewöhnlicher Morgen im Hörsaal 3. Frank ist zwar physisch anwesend, fühlt sich aber schon seit Wochen völlig fehl am Platz. Er versteht schon lange nichts mehr von dem, was der Professor erzählt. Ihn demütigt insbesondere das Gefühl, der Einzige zu sein, dem es so geht. Wenn er sich so umschaut, scheinen alle anderen gut mitzukommen in der Elektrotechnik II. Gerade schreibt der Professor eine kryptische Gleichung über die „äußere Induktivität" an das Whiteboard und alle pinseln sie wie selbstverständlich ab. „Verdammt, muss man das wissen?" zischt er seiner Sitznachbarin zu. „Nee. Mir sagt die Formel nur deshalb was, weil Rainer die uns schon in der Übung gezeigt hat", antwortet sie. Jetzt erinnert sich Frank wieder. Die freiwillige Übung, die vom Tutor mittwochs nachmittags angeboten wird. Die muss er immer streichen, weil er dann in der Autovermietung jobbt...

Wie hoch sind die Chancen, dass Frank die Elektrotechnik-Klausur am Ende des Semesters noch packt? Seine Kommilitonen haben ihm einiges voraus: ein paar hundert Stunden mehr Beschäftigung mit dem Thema – sofern sie sich auch außerhalb des Seminars mit dem Stoff befasst haben. Streng genommen hat Frank keine Chance, diesen zeitlichen Rückstand aufzuholen. Um dennoch einen Einstieg ins Thema zu bekommen, muss er geschickt vorgehen und seinem Gehirn nicht Masse, sondern Qualität anbieten. Und das bedeutet in Bezug auf den Lernstoff: Struktur.

Es wird Frank helfen, sich gleich auf die Jagd nach Übersichten und Gliederungen des Themas zu machen. Möglichst schon zu Semesterbeginn. Stellt der Dozent solche ins Netz oder teilt sie sogar in Papierform aus, hat er gleich einen hilfreichen Fahrplan zur Hand, den er bei jeder Veranstaltung vor sich hinlegen sollte. Wenn er einmal nicht weiß, wo der rote Faden des Seminars jetzt gerade verläuft oder wenn er den Anschluss im Verlauf des Lehr-Lern-Prozesses verloren hat, kann er sich wieder orientieren. Der Plan zeigt ihm sofort, wo er ausgestiegen ist, und was er jetzt dringend nachlesen muss, um den Anschluss wieder zu bekommen. Wir empfehlen Frank, die bereits behandelten Punkte auf dem Plan abzuhaken, sie zu ergänzen oder mit Symbolen zu kommentieren. Solche symbolische Aktivitäten im Lernprozess machen nicht nur Spaß, sie unterstützen das Gedächtnis. Denn alle Punkte, die er mit einem Haken versehen konnte, werden Ihnen beim nochmaligen Durchgehen nicht mehr so fremd vorkommen.

Mir werd' ich helfen

Falls Ihnen der Dozent zu Semesterbeginn einmal keine Übersicht zur Verfügung stellt, bitten Sie ihn einfach darum. Er hat schließlich auch eine und wird Ihnen die Bitte nicht als lästige Forderung abschlagen. Fragen Sie bei ihm auch dann nach, wenn Sie etwas an der ausgeteilten Gliederung nicht verstehen. Und sollte es wider Erwarten doch einmal vorkommen, dass Sie vom Dozenten keine geeignete Veranstaltungsübersicht bekommen, suchen Sie sich selbst eine. Vielleicht finden Sie ein gut gegliedertes Skript zum Thema im Netz oder Sie entdecken ein gutes Lehrbuch. Ein Tipp: Wenn Sie fündig geworden sind, finden Sie doch mal heraus, wo sich der Professor gerade im

Lehrbuch befindet, welche thematischen Sprünge er vollzieht, welche Themen er auslässt und ob er sich in abseitige Nebenthemen verliert. Notieren Sie sich Ihre Erkenntnisse in Form von Seitenzahlen und Bemerkungen. Sie gewinnen dadurch ganz wichtige Indizien für die spätere Rekonstruktion des Themas.

Warum sich das Gehirn so wehrt

Wenn das Gehirn nichts lieber macht, als zu lernen (Spitzer 2006, S. 23), müsste das Lernen doch eigentlich ganz einfach sein. Jede Minute im Wachzustand nimmt es neue Informationen auf und verarbeitet sie. Manchmal sogar im Schlaf oder wenn wir mit Routinedingen beschäftigt sind. Manchmal aber lässt es uns einfach im Stich. Dann sperrt es sich dagegen, einen neuen Sachverhalt auf- oder eine neue Sichtweise einzunehmen. Ganz so, als führe es ein Eigenleben und verweigere den Dienst. Auch dieses Phänomen hat mit Strukturen zu tun.

Ein Gedächtnis im Widerstand erkennen Sie daran, dass es sich vor dem Lernen drückt. Vom einen zum anderen Moment ist das Gesehene oder Gehörte wieder weg. Oder noch eleganter: Der Lernsituation wird aus dem Weg gegangen. Anstatt endlich den wichtigen Artikel zu lesen, wird das Bücherregal mal wieder gründlich entstaubt. Oder der Arzttermin wird ausgerechnet so gelegt, dass man das Seminar schwänzen muss. Wer lernt, kann sich also nicht immer auf sein Gehirn verlassen. Fintenreich, wie dieses neuronale Wunderwerk nun einmal ist, hat es die Kontrolle über Ihre Selbstorganisation übernommen. Und wer folgt nicht gerne den Verlockungen der eigenen Bequemlichkeit?

Wo aber liegen die Ursachen für derartige Lernwiderstände? Im Lernen selbst. Neurologisch betrachtet schlägt sich der Lernprozess in organischen Veränderungen des Gehirnaufbaus nieder. Ein Beispiel: Wenn jemand beginnt, Gitarre oder Geige zu lernen, wird es in seinem Gehirn nachweislich zu Veränderungen kommen. In diesem Fall vergrößert sich die Hirnregion, die für die Steuerung der Finger zuständig ist (Spitzer 2000, S. 182). Immer dann, wenn wir neuen Stoff lernen, verändert sich die Struktur der Verbindungen zwischen den Nervenzellen. Unser Wissen ist in Gestalt von Verbindungsstärken (den so genannten Synapsengewichten) zwischen den Neuronen gespeichert und diese befinden sich ständig im Umbau (Spitzer 2000, S. 212). Auf den Lernprozess bezogen bedeutet das: Wir bauen beim

Lernen nicht einfach an unser Vorwissen an, wie man etwa eine Garage an ein Haus baut. Wir geben gleich dem *gesamten* Gebäude eine neue Gestalt. Und das setzt die Lernenden unter Stress. Denn das Neue, das es zu lernen gilt, gefährdet unsere alten Wissensstrukturen. Lernen ist besonders am Anfang oft mühsam und bereitet wenig Spaß. Verständlich, denn – um im Bild zu bleiben – wer hat schon Lust, permanent sein ganzes Haus umzubauen? Sich einmal einrichten und in den vertrauten vier Wänden einfach nur wohl fühlen, ist zwar ein schönes Ideal. Aber als innere Haltung dem Lernen gegenüber ist dieses Bild kontraproduktiv – und veraltet. Lebenslanges Lernen ist angesagt. Einen Endzustand, an dem wir „ausgelernt" hätten, gibt es nicht. Unser Hirn lernt ständig.

Lernen ist gefährlich

Man kann sich den neuronalen Umbau beim Lernen gar nicht tiefgreifend genug vorstellen. Aus der Sicht eines Studierenden kann die geforderte Lernbereitschaft schnell bedrohliche Züge annehmen. Plötzlich berühren die neuen Wissenszusammenhänge nicht nur meinen fachlichen Erfahrungsschatz, sie stellen in ihrer Konsequenz vielleicht sogar mein ganzes Weltbild in Frage, das ich mir über viele Jahre und über Krisenzeiten hinweg halbwegs konsistent erhalten habe. Neues Wissen kann unter Umständen das Potential haben, mein ganzes Selbst und meine Überzeugungen zu erschüttern. Und wer lässt sich das schon gerne bieten? Manchen gelingt es, sich der Notwendigkeit einer Veränderung zu stellen und mit den neuen Erkenntnissen behutsam mitzuwachsen. Andere, die keinen Weg finden, die neuen Erfahrungen in ihre Persönlichkeit zu integrieren, fühlen sich rasch bedroht. Weil sie ihr altes Selbstbild aufrecht erhalten müssen, trennen sie entweder die neuen Informationen und ihr persönliches Weltbild fein säuberlich voneinander oder sie „verzerren" die neuen Erfahrungen in ihrem Bewusstsein so stark, dass sie die Spannungen zwischen ihrem Selbst und den Lernerfahrungen besser aushalten können (Rogers 2009, S. 37). In beiden Fällen wehren sie die neue Erfahrung ab und erschaffen sich innere Parallelwelten.

Umdenken müssen Medizinstudenten im ersten klinischen Semester, sobald sie vor dem Krankenbett stehen. Vorher haben sie sich fast ausschließlich mit Multiple-Choice-Fragen beschäftigt. Systematisch verunsichert werden auch Maschinenbaustudenten, wenn sie plötzlich in Softskill-Seminaren über Kommunikation sprechen sollen. Etwas Zeit brauchen Pädagogikstudenten, die sich bisher mit dem psychoanalytischen Denken vertraut gemacht haben und nun mit systemischen Analysemethoden konfrontiert werden. Geschockt sind Erstsemester, die sich durch die Leistungskurse in der Schule gut auf das Mathematikstudium vorbereitet gefühlt haben und nun die Einführungsveranstaltung besuchen. Sie müssen mit ansehen, wie der Professor den Stoff der gesamten Oberstufenzeit in den ersten 35 Minuten ihrer ersten Vorlesung abhakt, um sich dann im fachlichen Neuland zu verlieren. Lernen ist gefährlich. Es erfordert eine Bereitschaft, die eigenen Strukturen immer wieder zu verändern. Und wenn es dann doch einmal allzu bedrohlich wird, sollten Sie das persönliche Fachgespräch suchen – mit einem verständigen und vor allem empathischen Gegenüber.

Wo haben Sie Ihre „Parallelwelten"?

Dass unser Gehirn sich mit der Integration neuer Inhalte manchmal schwer tut, hat im Alltag seine guten Seiten. Sonst würden wir alle Informationen, die uns begegnen, ungefiltert aufnehmen und wüssten bald gar nicht mehr, wie sie mit unseren Vorerfahrungen zusammenhängen und ob sie auch relevant für uns sind. Sobald wir aber durch die Inhalte des Studiums unser Denken erweitern wollen, wird dieser mentale Abwehrmechanismus zum Problem. Studierende lernen dann häufig so, dass sie sich den neuen Stoff zwar merken, sich aber nicht *persönlich* mit ihm auseinandersetzen. Genau genommen halten sie ihn sich vom Leib, statt ihn sich einzuverleiben. Sie behandeln ihn als externes Faktenwissen, das nichts mit ihnen zu tun hat und dem gegenüber sie im Grunde eine neutrale Position einnehmen. So entsteht eine paradoxe Situation: Unterschiedliche Vorstellungen von ein und demselben Gegenstand existieren nebeneinander her. Studierende sagen dann, sie hätten alles verstanden. In Anwendungssituationen behält jedoch die alte Denkstruktur weiter die Oberhand. Wenn Sie einem Lernstoff gegenüber große Unlust verspüren, fragen Sie sich doch einmal selbst: Ist mir die Beschäftigung damit womöglich deshalb zu anstrengend, weil ich mein bisheriges Wissen revidieren muss?

Treten Sie in Dialog mit sich selbst

Wer lernt, befindet sich in einem Zustand der Selbstkonfrontation. Er will etwas Neues lernen, weil er es muss. Aber zugleich möchte er seine bisherigen Lernerfahrungen nicht aufgeben. Erst die fortgesetzte Auseinandersetzung initiiert dann die eigentlichen Verknüpfungs- und Lernprozesse, die bisher noch nicht stattgefunden hatten. Neue Erkenntnisse stellen sich erst dann ein, wenn alte Vorstellungen und neue Sichtweisen auf einander treffen. Was wie eine Binsenweisheit klingt, ist für das Gehirn ein Problem. Es weiß nicht, was es mit einer neuen Information machen soll, die es zu einem vertrauten Thema erhält. Was wir bereits wissen, determiniert unser Denken (Schacter 2001, S. 80). Die neue Info gehört ja eigentlich an den betreffenden neuronalen Ort, der schon von einer anderen Erfahrung besetzt ist. Jetzt muss eine Lösung her, denn das Gehirn duldet keine Widersprüche. Es wird versuchen herauszufinden, wie die neue Information zu den bisherigen Erfahrungen passen könnte. Ein Lernprozess beginnt. Den können Sie kräftig unterstützen, indem Sie mit sich selbst in Dialog treten. Benennen Sie Ihre alten Sichtweisen und konfrontieren Sie diese mit den neuen Erkenntnissen und Informationen. Ein Tipp: Manchmal hilft es, laut zu denken.

C. Selbst strukturieren

Dreihundert Seiten Lehrbuch, einhundertachtzig Seiten Vorlesungs-skript und zweihundertdreiundvierzig Powerpointfolien – wie kön-nen Sie das alles bis zur Abschlussklausur in den Kopf bekommen? Keine Frage, jedes Semester wartet nicht nur ein Berg an Arbeit auf Sie, sondern auch die Frage, mit welcher Strategie Sie an den Start ge-hen werden, um das ganze Material in Ihre neuronalen Netze hinein zu „transformieren". Schließlich soll es dort ja für Ihre neuen Kompe-tenzen sorgen. Um dieses Ziel zu erreichen, sollte der große „Berg" möglichst in sinnvoll strukturierte Portionen zerteilt werden. Das Ge-hirn lernt Strukturen und Verknüpfungen. Das ist leichter und effek-tiver. Andernfalls läuft es Gefahr, sich in einem Haufen unzusam-menhängender Einzelinformationen zu verlieren. Die haben nämlich den Nachteil, dass sie irgendwo „verlegt" werden können und das Gedächtnis sie nicht so schnell wieder findet. Wenn dagegen ein Lern-stoff gut strukturiert worden ist, kann ihn das Gehirn viel leichter in das vorhandene Wissen integrieren. Selbst wenn das Gehirn noch kei-ne Anknüpfungspunkte für die neuen Informationen findet, nimmt es sehr genau wahr, ob beispielsweise das Semesterprogramm des neuen Seminars total chaotisch geraten oder klar strukturiert worden ist. Ei-ne geordnete Struktur beruhigt das Denken. Wenn die Lerninhalte vom Dozenten in kleine Portionen aufgeteilt worden sind, die zu ei-nander passen, erscheinen sie Ihrem Gehirn gut verdaulich. Und das regt den Lern-Appetit an.

Rezepte gegen Kopfsalat

Wer sich bei seiner Prüfungsvorbereitung auf die Suche nach lern-freundlichen Strukturen eines Fachthemas begibt, vollzieht unbe-wusst ein Grundprinzip systematischer Wissenschaft nach. Wissen-schaftlich strukturiertes Denken ist der Versuch, dem Vergessen von Erkenntnissen und Entdeckungen eine Systematik entgegenzusetzen, die Erfahrungen bewahrt. Zudem erleichtert die wissenschaftliche

Systematik das Wiederauffinden einzelner Daten, Theorien und bestimmter Zusammenhänge. Wissenschaft ist wie eine Landkarte, in der die Einzelheiten eines großen und unüberschaubaren Gebietes eingetragen sind. Jeder, der die Legende zu „lesen" versteht, kann sich anhand der Karte orientieren.

Aber wie bereitet man sein „Lernmaterial" so auf, dass das Merken und Erinnern irgendwann reibungslos funktioniert? Unser Tipp: Fertigen Sie doch Ihre ganz persönliche Lern-„Landkarte" an? Malen Sie zur Systematik des Faches einen Plan, vielleicht in Form eines Strukturbaumes. Wenn beispielsweise der angehende Jurist herausgefunden hat, wie das juristische Wissen generell aufgebaut ist, oder wenn der Medizinstudent das Zusammenwirken der medizinischen Fachgebiete und deren Randwissenschaften für sich erklären kann, hat er bereits eine „Landkarte" entwickelt, an der er sich in der Prüfungsvorbereitung orientieren kann. Diese Grundstruktur wird dadurch zur eigenen, dass Sie sie noch mit Daten und Fakten füllen.

Wenn Sie Ihre Prüfungsthemen nach Absprache selbst wählen können, muss das Thema wahrscheinlich fürs Lernen zuerst abgrenzt und dann entfaltet werden. Jedes Fach hat seine beliebten Gliederungstechniken: induktive (vom Konkreten auf das Allgemeine schließen), deduktive (vom Allgemeinen auf das Konkrete schließen) oder chronologische (Zeitverlauf). Immer geht es dabei um das Erstellen geordneter Einheiten, die das Gehirn verarbeiten kann. Irgendwann wird die Frage auftauchen, wo Sie mit dem Arbeiten ansetzen sollen. Auch hier können Sie selber wählen: Vielleicht beginnen Sie mit den Stoffgebieten, die Sie in den letzten beiden Semestern in einer Veranstaltung noch nicht behandelt haben. Oder Sie fangen mit den Themen an, die Ihnen noch relativ bekannt sind. Oder Sie lernen als Mediziner die Anatomie systematisch vom Kopf bis zum Fuß oder von außen nach innen ...

Tagespläne brauchen Pflichtverteidiger

Aber nicht nur der Stoff, den es zu lernen gilt, braucht eine Struktur. Da Sie selbst nur ein begrenztes Maß an Zeit haben, um sich dem Lernen zu stellen, benötigen auch Sie eine geeignete Lernstruktur. Wie gut gelingt Ihnen Ihr „Selbstmanagement"? Da Sie nun bereits wissen, mit welchen Themengebieten Sie sich für die Prüfung beschäftigen müssen und wie diese aufgebaut sind, fällt es Ihnen jetzt vermutlich auch leichter, einen Arbeitsplan zu entwickeln. Und der strukturiert Ihre Zeitressourcen.

Damit Sie eine erste und noch grobe Zeiteinteilung vornehmen können, lohnt es sich, wenn Sie sich jetzt noch einmal Ihren Prüfungsplan (→ S. 13) vornehmen und die Struktur der einzelnen Prüfungsthemen genau betrachten. Versuchen Sie nun diese Fragen zu beantworten und übertragen Sie Ihre Antworten in den Plan:

? Wie viel Zeit benötige ich für die einzelnen Gebiete?
? Wann schließe ich ein Thema ab?
? Wann beginne ich mit dem nächsten?

Je konkreter Sie diese Fragen für sich beantworten, desto besser wird Ihnen das Erstellen des ersten Zeitplans gelingen.

Fertigen Sie nun einen Tages- und Wochenplan nach dem folgenden Muster an:

Woche vom:

Etappenziele dieser Woche: (Konkret!)

Zeit	Montag	Dienstag	Mittwoch	Donnerstag	Freitag	Samstag	Sonntag
	Lernziel heute:	Lernziel heute:	Lernziel heute:	Lernziel heute:	Lernziel heute:	Lernziel heute:	
8:00							frei
9:00							frei
...							frei
	Meine Belohnung heute:	Meine Belohnung heute:	Meine Belohnung heute:	Meine Belohnung heute:	Meine Belohnung heute:	Meine Belohnung heute:	

Die erste Funktion eines Zeitplans besteht darin, Freiräume für die Prüfungsvorbereitung zu entdecken und zu sichern. Deshalb ist es so wichtig, dass der Zeitplan Ihre gesamte Wochenzeit berücksichtigt. Wir wollen Ihnen nicht verschweigen, dass bereits das Erstellen eines Zeitplans eine schmerzhafte Angelegenheit sein kann. Plötzlich haben Sie schwarz auf weiß vor sich liegen, wann und wie oft Sie beschäftigt sind – und wann nicht. Manche Studierende schämen sich, weil nun doch überraschend viele Freiräume ans Licht gekommen sind. Freiräume, die sie instinktiv verteidigen wollen. Wenn es aber darum geht, feste Arbeitszeiten und -routinen zu installieren, werden Sie nicht darum herumkommen, manche Zeit- und Arbeitsgewohnheiten zu ändern, Termine zu verschieben und neue Prioritäten zu setzen.

Wenn Sie zusätzlich zur zeitlichen Gliederung auch noch konkrete Etappenziele formulieren, tun Sie außerdem Ihrer Arbeitsmotivation noch etwas Gutes. In die Zeitspalten sollten nicht nur die jeweilig zu bearbeitenden Fächer eingetragen werden, sondern auch die konkreten Tätigkeiten, die Sie planen. Je nachdem, in welcher Phase Ihres Prüfungsvorbereitungsprozesses Sie sich gerade befinden, könnte dort beispielsweise stehen: „Fach Historische Anthropologie: Bearbeiten", „Fach Kulturanthropologie: Wiederholen", usw. ...).

Einen guten Zeitplan erkennen Sie daran, dass er noch unverplante Lücken aufweist, die nicht mit Arbeitsstunden zugepflastert wurden. Er koordiniert Prozesse und Ziele – auch die ganz alltäglichen des Gelderwerbs und der Freizeit. Und er enthält einen Ruhetag. Ein guter Zeitplan fördert die Motivation, weil er „Belohnungen" konkret mit einplant und darauf achtet, dass Entspannung, Bewegung und Hobbies nicht zu kurz kommen. Weil eine Studentin ihre Lieblingsserie nicht verpassen wollte, die nachmittags in ihrer Hauptlernzeit ausgestrahlt wurde, zeichnete sie die Serie kurzerhand auf und belohnte sich damit am Abend im Fernsehsessel.

Zeitpläne müssen sich einspielen. Und das heißt: Sie müssen immer wieder korrigiert und umgeschrieben werden, bis sie schließlich „passen". Die ersten Wochenpläne funktionieren nur selten. Sie sind meistens nicht konkret genug oder überfordern den Lernenden. Trotzdem lohnt es sich, mit einem Plan zu arbeiten – allein schon deshalb, weil Sie im Laufe des Vorbereitungsprozesses schwarz auf weiß ablesen können, wie weit Sie beim Lernen schon gekommen sind und was Sie bereits alles hinter sich haben.

Wachsen Sie mit Ihrem Zeitplan

Wann lerne ich was? Womit beschäftige ich mich besser morgens, wenn ich fit bin, was kann ich abends noch lernen? Wann lese ich diesen schwierigen Text? Wann sind die Vokabeln dran? Ein guter Zeitplan hilft dabei, die Arbeitszeiten auch inhaltlich zu strukturieren und effizient zu nutzen. Gute Zeitpläne sind immer individuell und flexibel. Sie verändern sich ständig, denn sie müssen immer wieder Ihren veränderten Bedürfnissen neu angepasst werden. Ihr Zeitplan wächst mit Ihnen mit. Probieren Sie es aus. Meistens lässt sich das Arbeitspensum langsam von drei auf fünf Stunden oder von sechs auf acht Stunden erhöhen. Oder es verändert sich Ihr Lesetempo: von anfangs acht Seiten pro Stunde auf 15 Seiten. Vielleicht können Sie auch beim zweiten Durchgang durch die Karteikarten Zeit einsparen, usw. Andererseits sollte im Zeitplan immer Reservezeit eingeplant werden. Wenn nach der Bearbeitungs- und der Wiederholungsphase immer noch eine Woche unverplanter Zeit übrig ist, beruhigt das sehr. Eine Grippe ist dann keine Katastrophe mehr und zwei weniger effektive Tage können ausgeglichen werden. Es kann sogar ein spannender Anreiz werden, die nicht benötigten Zeitpuffer komplett in Freizeit umzuwandeln. Vielleicht noch ein Kurzurlaub zwischendurch...?! Wie auch immer: Sie sind der Manager ihres Prüfungsvorbereitungsprozesses. Machen Sie doch mit Ihrer gewonnen Zeit, was Sie *wollen*.

Was tun bei mehreren Prüfungen?

Wenn bei Ihnen mehrere Prüfungen anstehen, ist Ihr Organisationstalent besonders gefragt, denn Sie müssen entscheiden, wie Sie anfangen wollen: Beschäftigen Sie sich jeweils nur mit *einer* Prüfung und mit *einem* Stoffgebiet? Oder fangen Sie vielleicht besser mit der letzten Prüfung zuerst an, arbeiten sich also von hinten nach vorne? Sie könnten aber auch zuerst mit dem Stoff anfangen, der Ihnen besonders liegt, damit Ihnen der Lerneinstieg leichter fällt. Welche Reihenfolge Sie wählen, bleibt Ihnen überlassen. Wichtig ist nur, dass Sie sich eine Strategie überlegen und diese konsequent verfolgen. Wenn Sie sich an den hier modellhaft dargestellten Phasen des Prüfungsprozesses orientieren, besteht auch die Möglichkeit, sich auf mehrere Prüfungen parallel vorzubereiten. Sie kombinieren zum Beispiel die Bearbeitungsphase des einen Stoffes mit der Wiederholungsphase des anderen: Vormittags das Skript der zweiten Prüfung bearbeiten und nachmittags oder abends die Karteikarten der ersten Prüfung lernen. Wichtig ist dabei, dass Sie für jede Prüfung einen Überblick erstellt haben (→ S. 93ff.), denn erst dadurch können Sie festlegen, wie viel Arbeit und Zeit Sie in jede Prüfung investieren wollen.

Zum Casting in die Sprechstunde

Bei der Strukturierung des Themas, des Prüfungsprozesses und der Zeit sollten Sie den Kontakt zum Prüfer nicht aus den Augen verlieren. In manchen Fachgebieten kann es sinnvoll sein, in bestimmten Phasen der Vorbereitung einen Besuch in der Sprechstunde einzuplanen, z.B. um die Literaturauswahl mit dem Professor abzugleichen oder die Gliederung des Themas vorab zu präsentieren. Jeder Kontakt mit dem Prüfer, bei dem es um prüfungsrelevante Fragen geht, spielt sich bereits im Beziehungsgeflecht des Prüfungsdreiecks ab und wirkt damit auf die Prüfung. Die letzten Sprechstunden sind wie ein kostenloses Probeabo, bei dem Sie schon mal abchecken können, wie Sie sich im Umgang mit dem „Produkt" (Prüfer, Raum, Thema, ...) fühlen. Fühlt es sich gut an? Lassen Sie sich drauf ein? Was stimmt noch nicht? Nicht zu vergessen: Sie präsentieren sich bereits mit Ihrem Thema... Eigentlich ist so eine Probe für den Ernstfall doch eine riesige Chance, oder nicht?

Checkliste für die Strukturierungsphase

✓ Malen Sie eine Landkarte Ihres Fachgebietes mit Feldern, Grenzen, Straßen und Flüssen. Buntstifte sind ausdrücklich erwünscht!
✓ Nutzen Sie die *Cluster-Technik* (Stichwort in die Mitte des Blattes, alle weiteren Assoziationsworte gruppieren Sie um dieses Kernwort herum, kreisen diese ebenfalls ein und verbinden sie anhand von Linien mit dem Stichwort in der Mitte) und das *Mindmapping* (Haupt- und Nebenbegriffe gehen als „Äste" vom zentralen Themenwort aus und werden mit Großbuchstaben beschriftet. Weil die verzweigten Äste unterschiedliche Aspekte des Themas bezeichnen, können Sie auch mit unterschiedlichen Farben markiert und mit Symbolen versehen werden. Es entsteht ein Gesamtbild des Themas). Diese beiden Studientechniken helfen nicht nur dabei, den zu lernenden Stoff zu ordnen. Sie aktivieren auch die im Gehirn bereits vorhandenen Schemata des Gedächtnisses, an welche sich die neue Information einfach anheften kann (Bredenkamp 1998, S. 85).
✓ Gliedern Sie den Prüfungsstoff in verschiedene Bereiche oder Kapitel und formulieren Sie spontan zu jedem Kapitel fünf zentrale Fragen.

✓ Formulieren Sie mehrere Etappenziele und legen Sie fest, wann Sie sie erreichen wollen. Notieren Sie im Zeitplan auch die Belohnung, die Sie nach jeder Etappe erwartet!

✓ Bauen Sie eine Pufferzeit von mehreren Tagen in Ihren Zeitplan ein.

✓ Überlegen Sie sich ein Kochrezept, das in besonderer Weise mit Ihrem Thema zusammenhängt. Laden Sie Freunde ein und präsentieren Sie Ihnen Ihr Themen-Gericht. (Wahlweise können Sie Ihren Gästen auch einen Themen-Cocktail aus erlesenen Ingredienzien des Prüfungsstoffes zusammenmixen).

4. Schritt: Bearbeiten

A. Verstehen – der Schlüssel zum Lernen

Wer möglichst schnell eine neue Sprache lernen möchte, geht am besten für eine Weile in das betreffende Land und erlebt dort die Sprache im Kontext des Alltags. Wer es sich dagegen besonders schwer machen will, besorgt sich zweisprachige Vokabellisten und Grammatikregeln. Und wer das Aussichtslose liebt, bemühe sich, die fremden Worte ohne Übersetzung auswendig zu lernen. Genau diesen letzten Weg wählen viele Prüfungskandidaten bei ihrer Vorbereitung. Sie lernen die Daten, Formeln und Theorien auswendig und wundern sich, dass sie nicht dauerhaft im Gedächtnis bleiben. Dabei lernt unser Gedächtnis nur solche Dinge dauerhaft, die es versteht.

In der vierten Phase des Prüfungsprozesses geht es deshalb ausschließlich um das Verstehen. Beschäftigen Sie sich so intensiv wie möglich mit dem Prüfungsstoff. Am besten so, als würden Sie sich im Ausland auf eine neue Sprache einlassen. Es braucht jetzt ausdrücklich noch nichts „gelernt" zu werden. Wenn Sie jetzt lesen, kommt es noch nicht darauf an, alles gleich zu behalten. Versuchen Sie zunächst nur, die Zusammenhänge zu *verstehen*. Betrachten Sie die neuen Informationen von allen Seiten, hinterfragen Sie sie, nehmen Sie sie auseinander und setzen Sie sie wieder neu zusammen. Wenn Sie rechnen müssen, dann geht es jetzt nicht so sehr um ein schnelles und korrektes Ergebnis, sondern um den Lösungsweg mit der besten Übersicht. Es geht also um die geistige Verarbeitung, um das allmähliche Vertrautwerden mit dem Neuen, damit es eingeordnet werden kann.

Vom Teil zum Ganzen

Beim Strukturieren des Lernstoffes hatten Sie Ihr Vorwissen bereits aktiviert. Es wird Ihnen nun auch dabei helfen, die neuen Informationen auf ihre Wichtigkeit und Bedeutung hin zu überprüfen. Wenn Sie den neuen Stoff jetzt bearbeiten, kann er sich mit Ihrem Vorwissen verbinden. Das klingt zunächst sehr einfach, aber das Verarbeiten und Integrieren der neuen Informationen ist in Wirklichkeit harte Arbeit. Manchmal treten zwischen Neuem und Bekanntem große Lücken auf, die ausgefüllt werden müssen. Dann fühlt man sich schnell so, als würde man vor einem Puzzle mit 5.000 Teilen sitzen: Irgendwie muss alles zusammenpassen, aber wie? Und so sucht man, bis das noch fehlende Verbindungsstück gefunden ist. Im Gehirn geschieht dabei folgendes: Das neuronale Netzwerk ist für Impulse von außen empfänglich. Sobald sie ankommen, werden sie zunächst vom Arbeitsgedächtnis aufgenommen (Shacter 2001, S. 76). Dieses hat leider eine sehr begrenzte Kapazität und kann sich nur vier bis sieben Informationen gleichzeitig merken (Roth 2009 S.99). Und obendrein ist es auch nur für diejenigen Informationen zuständig, die unmittelbar verhaltensrelevant sind. Das Verarbeiten des neuen Stoffes kann von ihm jedenfalls nicht geleistet werden. Völlig falsche Baustelle also? Nicht ganz, die Verarbeitung neuer Informationen wird von anderen Hirnzentren übernommen, die nun miteinander in Interaktion treten und abzuschätzen versuchen, ob die neuen Inhalte bedeutungsvoll sind und wie sie eingebaut werden können (Spitzer 2000, S. 140f.). Alle neuen Informationen beruhen ja auf Erlebnissen. Das Gehirn versucht zuerst einmal, das gerade Erlebte beschreibend zu erfassen. Der Biologiestudent z. B., der einem unbekannten Insekt begegnet, sucht nach einer solchen Beschreibung: roter, zweigliedriger Körper von 0,7 cm Länge, acht dünne Beine, Fühler … Ziel dieser Beschreibung ist die treffende Generalisierung: „Aha, eine Ameise". Man kann nichts völlig Neues lernen, es sei denn, man findet geeignete Anknüpfungen zu Bekanntem. Wenn das gelingt, nennt man diesen ganzen Vorgang „Lernen".

Eigene Worte für das Neue finden

Wenn es Ihnen glückt, über den neuen Lernstoff auch mit Nichtfachleuten intensiv zu debattieren, haben Sie ihn verstanden. Dann werden Sie vermutlich auch feststellen, dass sich die Bandbreite Ihres Vokabulars erweitert hat. Anders gesagt: Erst dann, wenn ich komplexe Sachverhalte in *eigenen* Worten ausdrücken kann, beherrsche ich sie. Dann ist es auch kein Problem, Fragen zum Thema zu beantworten. Was ich verstanden habe, ist Teil meines Wissens geworden. Am Ende dieser Phase hat der Lernende oft den Eindruck, er hätte einen bestimmten Zusammenhang selbst neu erfunden. In solchen Fällen ist es dem Dozenten oder dem Autor des Lehrbuches geglückt, ein wenig dazu beizutragen, dass Sie als Student zwischen Ihrem bisherigen Wissen und den neuen Informationen eine Verbindung herstellen konnten. Dozenten, denen dies gelingt, könnte man ohne weiteres mit Sokrates vergleichen. Der Philosoph sprach nämlich davon, dass der Schüler die angestrebte Weisheit letztlich in sich selbst trage und nur etwas „Geburtshilfe" benötige, um an sie heranzukommen. Der Lehrer als Hebamme eines neuen Gedankens, den Sie gebären müssen ...

Wenn die neue Information schließlich mit dem Vorwissen verbunden werden kann, verändert sich gleichzeitig das gesamte bisherige Wissen. Es nimmt nicht nur mengenmäßig zu, sondern verändert sich auch qualitativ. Jetzt ist aus den Bruchstücken eine ganzheitliche Repräsentation im Gedächtnis geworden (Bredenkamp 1998, S. 85f.). Denn das Gedächtnis behält sich nur das, was es versteht. „Elaborierte Kodierung" nennt die Gedächtnisforschung diesen komplexen Ablauf des Lernens (Shacter 2001, S. 81).

B. Jeder lernt nur, was ihn interessiert

Lernprozesse sind sehr effektiv, aber selten effizient. Einige davon ziehen sich schier endlos in die Länge. Aber nicht nur die Dauer von Lernprozessen ist für uns kaum steuerbar, auch unser Einfluss auf die Auswahl geeigneter Lerngegenstände ist mitunter ernüchternd gering. So manche alberne Nebensächlichkeit verankert unser Gehirn mühelos und auf Jahre hin fest im Gedächtnis (wie zum Beispiel die Regalnummer des Ikea-Bettlattenrostes), während die wirklich wichtigen Dinge zuweilen durchrauschen, ohne auch nur die geringste Spur zu hinterlassen. Um lernen zu können, muss ein neuer Inhalt es schaffen, unsere volle Aufmerksamkeit zu erlangen. Wenn es irgendeinem Sachverhalt gelingt, unsere Sinne nachhaltig zu beeindrucken – ein Bild, ein Klang oder ein bestimmter Geruch –, bleibt er in unserer Erinnerung haften. Das nutzt die Werbung und versucht, immer intensivere Reize zu setzen.

Intensive Reize versprechen einen Lustgewinn. Die Hochschullehre scheint auf diesem Gebiet jedoch gehandicapt zu sein. Denn welche Lustbefriedigung könnte *Mikrobiologie* oder *Statistik* schon bieten?

Wenn aber hier schon kein Hunger, kein Durst und kein direktes sexuelles Bedürfnis gestillt werden, dann muss zumindest mein persönliches Interesse angesprochen sein, damit ich das Thema wahrnehmen und gezielt lernen kann. Die neue Information muss für mich *bedeutsam* sein oder ich muss zumindest einen *Nutzen* in ihr erkennen können. Der neueste Eintracht-Frankfurt-Witz wird mir dann besser im Gedächtnis bleiben, wenn ich mir vornehme, ihn gleich am nächsten Tag meinem Kollegen zu erzählen, der Fan von Kickers Offenbach ist.

Neugier, das unzuverlässige Trüffelschwein

Die beste Komplizin des Lernens ist bekanntlich die Neugier. Sie mobilisiert Antriebskräfte, die in der Lage sind, Unbekanntes aufzuspüren. Dabei speist sie sich aus der Vorahnung, dass das Neue erstrebenswert sei. Wer neugierig geworden ist, will mehr über eine bestimmte Sache erfahren. Und wenn das, was unsere Neugier aufspürt, spannend genug ist, um sie am Leben zu erhalten, kann sich Neugier zu echtem Interesse wandeln. Sie ist ein Antrieb, der sich zunächst auch nicht daran stört, wenn es mal etwas kompliziert wird. Gelingt es Ihnen, bei den präsentierten Lehrinhalten in den Seminaren und Vorlesungen Neugier zu entwickeln? Und bleibt sie so lange am Leben, bis Sie daraus echtes Interesse für „die Sache" entwickeln können und sich selbst auf die Suche nach den Trüffeln machen? Neugier ist leider kein zuverlässiger Garant für Lernerfolge, denn sie kann im Laufe des Lernprozesses wieder abflachen oder ganz verschwinden.

Der Name der Wissenschaft

Neugier und echtes Interesse am eigenen Lerngegenstand sind also die Basis für gelingendes Lernen. Aber wie steht es mit der „Wissenschaftlichkeit" meines Themas? Wenn ich es endlich „beherrsche" und in meiner eigenen Holpersprache auszudrücken vermag, ist es dann nicht schon irgendwie trivial und damit unwissenschaftlich geworden? Für den Semiotik-Professor und Romanautor Umberto Eco muss eine Aussage, die den Anspruch hat, wissenschaftlich zu sein, vier Kriterien erfüllen. Sie muss (1.) einen „erkennbaren Gegenstand" haben und über diesen (2.) „nachprüfbar" Dinge sagen, die (3.) „noch nicht gesagt worden sind". Darüber hinaus muss sie immer auch (4.) von Nutzen sein (Eco 2005, S. 39ff.). Diese vier Kriterien sind nicht nur Garanten für die Wissenschaftlichkeit eines Themas. Sie sind auch Grundvoraussetzungen für die Möglichkeit, beim anderen Interesse zu wecken.

Die Liquidität zweiten Grades und das monetäre Umlaufvermögen

Wenn Sie sich mit dieser Überschrift etwas schwer tun, sind Sie mitten im Lernprozess. Sie stellt nämlich in unserem thematischen Zusammenhang keinen erkennbaren Gegenstand (Kriterium 1 für Wissenschaftlichkeit) dar. Vermutlich werden nur die Leser, die sich gut in BWL und mit dem Geldfluss in Unternehmen auskennen, wissen, was hinter diesen Begriffen steckt. Aber auch sie werden irritiert sein, denn die Aussage ist im Kontext dieses Buches nicht von Interesse. Anders formuliert: Wenn Ihr natürlicher Wissensdurst in einer Vorlesung mal wieder gründlich verloren gegangen ist, kann es daran liegen, dass Ihr Professor das Lehrthema in verklausulierter Form oder mit schwammigen Formulierungen eingeführt hat. Wenn die Inhalte unklar sind und das Thema vielleicht noch dazu mit missverständlichen Begriffen formuliert wurde, hat Ihr Gehirn keine Chance, es aufzunehmen. Das Thema verliert nicht nur seine Prägnanz, sondern auch seinen Reiz. Können Sie die Aussagen nicht „nachprüfen" (Kriterium 2) oder zumindest nachvollziehen, wird Ihnen die neuronale Verknüpfung kaum gelingen. Dagegen stechen die Vorteile eines klar formulierten Themas sofort ins Auge. Es „reizt" das neuronale Netz; ganz verschiedene Areale des Gehirns können tätig werden. Die betreffenden Synapsen sind dadurch in ihrer Übertragungsleistung stärker aktiv. Und das führt dazu, dass mehr gelernt wird (Spitzer 2000, S. 54).

Quark zum Nachdenken

Folgt man Umberto Ecos Einschätzung, so stellt die Neuigkeit ein weiteres Kriterium für die Wissenschaftlichkeit eines Themas dar (Kriterium 3). Nun sind Sie in Ihrem Studium ständig mit neuen Informationen konfrontiert. Handelt es sich in Ihren Augen dabei tatsächlich um Neuigkeiten? Oder „nur" um zu bewältigendes Standardwissen des jeweiligen Fachsemesters? Das Lernen würde Ihnen vermutlich viel einfacher gelingen, wenn Sie sich wie ein Wissenschaftler der ersten Stunde begreifen könnten und auf Ihrem Gebiet ein Pionier wären.

Gedächtnisforscher haben herausgefunden, dass die Erinnerungsfähigkeit von Probanden gesteigert wird, wenn man ihnen beim Lernen Orientierungsaufgaben stellt. Bei einem Versuch etwa, in dem es darum ging, sich Worte einzuprägen, wurde zuvor die einfache Aufgabe gestellt, alle Vokale in den Worten zu zählen. Die Ergebnisse zeigten, dass die Gedächtnisleistung besser ist, wenn mit Orientierungsfragen gelernt wird, die zum Nachdenken über die Bedeutung der Worte auffordern (Shacter 2001, S. 78). Es kommt also beim Lernen auf die Bedeutung an, die sich aus der neuen Information ergibt. Neues, relevantes Wissen bleibt nicht passiv. Es wird nicht einfach nur im Gedächtnis abgelegt, sondern führt ein Eigenleben. Es sorgt für neue Bedeutungsverknüpfungen und zusätzliche Erkenntnisse. Wie ein Lauffeuer breitet es sich im neuronalen Netz aus. Welche Orientierungsaufgabe stellen *Sie* sich für die nächste Lerneinheit? Wenn Sie keine finden, dann nehmen Sie doch die Frage, die Ihnen in letzter Zeit bestimmt schon so oder in anderer Form durch den Kopf gegangen ist: „Was soll ich mit dem ganzen ... Quark? Warum stellen Sie sich diese Frage nach dem Nutzen nicht einfach vor jedem Arbeitsschritt oder zu jedem neuen Kapitel?! Schreiben Sie die Antworten in Ihr Exzerpt (= eine kurze Zusammenstellung der wichtigsten Gedanken zum Thema). So können Sie dem Quark sogar noch einen Sinn geben.

Wenn Sie sich eine gewisse Kompetenz auf dem Gebiet angeeignet haben und das Erlernte auf eigene Fragestellungen hin anwenden können, ist das Interesse ganz selbstverständlich mit dabei („inter-esse" = dabei sein, dazwischen sein). Nun sind Sie bei der Sache, können den Transfer von der Information zur persönlichen Bedeutung leisten und wissen, warum Sie das neue Themengebiet lernen (müssen).

Ein klarer Nutzen nutzt dem Lernen

Das „Wozu" der Forschung und Lehre (Kriterium 4 für Wissenschaftlichkeit) hat auch fürs Lernen eine große Bedeutung. Denn schließlich investieren Sie viel Zeit und Energie. Sie haben das Recht zu erfahren, welchen Nutzen Sie aus der jeweiligen Veranstaltung ziehen können. Sollte Ihnen die Brauchbarkeit einer neuen Information einmal unklar sein, erkundigen Sie sich bei Ihrem Dozenten danach. Das sollten Sie aus ureigenstem Interesse tun, denn eine nutz-lose Information wird niemals Ihr Interesse wecken können und kann von Ihnen deshalb auch nicht gelernt werden.

Was aber lässt sich unter Nutzen genauer verstehen? Der Nutzen einer Information oder Sache kann für Studierende sehr vielfältig sein. Vielleicht betrifft er eine Grundkompetenz des späteren Berufes. Es ist für angehende Juristen zum Beispiel sehr nützlich, schon im Studium einen speziellen Gutachterstil zu erlernen, denn sie werden in ihrer späteren beruflichen Praxis unzählige Gutachten schreiben müssen. Nützlich ist eine neue Information dann, wenn sie die eigenen Kompetenzen zur Problemlösung fördert. Eine neue Methode der Textanalyse etwa kann mir ganz neuartige Erkenntnisse liefern, die ich mit einer altvertrauten Methode bisher nicht zu erzielen vermochte.

Manchmal ist die Frage nach dem Nutzen eines bestimmten Lerninhaltes wie ein zweiter Motor für das Lernen. Zum Beispiel dann, wenn Sie merken, dass Ihnen das Interesse am Thema abhandenkommt. Vielleicht fällt die Antwort auf die Frage nach dem Nutzen auch ganz bescheiden und sehr persönlich aus. Vielleicht besteht der Nutzen einer Seminarmitschrift zuweilen nur darin, dass Sie die nächste Klausur bestehen. Das reicht vielleicht schon völlig, um mit dem neuen Thema in Kontakt zu kommen und bringt Sie zum Lernen.

C. Nutzen Sie die Lehrveranstaltung zum Bearbeiten

Lagebericht von der Seminarfront. Montag, 10.15-12.00 Uhr, Raum 305. Wie an jedem Montag üblich, sind auch heute alle Plätze besetzt. Der Dozent betritt den Raum und bringt eine lange Liste gefährlich komplizierter Begriffe in Stellung. Wie lange halten wir heute seinem Trommelfeuer stand? Bis Punkt 3 oder sogar Punkt 5 der Gliederung? Wie ein General der Artillerie jagt er einen Punkt nach dem anderen in unsere Gräben. Uns pfeifen sie wie Geschosse um die Ohren. Aber erst nach 60 Minuten die ersten Verluste. Kommilitonen verlassen geschlagen das Feld. Eigentlich könnte ich jetzt auch gehen, kapiere schon lange nichts mehr. Ich halte aber noch aus. So schnell lasse ich mich nicht unterkriegen. Da, das erlösende Signal zum Rückzug. Auch die Artillerie stellt ihr Feuer ein. Schnell in Sicherheit bringen. Ruhe bis nächsten Montag.

Für viele Studenten sind Lehrveranstaltungen mit Zwang verbunden. Sie müssen sich für eine gewisse Zeit an unglücklichen Orten aufhalten und dabei versuchen, möglichst wenig Schaden zu nehmen. Das Neuland, das sie mit jedem neuen Thema und jeder neuen Veranstaltung betreten, verunsichert sie, denn sie spüren dadurch auch die allgegenwärtige Präsenz ihrer eigenen Defizite. Ständig sind sie in der Defensive und müssen *nach*schlagen, *nach*arbeiten, *nach*liefern ... Würde man sie fragen, was genau sie eigentlich während einer Lehrveranstaltung tun, würden die meisten antworten: zuhören, soweit es geht. Das tun sie auch dann noch, wenn ihnen die Lehrveranstaltung höchstens eine vage Ahnung vom Thema liefert. Klar ist aber allen irgendwie, dass ihnen ein vertieftes Lernen *während* der Veranstaltung gar nicht gelingen wird. Die dafür notwendigen, restlichen Phasen des Lernprozesses müssen sie außerhalb der Lehrveranstaltung leisten. Und zwar alleine und meistens zu Lasten ihrer Freizeit. Sollte Ihnen das bekannt vorkommen, empfehlen wir Ihnen, den Spieß doch einfach mal umzudrehen. Verlegen Sie Ihre Bearbeitungsphase in die Vorlesung oder in das Seminar.

Wie das funktioniert? Sie müssen nur verstehen. Weil es in der Bearbeitungsphase nur auf das Verstehen ankommt, wäre der Besuch der Lehrveranstaltung für Sie dann ein Erfolg, wenn sie die Themen verstanden haben. Damit könnten Sie bereits nach dem Verlassen der Lehrveranstaltung die Bearbeitungsphase komplett abschließen. In unserem Beispiel würde das bedeuten, dass Sie plötzlich etwas Unerhörtes tun: Sie stellen im Plenum Ihre Fragen und zeigen, dass Sie noch nicht alles verstanden haben. Dadurch verlieren Sie vielleicht Ihren Überfliegerstatus und verpassen Ihrem Stolz auch ein paar Schrammen, aber Sie nutzen Ihre Zeit zum ersten Mal sinnvoll. Wer weiß, vielleicht locken Sie ja auch noch andere Kommilitonen aus der Reserve und bringen sie dazu, ebenfalls nachzufragen. Ihr Nachfragen kann auch für den Dozenten hilfreich sein: Sie ermöglichen es ihm dadurch, seinen Fach-Autismus abzulegen, mit den Studenten Kontakt aufzunehmen und endlich mit dem qualifizierten Lehren anzufangen.

Auf zur Jagd nach dem Verstehen

Was alles möglich wäre, wenn die Studierenden ihre Lehrveranstaltungen zum Bearbeiten nutzten! Sie könnten eine regelrechte Revolution an sämtlichen Lehrinstituten dieser Republik entfachen! Nehmen wir an, Sie würden in jeder Sitzung konsequent nachfragen, sobald Sie etwas noch nicht recht verstanden haben. Sie kämen dadurch automatisch viel besser in Kontakt zum Thema. Das würde Ihnen das Lernen enorm erleichtern. Natürlich können Sie sich während der Veranstaltungen immer wieder an Ihren Dozenten wenden. Aber zapfen Sie ruhig auch mal das Wissen Ihres Sitznachbarn an. Auch nach der Veranstaltung ist es noch möglich, die fehlenden Lücken zu schließen: Sprechen Sie den Dozenten an, schreiben Sie ihm Ihre Fragen per Mail, gehen Sie in seine Sprechstunde. Gut möglich, dass Sie ihn irgendwann furchtbar damit nerven. Dafür wird er bezahlt. Aber noch mehr werden Sie ihn damit erfreuen, denn Sie zeigen Interesse an seinen Themen. Und wenn Ihnen das alles zum Verstehen immer noch nicht ausreicht, müssen Sie sich wohl oder übel auch mal nach der Veranstaltung hinsetzen und sich mit dem Stoff beschäftigen. Das bedeutet: Das Skript lesen, im Lehrbuch nachschlagen, im Internet nach weiteren Hinweisen suchen, … Und wenn Sie Ihrem Verständnisprozess zusätzlich noch mal einen Kick geben wollen, dann verlegen Sie Ihre Nachbereitung doch einfach in eine Arbeitsgruppe. Sie werden dort viele neue Sichtweisen und Aspekte des Themas kennenlernen. Darüber hinaus lernen Sie, in der Gruppe frei zu sprechen und können gegebenenfalls offen gebliebene Fragen als Gruppe an den Dozenten richten. Scheuen Sie sich beim Nachbereiten auch nicht davor, mal ein paar Seiten im Skript voraus zu lesen. Sie legen damit schon den Grundstein für das Verstehen der neuen Themen, die bald auf Sie zukommen werden.

Bearbeiten heißt schreiben

Sie tun sich einen großen Gefallen, wenn Sie festhalten, was Sie verstanden haben. *Nur* das, was Sie verstanden haben. Zwar schreiben die meisten Studenten mit. Sie versuchen aber nur genau das festzuhalten, was der Professor sagt und nicht das, was sie davon verstanden haben. Ein solches lückenloses Mitschreiben ist sehr mühsam und nicht effektiv. Zum einen schaffen sie es meistens nicht, alles ohne Informationsverlust mitzuschreiben. Zum anderen fällt ihnen das Zuhören beim Schreiben schwerer, sodass sie oft nicht viel verstehen können. Außerdem produzieren sie innerhalb eines Semesters hunderte von Seiten Papier. Alles Material, das sie am Ende zusätzlich zum Skript entschlüsseln müssen, weil so gut wie nichts bei ihnen hängen geblieben ist.

Wenn zur Lehrveranstaltung, die Sie gerade besuchen, irgendwelche Unterlagen existieren – ein Skript oder die Präsentation des Dozenten –, nutzen Sie diese als Grundlage ihres Bearbeitungsprozesses. Legen Sie die ausgedruckten Unterlagen in der Lehrveranstaltung vor sich hin oder rufen Sie sie auf Ihrem Laptop auf. Machen Sie das Dokument des Dozenten zu Ihrem Exzerpt – noch in der Veranstaltung. Suchen Sie die Stelle im Skript, über die der Dozent gerade spricht. Und schreiben Sie genau dort nieder, was Sie *zusätzlich* zu dem, was da steht, verstanden haben. Kommentare, Symbole, Einwände, Parallelen, farbige Ergänzungen – folgen Sie Ihrem eigenen Gestaltungswillen. In der Vorlesung wird das Skript zum Kritzelblock oder Sie ergänzen die Präsentation im Computer mit einer Kommentarfunktion. Sie müssen dadurch in der Veranstaltung letztlich weniger schreiben. Und wenn Sie das bearbeitete Skript später für die Klausurvorbereitung lesen, werden Sie feststellen, dass sich auf den Seiten durch Ihre Bemerkungen mehr Abrufreize befinden als im ursprünglichen Skript. Ihre Erinnerung wird es Ihnen danken.

Wenn Sie sich in einer Veranstaltung das Ziel setzen, ein Thema möglichst gut zu verstehen und die neuen Erkenntnisse irgendwie aufzuzeichnen, werden auch die langweiligsten Lehrveranstaltungen äußerst kurzweilig. Weil Sie selbst aktiv sind. Sie hören aktiv zu, weil Sie ja die neuen Aspekte im Skript identifizieren oder ergänzen möchten. Und Sie werden ein besseres Gefühl dabei haben, weil Sie wissen, dass Sie jetzt schon etwas für die nächste Klausur tun. Nutzen Sie alle Gelegenheiten, um im Seminar aktiv zu werden. Das bringt Sie enger in Kontakt mit dem Thema und erleichtert Ihren Lernprozess. Auch wenn das furchtbar streberhaft klingt: Übernehmen Sie ein Referat oder stellen Sie ein Projekt zum Thema vor, gehen Sie in die Übungen, nehmen Sie an Exkursionen teil. Was Sie selbst gesehen haben, davon können Sie sich auch schneller ein Bild machen. Was Sie anderen erfolgreich präsentieren, wird Ihnen auch in der Klausur gelingen. Aber nicht um ein besserer Streber zu werden, sollten Sie aktiv werden. Sondern weil Sie *verstehen* wollen.

D. Lernen für den Showdown

Mirco studiert Bauingenieurwesen und ist froh, dass er das letzte Semester ganz ordentlich über die Bühne gebracht hat. Nur die Klausur in Massivbrückenbau hat er nicht bestanden. Das ist für ihn aber nicht weiter tragisch, denn er hatte sowieso kaum Zeit ins Lernen investiert. Auch jetzt ist die Zeit wieder knapp geworden. Die Semesterferien sind in drei Wochen um, dann findet die Nachklausur statt. Immerhin hat er sich eine Woche früher als geplant von seinem Job in der Druckerei eine Auszeit genommen, damit er für die Klausur lernen kann. Zuerst hat er das gesamte Material, die Mitschriften, die Lehrbuchkapitel, die vom Professor angebotenen Skripten und einen Stapel alter Klausuren zusammengesucht. Die Haufen liegen nun auf seinem Schreibtisch. Jetzt steht er vor der wichtigsten aller Fragen: Wie soll er vorgehen?

Was würden *Sie* an Mircos Stelle tun? Mit welcher der folgenden Strategien würden Sie die Sache angehen?

1. Würden Sie sich das Lehrbuch schnappen und gleich mit dem Lesen beginnen?
2. Würden Sie zum Skript des Professors greifen und Seite für Seite bearbeiten, d.h. wichtige Stellen darin markieren, das Skript aus Ihren Mitschriften ergänzen, bei Unklarheiten im Lehrbuch nachschlagen…?

3. Würden Sie sich zuerst Ihre Mitschriften vornehmen und erst danach das Skript oder das Lehrbuch konsultieren?
4. Oder setzen Sie sich lieber gleich an die alten Klausuraufgaben und versuchen, diese zu beantworten?

Alle vier Möglichkeiten gehen davon aus, dass Sie (bzw. Mirco) die bisherigen Phasen des Lernprozesses (Entscheiden, Überblicken und Strukturieren) irgendwie durchlaufen haben und dass Sie sich jetzt noch einmal intensiv mit dem Stoff beschäftigen möchten. Da Sie bereits eine Lehrveranstaltung zum Thema besucht haben, werden Ihnen viele Inhalte bekannt vorkommen. Ihre Aufgabe ist es nun, beim Bearbeiten des Stoffes Ihre Lücken zu schließen. Das heißt, den Stoff nach Zusammenhängen zu durchforsten, die Sie noch nicht ganz verstanden haben. Seien Sie ruhig gründlich, aber freuen Sie sich auch, wenn Sie auf etwas Neues stoßen, mit dem Sie Ihren Wissensschatz ergänzen können.

Strategie 1: Mit dem Lehrbuch beginnen

So verlockend die Autorität eines Lehrbuchs auch immer sein mag, so wenig raten wir Ihnen zu dieser Strategie. Sie vergeben dadurch nämlich die Chance, beim Lernen an Informationen anzuknüpfen, die Ihnen bereits vertraut sind. Der Wiedererkennungswert von Lehrbuchinhalten ist viel geringer als der von eigenen Mitschriften und Vorlesungsskripten, die Sie schon mal durchgeblättert haben. Und selbst wenn Sie beim Lesen des Fachbuches alles verstehen, werden Sie sich trotzdem nicht alles merken können. Viel effektiver wäre es da, wenn Sie Ihre Lesefrüchte in einem Exzerpt sammelten.

Strategie 2: Mit dem Skript der Vorlesung beginnen

Wenn Sie sich beim Einstieg an das Vorlesungsskript halten, orientieren Sie sich gleichzeitig an der Struktur der Lehrveranstaltung. Diese Struktur unterstützt das Lernen und meistens hängen auch die Klausurfragen mit dem Aufbau der Lehrveranstaltung zusammen. Ausgehend vom roten Faden der Veranstaltung können Sie nun das Thema ausweiten bzw. vertiefen – je nachdem, wie viel Interesse oder Zeit Sie haben. Auch bei dieser Methode steht am Ende der Bearbeitungsphase ein Exzerpt. Wenn Sie es vor den Prüfungen mehrmals durchgehen, werden Sie mehr Sicherheit gewinnen.

Strategie 3: Mit den eigenen Mitschriften beginnen

Dies ist vielleicht der beste Weg, um in Kontakt zum Thema zu kommen. Aber nur, wenn Ihre Mitschriften ohne Lücken und sehr gründlich sind. Außerdem ist bei Klausuren Vorsicht geboten: Hier können auch Themen erfragt werden, die über die Inhalte der Vorlesung hinausgehen. Ganz sicher lohnt es sich, die Mitschriften als Grundlage für ein Exzerpt zu nehmen. Sie werden einfach ergänzt oder aber auf das Wesentliche gekürzt.

Strategie 4: Mit alten Klausuren beginnen

Wenn Sie Ihren aktuellen Wissensstand ausloten wollen, sollten Sie sich an alte Klausuren setzen. Allerdings werden sie Ihnen keinen Aufschluss darüber geben können, ob Sie bereits das gesamte Thema verstanden haben. Es sei denn, Sie gehen sehr viele alte Klausuren durch, die wirklich das ganze Thema abdecken. So bereiten sich die meisten Medizinstudenten auf große Multiple-Choice-Klausuren vor. Darüber hinaus sollten Sie unbedingt auch eine systematische Präsentation des Themas konsultieren. Zum Beispiel ein Lehrbuch. Dadurch testen Sie Ihr Wissen nicht bloß stichprobenartig, Sie haben die ganze Fläche des Themas vor Augen. Dadurch werden Sie auch die letzten Wissenslücken rasch geortet haben.

Hilfreiche Methoden für die Bearbeitungsphase

Erteilt man Studenten den Auftrag, einen Text zu bearbeiten, dann reagieren die meisten darauf so: Sie lesen ihn. Und wenn Studenten lesen, dann sind sie fast immer unzufrieden. Entweder, weil es mit dem Lesen zu langsam geht oder weil sie insgeheim die Sinnhaftigkeit ihres Tuns anzweifeln: Das habe ich ja sowieso gleich wieder vergessen. Und leider haben sie Recht. Wer nur liest, verschwendet Zeit und Energie.

Wissenschaftliches Lesen wird beharrlich mit dem rein unterhaltenden Lesen (von Werder 1995, S. 13) verwechselt. Mit frustrierenden Folgen. Lese ich einen Roman, dann brauche ich keine „Hilfsmittel" dafür, außer einer Brille vielleicht. Ich beginne meine Lektüre vorne und ganz ohne spezielle Vorbereitung. Ich lese jeden Abschnitt in aller Regel nur einmal, solange ich mich dadurch im Flow der fiktiven

Narration befinde. Wenn mich etwas am Text stört, überlege ich mir, ob ich das Buch in die Ecke feuere oder mich bis zur nächsten spannenden Stelle durchquäle. Kaum jemand würde „Michel in der Suppenschüssel" durchlesen und sofort ein ausführliches Exzerpt anfertigen. Es sei denn, er hätte ein „professionelles" Interesse an der Lektüre, weil er beispielsweise Kinderbuchforscher ist. „Wissenschaftliche" Leseverwertung macht jedenfalls nur im passenden Kontext Sinn.

„Wissenschaftliches Lesen" unterscheidet sich von der „unterhaltenden" Lektüre (z.B. von fiktionalen Erzähltexten) in allen genannten Punkten und ist genau genommen eine sehr freundliche Formulierung für „Fachbücher benutzen". Fachbücher müssen „gefleddert" werden, d.h. man durchforstet sie nach Material für die eigene Fragestellung. Deshalb ist es sinnvoll, eine Lesevorbereitung einzuplanen, sich zunächst also einen Überblick zu verschaffen, mit welchem Text man es zu tun hat (Aufbau, Genre, etc.). Beim Lesen sollte man sich Hilfsmittel zum Markieren bereit legen (Stifte, Marker, Klebezettel). Oft macht dann das Exzerpieren einen weiteren Lesedurchgang notwendig. In einer Lesenachbereitung kann schließlich der Leseerfolg kontrolliert werden. Der letzte Schritt des wissenschaftlichen Lesens vor der Prüfung ist die Leseverwertung. Sie dient dazu, die für die Prüfung relevanten Zusammenhänge in eine schriftliche Form zu bringen, so dass sie in der abschließenden Wiederholungsphase bequem repetiert werden können.

Lesen zum Wachwerden

Die bekannteste Methode des wissenschaftlichen Lesens ist die ME-Methode: Markieren-Exzerpieren (von Werder 1995, S. 31). In vielen Studienfächern empfiehlt es sich jedoch, Lesetechniken anzuwenden, die noch differenzierter sind, weil sie den Leser dazu auffordern, zunächst selbst Fragen zu formulieren, die er durch das anschließende Lesen beantwortet (von Werder 1995, S. 32). Lesetechniken dieser Art mögen zwar mit mehr Aufwand verbunden sein, sie unterstützen aber die Prüfungskandidaten darin, Textinhalte nicht einfach stur zu wiederholen, sondern eigenständig Gedanken und Anwendungen zu formulieren. In manchen Fächern ist die Prüfungsvorbereitung vergleichbar mit einem wissenschaftlichen Forschungsprozess, der Aufschluss zu bestimmten Fragestellungen geben soll. Wenn ich in meiner Vorbereitung ganz gezielt bestimmte Fragen beantworten muss oder eine bestimmte These durch Sekundärliteratur zu stützen versuche, werde ich anders mit der Fachliteratur umgehen, als wenn ich mich unverbindlich in ein Thema einlese. Wenn ich mir in der Vorbereitung ein Thema nicht persönlich aneigne, kann es mir in der Prüfung leicht passieren, dass ich zwar von der Formel, die ich gelesen habe, weiß, sie aber nicht wiedergeben kann. Um mich an die neue Formel erinnern und sie anwenden zu können, muss ich sie vorher schon mal angewendet und ein paar harte Nüsse damit geknackt haben. Wenn das der Fall ist, bin ich auch gut vorbereitet.

Exzerpieren – aber richtig

Eifrige Studenten sind fast ständig am Schreiben. Sie wollen alles festhalten, was sie gehört haben. So entstehen ewig lange Schmierzeilen, die zum Lernen oft nicht zu gebrauchen sind, weil sie in aller Regel zu wenig strukturiert und überdies unleserlich sind. Gerne stellen wir Ihnen ein paar Alternativmethoden vor:

- *Glossar*: Wild durcheinander wirbelnde Fremd- und Fachbegriffe erschweren die Orientierung im Studium. Ein Glossar zähmt sie. Sammeln Sie Schlüsselworte und Fachbegriffe aus Ihren Lehrveranstaltungen und übertragen Sie sie in ein extra dafür angelegtes Oktav-Heft. Fachbegriffe sind wie Vokabeln, die man zusammenträgt und übersetzt, um sie anschließend lernen zu können. Jeder Fachbegriff sollte dabei eine möglichst treffende und verständliche Erklärung oder Beschreibung erhalten. Vor der Prüfung können Sie das erarbeitete Glossar mit den wichtigsten Definitionen noch ein paar Mal durchgehen, bis alles „sitzt".
- *Karteikarten:* Die Bearbeitungsphase ist der richtige Zeitpunkt, um den Stoff auf Karteikarten zu übertragen. Wenn Sie ihn beim Durcharbeiten verstehen und gleich in knapper Form auf nicht allzu große Karteikarten schreiben, können Sie das ausführliche Material hinter sich lassen. In den letzten Phasen Ihres Lernprozesses reicht es dann völlig, wenn Sie nur noch mit Ihren Karteikarten lernen.
- *6W-Fragen-Exzerpt*: In manchen Fächern ist es möglich, die einzelnen Themen jeweils mit den 6 Grundfragen zusammenzufassen: Wer? (z.B. welcher Theoretiker oder Experte) hat wann? (zu welcher Zeit) wo? (in welchem Diskurs) was? (seine Grundaussagen) warum? (Begründung seiner Standpunkte) wie? (in welcher Form) gesagt? Wer nach dieser Methode seinen Stoff zu strukturieren versteht, verfügt in den 6W-Fragen auch später in der Klausur

oder in der mündlichen Prüfung über ein wichtiges rhetorisches Grundmuster, mit dem er gut argumentieren kann.

- *Thesen formulieren:* Material zu einem Thema zu finden, ist dank des Internets keine Kunst mehr. Aus der Fülle an Informationen die wichtigsten auszuwählen und komprimiert zusammenzustellen, ist dagegen schon eher eine. Haben Sie schon mal versucht, seitenlange Listen von Einzelinformationen dadurch zu reduzieren, dass Sie Thesen formulieren? Thesen sind Grund-*Aussagen* (also keine Fragen), die kurz und pointiert formuliert sein sollen. Sie enthalten auch keine Begründungen (weil, da, damit,…) und sind am besten nur ein bis drei Zeilen lang. Höchst wahrscheinlich lässt sich jedes Themengebiet mit fünf bis zehn Thesen recht umfassend beschreiben. Bedenken Sie dabei aber auch, dass Sie jede These begründen können müssen. Dazu sollten Sie nach Anfertigung des Thesenblatts auch noch ein Begründungsblatt für jede einzelne These anlegen. Dort gehören die wichtigsten Zusammenhänge hin. Für die Prüfung zu lernen bedeutet dann: Die Thesen auswendig lernen und sie mit Hilfe der Begründungsaspekte begründen. In mündlichen Prüfungen sind die Prüfer oft sehr dankbar für Thesenpapiere, denn über prägnante Aussagen lässt sich meistens sehr lebendig diskutieren. Unternehmen Sie auch mal den Versuch, mit einem Thesenpapier einen Theoretiker oder Autor darzustellen, eine Theorie zu umschreiben oder eine Denkrichtung zu systematisieren.
- *Alle Lügen und alle Wahrheiten:* Diese Methode eignet sich gut für einen ersten Einstieg in das Thema. Schreiben Sie alle Falschaussagen und alle zutreffenden Aussagen über das Thema nieder, die sie bereits gelesen haben oder die Ihnen einfallen. Danach haben Sie zwar noch nicht jeden Aspekt des Themas kennengelernt, wissen aber schon, wo die spannenden Knackpunkte liegen.
- *Summary, Klappentext, Anzeigentext:* Schreiben Sie über Ihr Thema einen kurzen, aber überzeugenden Text im Stil der drei genannten Formate. Beachten Sie dabei, dass Ihre Texte so verfasst sind, dass sie andere dazu motivieren, einen bestimmten Artikel oder ein spezielles Buch zu lesen oder sich einer bestimmten Meinung anzuschließen. Sie lernen dabei, in knappen, klaren Worten Stellung zu beziehen. Und das müssen Sie auch in der Prüfung tun.
- *Wissenschaftliches Journal:* Viele Forscher arbeiten mit dem wissenschaftlichen Journal, in das sie ihre Ideen, ihre Fortschritte und Zwischenergebnisse eintragen. Es ist der schriftliche Niederschlag

ihres Forschungsprozesses. Im Gegensatz zu einer losen Blattsammlung, die nach und nach mit Schwund zu kämpfen hat, bietet eine fest gebundene Kladde enorme Vorteile. Als Buch mit leeren Seiten verändert sie das Schreiben. Sie macht den eigenen Text wertvoller und verleiht Ihrem Lernprozess mehr Gewicht. Das wissenschaftliche Journal lässt sich auch bei der Prüfungsvorbereitung einsetzen. Schreiben Sie alle Lernergebnisse in diese Kladde und achten Sie drauf, dass Sie an jedem Tag etwas schreiben. So wird aus dem wissenschaftlichen Journal ein Niederschlag Ihres persönlichen Lernprozesses in einem bestimmten Fach. Es lohnt sich, diesen Prozess vor den Prüfungen noch einmal zu rekapitulieren.

Das Exzerpt als Zwischenstation

Am Ende der Bearbeitungsphase haben Sie es geschafft: Der ebenso umfang- wie beziehungsreiche Prüfungsstoff liegt vor Ihnen, reduziert auf wesentliche Aussagen. Damit haben Sie etwas Eigenes abgeschlossen, die systematische Verschriftlichung der für Ihre Prüfung relevanten Zusammenhänge. Ihr persönliches Exzerpt, ein Konzentrat des Stoffes, das im günstigsten Fall ganze Lehrbücher und Skripten für den weiteren Prüfungsvorbereitungsprozess ersetzt. Wenn Ihre Vorbereitung nach Plan verlaufen ist, sollte der Umfang Ihres Exzerpts erheblich geringer ausfallen als alle von Ihnen benutzten Skripten und Lehrbücher zusammen. Das Exzerpt markiert zwar noch nicht das Ende Ihres Lernprozesses, aber es ist eine Zwischenstation auf dem Weg vom „kompletten" Lehrtext hin zu Ihrer persönlichen „Im-Kopf"-Version. Es ist eine Leseverwertung und zugleich der Beleg dafür, dass Sie die Zusammenhänge verstanden haben. Das Material wurde von Ihnen umgewandelt. Und das hinterlässt bereits Spuren im Gedächtnis. Ihr Exzerpt ist wie eine Stichwortliste für einen Vortrag: Alles, was Sie vom Thema verstanden haben und was Sie mit ihm verbinden, hat sich an die einzelnen Notizen geheftet. Darum zählt nun auch nicht mehr die Form Ihrer schriftlichen Zusammenfassung, sondern einzig, dass Sie diese angefertigt haben. Ihr Exzerpt dokumentiert letztlich Ihre persönliche Entwicklung. Es geht um *Ihr* Zwischenergebnis, *Ihre* Auswahl, *Ihre* Wortwahl, vielleicht sogar um *Ihre* Schrift. Die schriftliche Zusammenfassung fördert das Erinnerungsvermögen, weil das Gehirn die geschriebenen und gesprochenen Informationen an jeweils unterschiedlichen Orten und in verschiedener Weise verarbeitet und abruft (Shacter 2001, S. 111). Wenn Sie nun auch noch daran gehen, die Inhalte Ihres schriftlichen Exzerpts mündlich zu wiederholen, werden sie im Gehirn doppelt kodiert sein. In der Prüfung können Sie dann das Gelernte sicherer aufrufen, weil die Informationen doppelt verankert sind. Die Abrufreize werden Sie also auf verschiedenen Wegen erreichen. Sie können sich vielleicht besser daran erinnern, was Sie dazu aufgeschrieben haben. Aber vielleicht kommen Ihnen auch eher jene Informationen wieder in den Sinn, die Sie sich halblaut beim Einprägen des Skriptes vorgesagt haben.

Checkliste für die Bearbeitungsphase

- ✓ Markieren Sie die „weißen Flecken" Ihres Prüfungsstoffes und legen Sie schriftlich fest, bis wann Sie die noch unbekannten Gebiete erforscht haben werden.
- ✓ Erkundigen Sie sich nach typischen Prüfungsfragen und nach dem Notenspektrum Ihres Prüfers.
- ✓ Übertragen Sie den Stoff, den Sie bearbeitet haben, in neue Formate: Zusammenfassungen, Exzerpte und Karteikarten. Damit geben Sie ihm eine persönliche Note.
- ✓ Schauen Sie sich morgen die Aufzeichnungen an, die Sie heute zu einem bestimmten Stoffgebiet angefertigt haben. Verstehen Sie noch alles, was Sie niedergeschrieben haben?
- ✓ Sprechen Sie mit jemandem außerhalb Ihres Fachgebietes über das Thema. (Können Sie sich verständlich machen?)
- ✓ Setzen Sie sich für die Bearbeitungsphase eine zeitliche Grenze. In jedem Fachgebiet werden Sie immer wieder auf Themen stoßen, die Ihnen noch fremd sind. Die Prüfung kommt jedoch unaufhaltsam auf Sie zu und es warten noch zwei wichtige Vorbereitungsphasen auf Sie.
- ✓ Stellen Sie sich vor, Sie bekommen ein Flugticket geschenkt und dürfen an einen Ort Ihrer Wahl reisen, an dem Sie sich ungestört und mit voller Aufmerksamkeit Ihrem Lernstoff widmen können. Wohin geht die Reise? Warum gerade dorthin?

5. Schritt: Wiederholen

A.   Kurzzeit ohne Gedächtnis

Kurz vor der Prüfung vollzieht sich an vielen Studenten eine eigenartige Verwandlung. Mit einer Hast, die der eines Spions vor seiner unmittelbaren Enttarnung gleicht, stürzen sie sich auf den Lernstoff, um noch so viel wie möglich davon aufzusaugen. Sie sind getrieben von der verzweifelten Hoffnung, dass er lange genug im Kopf bleibt. Quantität statt Qualität – so jedenfalls sieht der Plan vieler Studierender für ihre Prüfung aus. Damit lassen sie sich auf ein Abenteuer mit völlig offenem Ausgang ein. Denn der unerschütterliche Glaube ans Kurzzeitgedächtnis ist das Festhalten an einem Mythos, der sich bis heute hartnäckig hält. Zwar ist das sogenannte Kurzzeitgedächtnis tatsächlich ein effektives Arbeitswerkzeug, aber es kann sich nur wenige Informationen behalten – und diese höchstens ein paar Minuten lang (Markowitsch 2002, S. 85). Nach dem Blick ins Lehrbuch eine kleine Pause, ein rasches Telefonat oder ein kurzer Bericht in den Nachrichten – und schon ist das Arbeitsgedächtnis wieder randvoll mit neuen Informationen. Die Folge: Alles, was vom Lernstoff nicht irgendwie noch schnell ins Langzeitgedächtnis gewandert war, ist schon wieder verschwunden. Natürlich gibt es die Erfahrung, dass manches auch einen Tag später noch recht präsent ist. Aber das liegt daran, dass man sich an das zuletzt Gelernte immer am besten erinnern kann. Auch die Vorstellung, beim Wiederholen könnte man den Stoff „fotografieren" und wie ein Bild an einem bestimmten Ort im Gehirn speichern, ist keine verlässliche Lösung. Erinnerungen sind eben nicht einfache Bilder oder gar Datenbits, mit denen man sich den Kopf vollstopfen kann und die an einer bestimmten Stelle des Gehirns gelagert werden. Es verhält sich anders: In verschiedenen Teilen des Gehirns werden verschiedene Aspekte einer Information oder eines Erlebnisses aufbewahrt und durch ein spezielles Gedächtnissystem miteinander verbunden, das tief in den inneren Strukturen unseres

Gehirns verankert ist (Shacter 2001, S. 28). In der Wiederholungsphase geschieht im Gedächtnis also prinzipiell das Gleiche wie in der Bearbeitungsphase: Die neuen Informationen werden mit dem bisherigen Vorwissen zuverlässig verknüpft.

Schlafen gegen das Vergessen

Das Vergessen gilt als der Erzfeind des Studiums. Was genau ist dieses „Vergessen" eigentlich? Verschwindet das, was ich einmal sicher gelernt habe, einfach aus meiner Erinnerung? Oder ist auch diese Vorstellung nur ein Mythos aus einer Zeit, als man sich das Hirn noch als eine Art Lagerraum vorstellte? Bei Bedarf wurde das gesuchte Detail wieder herausgeholt und vorgezeigt. Wenn man es dort nicht mehr fand, musste es verloren gegangen sein. Eine solche geistige Inkontinenz ist in Prüfungen natürlich eine peinliche Angelegenheit.

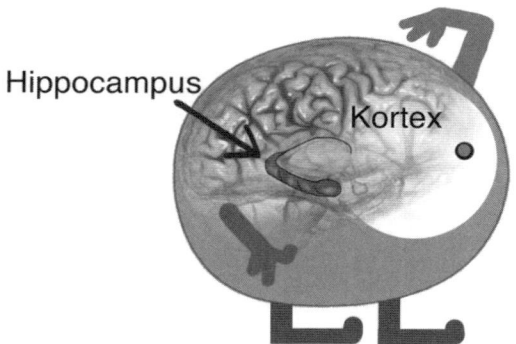

Aber das Vergessen ist nicht einfach das Gegenteil von Lernen, kann also nicht als „Verlust" eingelagerter Informationen verstanden werden. Schon gar nicht ist Vergessen eine Form geistiger Aktenvernichtung, also ein aktives und endgültiges Unbrauchbarmachen bestimmter Informationen im Gehirn. Vergessen im Studium ist vielmehr eine Form missglückten Lernens. Wir erlernen bedeutsame Informationen und speichern sie auf einer Art Landkarte in unserem Gedächtnis (Spitzer 2000, S. 267). Dies geschieht jedoch über eine Zwischenstation, den Hippocampus. Diese Gehirnregion kann sehr schnell neue Informationen aufnehmen und sie an die Großhirnrinde (Kortex) zur dauerhaften Verknüpfung weitergeben. Der Kortex kann zwar viele Informationen speichern, braucht dafür aber sehr viel Zeit. Er muss sich mehrmals mit den neuen Eindrücken beschäftigen, um sie vielfältig zu verknüpfen. Der Hippocampus liefert deshalb die zwischengespeicherte Information gleich mehrmals an den Kortex, damit dieser Gelegenheit hat, daraus einen stabilen Wissensinhalt zu machen. Übrigens: Diese repetitive Darbietung geschieht vor allem im Schlaf. Deshalb ist der Schlaf für das Lernen auch sehr wichtig. Der Hippocampus ist die bedeutendste Lerninstanz des Gehirns. Er hat nur einen Nachteil: Seine Aufnahmekapazität ist begrenzt, so dass es beim Lernen zu einem Wettlauf zwischen dem Zerfall neu gelernter Informationen im Hippocampus und den auf dauerhafte Sicherung angelegten Lernprozessen im Kortex kommt (Spitzer 2000, S. 222). Informationen, von denen wir behaupten, wir hätten sie wieder vergessen, haben wahrscheinlich „nur" diesen Wettlauf verloren. Sie sind nicht im Kortex gespeichert worden, bevor der Hippocampus sie zu Gunsten neuer Informationen ersetzt hat. Folglich sind sie auch nie im eigentlichen Sinne gelernt worden. Wie gelernt – so vergessen.

Gereizte Erinnerungen

Natürlich kann man sich über die eigene Vergesslichkeit ärgern. Aber wie schnell verliert man darüber den Blick für die enorme Leistungsfähigkeit des Gehirns. Wenn Sie sich klar machen, wie viele neue Informationen im Laufe eines Tages auf Sie einströmen, können Sie sich vielleicht vorstellen, dass sich das Gehirn regelrecht davor schützen muss, zu viel zu „lernen" (Beck 2003). Es ist gar nicht dazu in der Lage, die ganze Flut an Daten zu verarbeiten. Deshalb ist es ständig damit beschäftigt, Wichtiges von Unwichtigem zu unterscheiden und nur diejenigen Informationen zu verankern, die sich sinnvoll einordnen lassen. Manchmal fällt einem aber auch das Erinnern von Dingen schwer, die man garantiert schon mal gewusst hat. Lernen umfasst genau genommen zwei Schritte: Die neuen Informationen müssen nicht nur ins Gedächtnis hinein, sie müssen auch wieder abgerufen werden können (Stelzer-Rothe 2005, S. 51). Unser gespeichertes Wissen lässt sich mit einem großen Archiv vergleichen, in dem unser Denken ständig versucht, die richtige Karteikarte zu finden. Der Suchauftrag erfolgt in Form eines sogenannten Abrufreizes – und schon geht's los. Am leichtesten lässt sich die gesuchte „Karte" wiederfinden, wenn dem Gedächtnis der Weg bekannt ist, der zu ihrem Ablageort führt. Optimal ist es, wenn es mehrere Verbindungswege zu der Karte gibt. Karten bzw. Informationen, die schon lange nicht mehr benötigt wurden, sind dabei natürlich schwerer zu finden, denn die „Zugangswege" sind mittlerweile eingeebnet und nicht mehr erkennbar. Das, was wir glauben vergessen zu haben, ist vielleicht noch da – nur die Zugangswege sind verstellt, vergessen oder verblasst. Jetzt bedarf es eines geeigneten Reizes.

Mit der Beharrlichkeit eines Kristallzüchters

Man könnte den Lernprozess auch als Akt einer permanenten Konfrontation auffassen: Ihr zu einem bestimmten Thema bereits vorhandenes Wissen wird beim Lernen ständig mit den neuen Informationen konfrontiert. Ziel dieses Vorgangs ist es, dass beide Seiten möglichst bald zueinander passen. Um den Prozess mit einem Bild auszudrücken: Ihr Wissen ist wie ein Kristall, der sich aus einer Salzlösung bildet. Irgendwann haben sich die ersten Moleküle an einen winzigen Fremdkörper gehängt und mit einander verkettet. Die Salzlösung schwemmt nun immer mehr Moleküle an, von denen nur die passenden in das Kristallgitter der bereits verbundenen Moleküle eingebaut werden. Der Kristall wächst. Mit jeder neuen Anschwemmung und Berührung der passenden und noch nicht verbauten Moleküle wird er größer. Vielleicht wird Ihnen am Bild des Kristalls die Aufgabe des Lernens in dieser Phase deutlicher. Es geht für Sie darum – bildlich gesprochen –, die übersättigte Lösung in Bewegung zu halten, damit Sie mit den neuen Informationen immer wieder in Verbindung kommen und davon die passenden in Ihre Denkstruktur einbauen können. Wenn Sie sich in dieser Phase das Exzerpt vornehmen und es mehrmals durchgehen, wird sich der Lernstoff mit Ihrem Wissen verknüpfen. Jeder Durchgang bringt erneut Bekanntes und Unbekanntes miteinander in Kontakt, so dass komplexere Gedächtnismuster entstehen. Das Wiederholen hat auch einen positiven Effekt für das Wiederfinden der Informationen, denn das Fachwissen, das als Engramm in unserem Gehirn bereits seine Spuren hinterlassen hatte, vertieft sich in der Wiederholungsphase mit jedem Lerndurchlauf. Und schließlich helfen Sie durch das Wiederholen auch Ihrem Hippocampus auf die Sprünge, denn er bekommt dadurch weitere Möglichkeiten, die noch nicht gefestigten Informationen im Schlaf zu verankern. Lernen ist ohne Wiederholung nicht möglich. Zwar bleiben manche Informationen auch schon beim ersten Hören hängen. Aber ob Sie sie dadurch schon gelernt haben, werden Sie erst dann wissen, wenn Sie in eine Situation geraten, in der Sie auf die neue Information rasch wieder zugreifen müssen.

Die Weisheit der Archivare

Wiederholen kann aber auch etwas Zwanghaftes bekommen. Und zwar dann, wenn man der Versuchung erliegt, den bereits gelernten Stoff immer wieder durchzugehen, um zu prüfen, ob er wirklich noch „da" ist. Häufig endet das in einer neurotischen Endlosschleife. Dahinter steckt ein verständlicher, aber verzweifelter Kontrollwunsch. Man kann plötzlich nicht mehr darauf vertrauen, dass der größte Teil des Gelernten bereits im Netzwerk des Gedächtnisses vorliegt. Aber das ist ja der Fall. Man braucht das Wissen bei Bedarf ja nur ins Bewusstsein zu rufen. Dagegen fördert ein ökonomisches Wiederholungsverhalten das Vertrauen in die eigenen Fähigkeiten. Anders gesagt: Weil ich weiß, dass ich mich immer nur mit einem oder zwei Aktenordnern beschäftigen kann, widme ich ihnen meine Aufmerksamkeit. Als mittlerweile geübter Archivar weiß ich ja, dass alle anderen Ordner im Archiv liegen, auf das ich jederzeit Zugriff habe. Ich könnte nun ständig panisch herumlaufen und nachsehen, ob ich sie noch alle habe, aber wenn ich das täte, müsste ich mich wirklich fragen: Hab' ich sie noch alle?! Wäre es nicht sinnvoller, wenn ich mich darin einübte, die richtigen Ordner schnell herbeizuschaffen? Dieser letzte Aspekt wäre jedenfalls ein angemessenes Ziel für die Wiederholungsphase. Vieles hängt davon ab, ob Sie Ihrem Gedächtnis trauen. Und natürlich sich selbst als Archivar.

B. Wiederholungsphasen gestalten

Wenn Sie beim Bearbeiten der neuen Informationen alle Verständnisfragen geklärt haben, befindet sich Ihr Gehirn in einem aufnahmefähigen Zustand. Es hat bereits jene Bedeutungslandkarten aktiviert, die zu den neuen Informationen passen. Zwar haben diese noch nicht ihren Platz im Gedächtnis gefunden und wurden auch noch nicht mit anderen, relevanten Inhalten verknüpft. Aber fürs Wiederholen ist das Gehirn trotzdem gut präpariert. Im Lernprozess ist erst jetzt Büffeln angesagt. Und zwar durchs Wiederholen. Das Gute dabei: Es kommt kaum noch neuer Stoff hinzu. Alles, was Sie sich jetzt einverleiben müssen, haben Sie bereits verarbeitet und verstanden. Jetzt muss es nur noch durch simple Wiederholung im Gedächtnis verankert werden. Sie tun gut daran, unmittelbar nach dem Bearbeiten eine Wiederholungsphase anzuschließen. Dann ist der Lernstoff im Gedächtnis noch „frisch", d. h. erreichbar. Wer die Sache dagegen schleifen lässt, wird sehr wahrscheinlich später noch mal einen Schritt zurückgehen und eine erneute Bearbeitungsphase dazwischenschalten müssen. Jetzt werden Sie merken, wie wichtig es war, dass Sie sich in der Bearbeitungsphase eine gute Zusammenfassung geschrieben haben. Sie kommen mit dem Wiederholen schneller durch. Ihre Karteikarten und Stichwortlisten erleichtern Ihnen das reduzierende Lernen: Karten oder Stichworte, die Sie bereits sicher im Kopf haben, fliegen sofort aus dem Stapel. Sobald Sie auch noch die letzte Karte abgehakt haben, können Sie sich beruhigt sagen: Ich hab´s geschafft! Ich kann alles.

Das können Sie haken

Vieles von dem, was Sie in Ihr Exzerpt übertragen haben, ist Ihnen vermutlich schon bekannt. Deshalb ist es sinnvoll, zunächst mal alles Bekannte mit einem hellen Marker anzustreichen. Das hilft Ihnen dabei, das bereits Bearbeitete mühelos wieder zu erkennen. Viele merken erst an diesem Punkt ihrer Vorbereitung, dass Sie doch schon eine Menge wissen. Danach müssen Sie sich nur noch das aneignen, was Sie noch nicht markiert haben. Diese Methode des Reduzierens hat einen großen Vorteil: Das Lernen hat ein definitives Ende. Und zwar dann, wenn ich am letzten Tag die letzten zehn Karteikarten oder die letzte Seite meines Exzerptes gelernt habe. Ich kann mit der Gewissheit in die Prüfung gehen: Ich habe den Stoff bearbeitet, ich habe ihn zusammengefasst und ich habe einmal alles gewusst. Diese Selbstvergewisserung ist sehr entlastend. Sie wird Ihnen den Gang in die Prüfung leichter machen.

Vom Teil zum Ganzen

Puzzeln beruhigt – wenn man sich mit Geduld und ohne Zeitdruck ans Zusammensetzen der Einzelteile macht. Mit der Wiederholungsphase in der Prüfungsvorbereitung ist es ganz ähnlich. Sie arbeiten am Gesamtbild Ihres jeweiligen Themas. Und das kann wirklich sehr befriedigend sein. Die immer wiederkehrende Beschäftigung mit dem Stoff, das Durchstreichen, Unterstreichen, Herausschreiben, Zusammenfassen, Visualisieren in Grafiken – anders gesagt: Die ganze Palette kreativer Lerntätigkeiten holt die noch nicht eingefügten Puzzleteile immer wieder vor Augen und damit ins Bewusstsein. Wie bei einem 10.000-Teile-Puzzle werden auch hier die „Teile" immer weniger, weil jedes angefügte Teil zu einer höheren Übersichtlichkeit der übrig gebliebenen Stücke führt. Immer mehr relevante Inhalte werden in das Gesamtmuster eingesetzt, das in den vorangegangenen Phasen entwickelt wurde. Das eigene Bild des Prüfungsstoffes wird dadurch vervollständigt – genau wie das Puzzle. Es bekommt mehr Einzelheiten und wird konkreter. Aber nicht nur das Wissen verändert sich durch diese Prozesse, auch das Denken wird durch die stärkere Kategorisierung der Informationen prägnanter. Weil die Welt, die ich in meinem Kopf durchs Lernen konstruiere, immer kohärenter, geordneter und durchschaubarer wird, finde ich mich darin auch besser zu Recht (Markowitsch 2002, S. 113).

Die eigenen Grenzen kennen

Haben Sie schon mal acht Stunden ohne Pause gepuzzelt? Wenn ja, dann haben Sie Ihre Schäden mittlerweile hoffentlich im Griff. Acht

Stunden Qualitätsarbeit unter höchster Konzentration, noch dazu ohne Pause, Tag für Tag, auch am Wochenende – was hierzulande arbeitsrechtlich verboten ist, erwarten viele Studierende von ihrer eigenen Lernleistung. Und zwar aus dem Stand. Was aber bringen diese gnadenlosen Ansprüche?

In der Wiederholungsphase arbeitet Ihr Gehirn mit voller Leistung daran, die vielen Informationen im Gedächtnis sicher zu verankern. Das ist über mehrere Tage hin aber nur möglich, wenn Sie ihm auch Pausen gönnen. Wie viele und in welchem Rhythmus? Dafür gibt es kein Patentrezept. Sie lernen ja – obwohl es manchmal anders scheint – keine bloßen Abbildungen, Sätze oder Worte. Ihre Erinnerungen bestehen aus Begriffen, die – wie das Wort sagt – „begriffen" wurden. Neue Erfahrungen drängen darauf, sich aktiv in das Netzwerk Ihres Gedächtnisses einzubinden. Intensives Lernen versetzt einen manchmal sogar regelrecht in einen Rausch. Gerade dann, wenn es gut läuft, werden die Pausen vergessen. Je nachdem wie und was Sie lernen, kann es sinnvoll sein, nach einer halben oder erst nach zwei Stunden eine Pause einzulegen. Aber denken Sie daran: Wer viel leisten will, muss auch viele Pausen machen und einen Ruhetag in der Woche einlegen.

Beim Fensterputzen Kant durchschaut

Ihr Gehirn arbeitet auch dann noch weiter, wenn Sie bereits am Relaxen sind. Die letzten Informationen suchen sich noch ihren Platz, auch wenn Sie schon am Kühlschrank stehen oder aus der Haustüre gehen. Wie füllt man seine Pausen am sinnvollsten und unterstützt damit die Verarbeitung des Gelernten? Eine Faustregel besagt: Bewegung statt kognitiver Leistung. Ein Spaziergang im Park, bei dem jeweils einige Karteikarten zum Einsatz kommen, unterstützt das Lernen und kann gut in das Tagespensum eingebaut werden. Jogger berichten, dass sie sich durch das Laufen nicht nur abreagieren, sondern damit auch die Probleme und Fragen des Prüfungsstoffes in Bewegung setzen und sie laufend verarbeiten. Rasenmähen, Fensterputzen, Rosenschneiden, Fahrradreparieren, Bügeln, Kochen ... das alles sind weitere Bewegungsmöglichkeiten, bei denen das zuvor Gelernte noch mitgetragen wird und sich allmählich „setzen" kann. Nach einer halben Stunde können Sie nachladen, dann sind die nächsten 25 Karteikarten dran. Nicht selten werden die größten Kopfnüsse in Pausen geknackt. Wer dagegen seine Pausen damit füllt, dass er mal schnell ins Internet geht oder seinen Krimi weiterliest, klinkt sich aus dem Prüfungsprozess komplett aus. Das ist nicht zu empfehlen, weil durch diese Tätigkeiten wieder so viele neue Eindrücke verarbeitet werden müssen, dass sich das zuvor Gelernte gedanklich nicht einbinden kann.

Gemischte Kost gegen gemischte Gefühle

Wenn Sie sich auf die Prüfungen vorbereiten, brauchen Sie dringend Abwechslung. Lassen Sie sich doch zwischendurch einfach mal abfragen oder beschäftigen Sie sich in der zweiten Tageshälfte mit dem Stoff einer anderen Prüfung. Dabei sollten Sie allerdings darauf achten, auch mal eine andere Lernform zu wählen. Nicht empfehlenswert ist es, vormittags und nachmittags den Stoff für zwei Prüfungen zu wiederholen. Günstiger wäre es, eine Wiederholungs- und eine Bearbeitungsphase zu kombinieren.

Spätestens jetzt kommt Ihr Vorbereitungsprozess in die „heiße Phase". Die Prüfung rückt näher, die Schwächelphasen werden häufiger und die engsten Freunde gehen in Deckung. Bei vielen Kandidaten schlägt die Unzufriedenheit in wüste Selbstbeschimpfungen um: „Ich hab' viel zu wenig gemacht! Ich hab' zu spät angefangen! Ich bin zu dumm, zu langsam ...". Sie schlüpfen in die Rolle eines gnadenlosen Prüfers und fällen bereits vor der Prüfung ein vernichtendes Urteil über sich selbst. Damit haben sie ihren Ort im Prüfungsdreieck verlassen. Sie sind nicht mehr auf der Kandidatenseite, sondern springen auf die Seite des Prüfers. Hier ist Vorsicht geboten, denn die Prüfung droht zu kippen, wenn Sie Ihr Urteil über sich selbst nicht relativieren können.

Bleiben Sie sich treu

Es bringt nichts, den Blick ständig auf die eigenen Defizite zu richten. Damit setzen Sie sich permanent nur dem eigenen Negativurteil aus. „Konstruktiv" geht anders: Geben Sie weiter Ihr Bestes und überlassen Sie das Bewerten den Prüfern. Belohnen Sie sich für gute Lerntage. Aber bestrafen Sie sich nicht für schlechte. Halten Sie gerade jetzt an Freizeitaktivitäten fest und treffen Sie sich mit Leuten, die Ihnen gut tun. Sie sollten sich auch viel Zeit zum Schlafen nehmen. Schlafen ist keine verlorene Zeit. Schlafen fördert die Gedächtnisleistung, weil sich das Gehirn im ruhigen, tiefen Schlaf selbst „füttert"; zwischen verschiedenen Hirnregionen werden dann Informationen und Lernsignale ausgetauscht, die zur Festigung Ihres Wissens führen

(Markowitsch 2002, S. 117). Vom Lernen zu träumen ist deshalb auch ein gutes Zeichen.

Wenn am Ende der Wiederholungsphase dann das letzte Puzzlestück eingesetzt wurde und das Themen-Bild nun „vollständig" ist, kann die Prüfung kommen. Fast jedenfalls. Eine Vorbereitungsphase fehlt noch. Und in ihr entscheidet sich einiges.

Checkliste für die Wiederholungsphase

- ✓ Vergewissern Sie sich, dass der Stoff, den Sie jetzt lernen wollen, gut aufgearbeitet ist, d.h. dass er in knapper, überschaubarer und vollständiger Form vor Ihnen liegt.
- ✓ Haken Sie beim nächsten Wiederholungsdurchgang das ab, was Ihnen bekannt ist.
- ✓ Kennzeichnen Sie alles, was sich Ihrem Gedächtnis widersetzt.
- ✓ Setzen Sie sich ein Tagespensum (z.B. 30 Karteikarten sicher beherrschen). Belohnen Sie sich anschließend: Erst dann, wenn Sie die Tagesaufgabe erfüllt haben, dürfen Sie wieder den Knopf irgendeines elektronischen Gerätes drücken.
- ✓ Wie buchstabieren Sie Pause? (Wofür steht jeder einzelne Buchstabe?)

6. Schritt: Präsentieren

A.   Vom Kopf auf die Zunge

Björn steht vor dem Schaufenster eines Buchladens und ist in die Neuer-scheinungen vertieft. Da hört er plötzlich ganz dicht an seinem Ohr eine Stimme: „Na, wieder auf Bücherjagd?" Er dreht sich um und blickt in ein strahlendes Gesicht. Es ist ihm irgendwie bekannt – aber woher? Wer ist diese Frau? Peinlich. Da er mit einer Antwort schon viel zu lange ge-zögert hat, kann er seinen Blackout auch nicht verbergen. Das Blut schießt ihm in den Kopf. „Kennst mich wohl nicht mehr?", sagt sie, mitt-lerweile nicht mehr ganz so strahlend. „Erinnerst du dich nicht mehr an den Umzug bei Nina letzte Woche?" – „Na klar!", jetzt fällt es ihm end-lich wieder ein.

Diese Es-liegt-mir-auf-der-Zunge-Geschichten sind im Alltag sehr ver-breitet. Auch viele Horror-Prüfungsstories sind aus diesem Stoff. Wenn Kommilitonen einem mit unnatürlich geweiteten Augen berich-ten: „Ich wusste genau, was der Prüfer wollte, aber es ist mir ums Verrecken nicht eingefallen", „Mir lag's auf der Zunge, ich konnte es aber nicht ausdrücken. Es war die Hölle!" oder „Ich saß da und alles war weg, vollkommene Leere. Ich bin nur gestorben", dann sind da-mit schon die besten Grundlagen für akute Prüfungsphobien gelegt. Ziemlich schlimm eigentlich, wenn's mir in der Prüfung so ergeht, wie vor dem Schaufenster. Da habe ich mich wochenlang vorbereitet, so viel gelernt und wiederholt und dann ist doch alles umsonst!? Wie kann ich mich davor schützen, dass mich das Gedächtnis im entschei-denden Moment im Stich lässt? Woher kommt dieser Unterschied zwischen Behalten und Erinnern?

Genau betrachtet ist es ein Glück, dass wir nicht alle Informatio-nen, über die unser Gedächtnis verfügt, immer vor Augen haben müs-sen. Das ergäbe ein heilloses Durcheinander. Der konzentrierte Blick in ein Schaufenster wäre dann gar nicht mehr möglich, weil eine ruhi-ge Verarbeitung der Eindrücke unterbleiben müsste. Es ist sinnvoll, dass nur dann die jeweiligen Erinnerungen aufgerufen werden, wenn es wirklich notwendig ist. Erinnern ist aber nicht wie ein Herauskramen alter Fotos, sondern eher eine Interaktion zwischen der Umwelt und meinem Gedächtnis. Wenn wir uns wieder etwas vergegenwärtigen wollen, spielen die Abrufreize der jeweiligen Situation eine große Rolle. Die neuen Eindrücke und Informationen wollen mit passenden Erinnerungsmustern verbunden werden, sie fordern dazu auf, im Gedächtnis nach Entsprechungen und Anknüpfungsmöglichkeiten zu suchen.

Impulsjäger werden

Im Schaufensterbeispiel haben die Abrufreize „Na, wieder auf Bücherjagd?" und das Gesicht der Frau zwar eine vage Erinnerung bei Björn ausgelöst, aber sie waren nicht so stark, dass sie bei ihm die volle Erinnerung mit all ihren Bedeutungsverknüpfungen (Name, Ort, Zeit, Anlass ...) sofort ins Gedächtnis rufen konnten. Dazu bedurfte es weiterer Reize.

Wenn man diesen Fall auf die Prüfungssituation bezieht, stellt sich schnell die Frage, was ist, wenn in der Prüfung bzw. Klausur nicht die richtigen Hinweisreize auftauchen, die meine Erinnerungsversuche unterstützen und mein Gedächtnis in Schwung bringen? Am Ende wird gar nicht das benotet, was ich weiß, sondern nur das, was „abrufgereizt" wurde... Genauso ist es! Und das ist gar nicht so schlecht. Denn darauf können Sie sich einstellen.

Geben und Nehmen – die gemeinsame Prüfungsbasis

Nicht nur beim Lernen, sondern auch beim Erinnern wird die neue Erfahrung mit bereits Bekanntem verknüpft. Beim Lernen bringt mich beispielsweise die neue Information aus dem Lehrbuch dazu, im Gedächtnis nach der passenden Erinnerung zu suchen. Beim Erinnern übernimmt der jeweilige Abrufreiz diese Aufgabe. Auf ihn kommt es deshalb in der Prüfung ganz besonders an. Nicht nur auf das Gelernte. Fehlt der Abrufreiz oder ist er aus irgendeinem Grund nicht brauchbar, dann können Sie sich nicht mehr erinnern, obwohl Sie alles behalten haben (Bredenkamp 1998, S.74). Vieles hängt also ab von der Qualität der dialogischen Abrufreize. Ist beispielsweise in der mündlichen Prüfung die Fragestellung präzise genug? Sind der Prüfer und

Sie mit dem Dialogverlauf zufrieden? Lässt Ihre Tagesverfassung genug flexibles Denken zu? Verunsichert Sie die Vorstellung, dass so viele Faktoren über Ihren Erfolg entscheiden? Ganz beliebig geht es in der Prüfung aber trotzdem nicht zu. Die Situation ist sogar viel klarer und günstiger für Sie, als die vor dem Buchladen. Denn dort wurde Björn mit zwei völlig verschiedenen und unverbundenen „Welten" konfrontiert. Dagegen ist der thematische Kontext der Prüfung recht klar abgegrenzt. Sie können sich besser auf die Fragen des Prüfers einstellen, weil Sie mit einem gemeinsamen Thema verbunden sind. Verglichen mit der Schaufenstersituation wäre das ganz so, als wenn Björn die Frau in der Fußgängerzone schon länger auf sich hätte zukommen sehen. In diesem Fall hätte sein Gedächtnis viel mehr Zeit und Hinweisreize zum Abrufen der Erinnerung gehabt. Das Beispiel mit dem Buchladen ist für die alltägliche Kommunikation allerdings nicht ganz typisch. Meistens lassen sich Menschen im Gespräch mehr Zeit und geben sich gegenseitig unbewusst Abrufreize, damit die Erinnerungen wieder präsent werden. In der Prüfung ist es ähnlich. Es wird einen Einstiegsimpuls in das Thema geben, denn der Prüfer braucht ja ebenfalls Abrufreize, um seine erste Frage zu formulieren. Auch er kommt aus einem anderen Kontext und muss sich auf die neue, gemeinsame Dialogsituation einstellen.

Hauptdarsteller gesucht

Damit Ihr Gedächtnis in der Prüfung so funktioniert, wie Sie es sich wünschen, brauchen Sie so etwas wie einen roten Gesprächsfaden. Den haben Sie mit dem von Ihnen vorbereiteten Thema. Daran können Sie sich „festhalten" bzw. „entlang bewegen" – je nachdem, was die Gesprächssituation gerade erfordert. In der mündlichen Prüfung geht es immer um Ihr Thema, also darum, was Sie daraus gemacht haben, um Ihr Themenpuzzle. In der Regel steht in Examensprüfungen weniger das bloße Abfragen der Fakten im Zentrum, als vielmehr eine Präsentation des Themas. Hier sind Sie als Darsteller gefragt. Wenn das Prüfungsthema im Vorbereitungsprozess zu Ihrem ganz persönlichen Thema geworden ist, hat es zusammen mit den vielfältigen Verknüpfungen im Gehirn auch zahllose Ansatzpunkte für Abrufreize geschaffen. Was Sie verstanden und gut gelernt haben, kann nun auch auf vielen Wegen abgerufen werden. Nicht selten haben viele Kandidaten erst in der Abschlussprüfung ihre Qualitäten als Entertainer entdeckt.

B. Gönnen Sie sich einen anderen Kontext

Wo haben Sie am besten lernen können? Wenn Sie Ihren größten Lernerfolg auf dem Klo hatten, wäre es für Sie vermutlich besser, wenn dort auch Ihre Prüfung stattfände. Lernen und Merken sind nämlich kontextgebunden (Bredenkamp 1998, S. 79). Neben den Fakten lernt man auch immer die jeweilige „Situation" mit, in der man gerade lernt. Auf der Einzugsfete bei Nina hätte Björn die Person am Buchladen garantiert gleich wiedererkannt, denn in den dortigen Situationskontext passt sie hinein. Wie auch alle anderen, die dort beim Umzug geholfen haben. Jetzt, nach der Geschichte am Buchladen, wird er Jenny auch an anderen Orten der Stadt wiedererkennen. Seine Erinnerung an sie wurde dekontextualisiert.

Auch Ihr Prüfungswissen ist kontextgebunden. Weil Ihre Prüfer aber nicht zu Ihnen nach Hause kommen werden, müssen Sie lernen, den Prüfungsstoff auch an anderen Orten abzurufen. Unter Umständen müssen Sie sich sogar auf neue Formen der Wissensabfrage einstellen. Haben Sie beispielsweise Anatomie bisher nur aus dem Lehrbuch und aus Karteikarten gelernt, dann sind Ihnen die Abrufreize der in diesem Fach üblichen Multiple-Choice-Test-Fragen noch nicht geläufig. Wer vorwiegend nachts lernt, muss sich fragen, wie er es schafft, in der Klausur um 8.45 Uhr einen Gedächtnisanschluss zu seinem Wissensinhalt zu bekommen. Haben Sie außerdem für die mündliche Prüfung bisher nur alleine gelernt, ist der Kontext eines Prüfungsgespräches über dieses Thema, bei dem außer Ihnen noch der Prüfer und ein Beisitzer im Prüfungsraum anwesend sein werden, für Sie ebenfalls noch fremd.

In dieser Phase des Prüfungsprozesses steht die Präsentation des Lernstoffs im Mittelpunkt. Bei der Neukontextualisierung geht es um die Übertragung Ihres Wissens in die Prüfungssituation, damit Sie das Gelernte in der Prüfung „ausgraben", abrufen und darstellen können. Abhängig von der jeweiligen Form der Prüfung kann das Üben der Stoff-Präsentation aber ganz unterschiedlich aussehen.

Multiple Choice-Test

Auch das Ankreuzen ist eine Form der Wissens-Präsentation. Studierende, die ganz häufig MC-Tests bewältigen müssen, bilden dabei ihre eigene Technik aus, die eine Mixtur aus Strategie, Intuition, Wissen und Routine ist. Gerade bei dieser Prüfungsform ist es wichtig, die

Präsentation, also das Ankreuzen, frühzeitig zu üben. Mit der entsprechenden Lernsoftware ist das Setzen von Kreuzen am Computer sogar eine praktische Abwechslung. Dabei sollte aber das schriftliche Ankreuzen nicht vergessen werden, weil der Umgang mit Papier und Stiften wieder zu einem anderen Kontext gehört.

Klausur

Hier präsentieren Sie sich mit Ihrer Handschrift. Das ist im digitalen Zeitalter mittlerweile ungewöhnlich. Ist Ihre Schrift für Fremde lesbar? Nutzen Sie bei der Beantwortung der Fragen in jedem Fall bewährte Gliederungstechniken. Überlegen Sie sich auch, wie Sie es dem Korrektor leicht machen können, auf das, was Sie niederschreiben, möglichst viele Punkte zu geben. Spiegelstriche als Aufzählungszeichen werden ihn dazu einladen, wohlwollend einen Haken oder Punktzahlen davor zu setzen. Eine bloße Ziffer, ein blankes Stichwort oder irgendein anderes schriftliches Bruchstück ist noch keine Antwort. Nehmen Sie sich deshalb die Zeit, einen Antwortsatz zu schreiben. Wenn Sie sich bei der Formulierung Ihrer Antwort immer an der Fragestellung orientieren, ist die Gefahr gering, dass Sie das Thema verfehlen. Eine Probeklausur unter Ernstfallbedingungen zu schreiben – vielleicht in der Lerngruppe –, würde Ihre Vorbereitung optimieren.

Mündliche Prüfung

Wenn Sie sich auf eine mündliche Prüfung vorbereiten, sollten Sie sich darauf einstellen, dass der Prüfer Sie auffordert, sein Thema in

Form von Thesen oder Statements zu präsentieren. Um gut darauf reagieren zu können, sollten Sie sich schon vorab sowohl ein paar persönliche, als auch grundsätzliche Fragen zum Thema gestellt haben: Was hat

mich an dem Thema besonders interessiert? Was denke ich als Fachfrau oder Fachmann über dieses Thema? Wie lautet die Gegenposition zu dem Thema? Was ist der praktische Nutzen des Stoffes? Ihre Antworten auf diese Fragen werden Ihnen dabei helfen, das Thema in Form von Statements zu präsentieren.

Schauen Sie sich in dieser Phase Ihr Handout (→ S. 69ff.) noch einmal genauer an. Ist das Layout ansprechend? Ist die gewählte Textdarstellung leserlich? Sind die Einzelpunkte übersichtlich dargestellt (der Prüfer soll ja nicht durch langes Lesen abgelenkt werden)? Treffen Ihre Formulierungen die Kernpunkte des Themas? Können Sie sie darstellen und begründen? Haben Sie die dafür nötigen Daten, Fakten und Grundlagen parat?

Beinarbeit nicht vergessen

Wenn Sie sich gut auf Ihre Präsentation vorbereiten, werden Sie spüren, dass Sie innerlich ständig in Bewegung sind. Dann laufen Sie auch nicht Gefahr, sich einzig auf den Prüfungsstoff zu fixieren. Ein zwischenzeitlicher Blick aufs Prüfungsdreieck holt auch den Prüfer wieder „ins Boot" zurück. Als optimale innere Prüfungshaltung hat sich für viele Studierende die Einstellung erwiesen, dem Prüfer die eigenen Arbeitsergebnisse zeigen zu wollen. Mit dieser verinnerlichten Bereitschaft unterstützen Sie in der Prüfung Ihre Erinnerungsfähigkeit, weil Sie gezielt Abrufhilfen für Ihr Gedächtnis setzen. Ein tief verarbeitetes Wissen wird mit vielen Regionen des Gehirns verknüpft und kann von vielen Seiten her durch die unterschiedlichsten Abrufhinweise reproduziert werden (Shacter 2001, S. 100). Auch das Schreiben von Klausuren wird Ihnen leichter fallen, wenn Sie sich vorher von Freunden abfragen lassen. Sie bringen damit Ihren Lernstoff in ein kommunikatives Muster und üben das Mitteilen. Das hat den Vorteil, dass Sie über „externe Kontrolle" auf bisher noch gar nicht entdeckte Aspekte aufmerksam gemacht werden können. Außerdem werden sich die gelernten Inhalte dabei im Gedächtnis weiter festigen. Schließlich verbindet es bestimmte Themeninhalte sehr gerne mit sozialen Kontakten und persönlichen Episoden.

Bei Freunden in der Prüfung

Die Chance, von jemandem probeweise abgefragt zu werden, ergibt sich nicht von selbst. Sie muss gesucht und organisiert werden. Wollen Sie das? Das setzt allerdings auch voraus, dass Sie die Bereitschaft aufbringen, Hilfe anzunehmen. Außerdem sollten Sie sich darüber klar sein, dass Sie jemand anderem die Macht geben, den Gesprächsverlauf zu kontrollieren. Sie geben sich für einen kurzen Zeitraum in die Hände eines anderen. Das muss so sein, schließlich soll die Simulation einer Prüfung ja möglichst echt sein. Können Sie sich darauf einlassen? Denn es ist ja auch möglich, dass Sie „scheitern", wenn beim Abfragen herauskommt, dass Sie noch nicht genug gelernt haben. Sich abfragen zu lassen ist fast so, als wenn man sich einer realen Prüfungssituation aussetzt. Es ist ein Probehandeln, bei dem der Prüfer neu in den Blick kommt. Und gerade dann können Sie die sehr beruhigende Tatsache erfahren, dass sich in einer dialogischen Situation die Gesprächspartner gegenseitig Abrufreize geben. Sogar dann, wenn Sie es mit einer echten Koryphäe zu tun haben. Und mit jeder Abfragung erreichen Sie eine stärkere Vertrautheit mit den verschiedensten Hinweisreizen zu Ihrem Thema.

Plädoyer für mehr Selbstgespräche

Wenn Sie sich selbst abfragen, sollten Sie sich angewöhnen, laut zu sprechen. Nicht, um Ihrer Prüfungseinsamkeit vorzubeugen, sondern um sich weitere „Abrufhilfen" zu schaffen. Jetzt können Sie schon mal hören, wie sich das Thema anhört, wenn es aus Ihrem Mund kommt. Formulieren Sie laut und deutlich einzelne Thesen zu Ihrem Thema und versuchen Sie dann, diese zu begründen. Sprechen Sie auf Band, vor dem Spiegel, im Stehen, im Liegen ... Stellen Sie einen leeren Stuhl vor sich auf – dort sitzt jetzt der Prüfer – und halten Sie ihm einen Kurzvortrag. Lernen Sie an verschiedenen Orten. Wenn wir lernen, verinnerlichen wir auch immer die dazugehörige Situation, also den Raum, die momentane Stimmung, Geräusche und Farben. Der Lernstoff wird damit zum komplexen Erlebnisbild, das sich aus vielen Elementen zusammensetzt und im Gedächtnis haften bleibt. Er bleibt nicht nur eine trockene Information.

Am Ende dieser Phase stehen Sie unmittelbar vor der Prüfung. Das Thema ist zu Ihrem eigenen Thema geworden. Sie kennen nicht nur die Argumente, die Theorien, die zentralen Prämissen und Schlussfolgerungen innerhalb des Themenbereiches, Sie haben auch eine Vorstellung davon, was Sie in der Klausur oder in der Prüfung mit dem Thema machen werden.

Checkliste für die Präsentationsphase

✓ Schauen Sie sich – wenn möglich – den Raum an, in dem Ihre Prüfung stattfinden wird.
✓ Verabreden Sie sich mit Kommilitonen und schreiben Sie gemeinsam eine Probeklausur unter Klausurbedingungen.
✓ „Was hat Sie an dem Thema besonders interessiert?" Notieren Sie sich, was Sie auf diese Frage Ihres Prüfers antworten werden.
✓ Machen Sie Prüfung: Lassen Sie sich von Kommilitonen oder Freunden zu einem festgelegten Thema abfragen. Beschreiben Sie ihnen zuvor in drei Sätzen den Prüfer oder die Prüferin. Teilen Sie anschließend mit den Probeprüfern nicht nur Ihre Einschätzung, sondern auch eine Familienpackung Eis.
✓ Welche Fragestellung Ihres Themas spielte in den Tageszeitungen der letzten 3 Monaten (wenigstens im entferntesten Sinne) eine Rolle?
✓ Haben Sie einen großen Spiegel im Haus? Halten Sie ihm einen Kurzvortrag zu Ihrem Thema. Wie reagiert er danach?

Auf in die Prüfung!

Gratulation! Sie haben das Ende des Vorbereitungsprozesses für die Prüfung erreicht. Mit dem Lerndreieck (→ 2. Kapitel) in der Tasche können Sie ruhig und locker in die Prüfung gehen. Ein klassischer Ratgeber würde sich an dieser Stelle von Ihnen verabschieden und Sie Ihrem weiteren Schicksal überlassen. Als Coaches möchten wir Sie aber noch zwei Schritte weiter begleiten. Im folgenden Kapitel werden wir mit Ihnen verschiedene Prüfungstypen besprechen und verschiedene Szenarien durchspielen, um Ihre Flexibilität und Handlungsfähigkeit in der Prüfung zu steigern. Und dann hätten wir noch ein paar Ideen für die Zeit nach der Prüfung. Denn die kommende Prüfung wird bestimmt nicht Ihre letzte sein …

IV. Zeigen Sie Ihr Können

1. Vor dem Auftritt

*„Und? Wie geht's dir zwei Tage vor deinem großen Tag?", fragt Elsa ih-
re Mitbewohnerin Mia eines Morgens in der Küche. „Frag nicht. Gestern lief schon mal gar nichts zusammen. Ich war total unsicher, meine
Hände haben gezittert. Manchmal habe ich den Eindruck, als hätte ich
alles wieder vergessen." – „Komm, du hast ja noch ein bisschen Zeit.
Verlernt hast du bestimmt nix. Ich hab' dich ja schon spielen hören. Und
ich bin mir ganz sicher, dass Du am Samstag ein grandioses Klavierkon-
zert abliefern wirst."*

Auch nach vielen Jahren im Showgeschäft bekennen Künstler, dass sie
unmittelbar vor einem Auftritt noch immer Lampenfieber haben. Ein
solches Geständnis wird vom Publikum aber nicht als unprofessionell
empfunden. Im Gegenteil: Lampenfieber gilt als Ausdruck dafür, dass
der Künstler den Auftritt ernst nimmt und bereit ist, sein Bestes zu
geben. Und das Lampenfieber ist nicht unberechtigt. Denn so ein Liveauftritt vor Publikum ist schließlich mit vielen Unwägbarkeiten
verbunden, die in der Tat eine gewisse Unsicherheit auslösen können.

Nun aber sind Sie an der Reihe. Sie betreten mit Ihren Lernergebnis-
sen die Bühne und auch Sie müssen sie live einem Publikum präsentieren. Auch wenn es sich nicht um eine der ganz großen und wichtigen
Prüfungen handeln sollte – vielleicht nur um eine Abfrage, einen Ein-
gangstest oder die Präsentation eines Arbeitsergebnisses –, und selbst
wenn das Publikum nur aus zwei Personen besteht (dem Prüfer und
dem Beisitzer), so sind Prüfungen immer mit einer Spannung verbunden. Schließlich geht es um etwas. Nicht nur darum, inhaltlich zu bestehen, sondern auch persönlich. Wenn Sie vor der Prüfung Lampenfieber
haben, ist das jedenfalls ein gutes Zeichen. Und zwar im doppelten Sinne. Denn zum einen zeigt es, dass Sie motiviert und leistungsbereit sind.
Zum anderen ist es ein klares Zeichen dafür, dass Sie erfolgreich den
Lernprozess für die Prüfung abgeschlossen haben. Denn wer Lampen-

fieber hat, sieht sich bereits im Scheinwerferlicht und sitzt innerlich schon vor dem Aufgabenblatt oder vor dem Professor. Eine solche innere Ausrichtung nach vorne wäre gar nicht möglich, wenn da noch unbearbeitete Kapitel, unbekannte Übungsaufgaben und thematische Untiefen wären. Viele Studierende versagen sich kurz vor der Prüfung den Luxus des Lampenfiebers. Stattdessen stecken sie lieber auch in der letzten Minute noch die Nase ins Lehrbuch, um sich neue Inhalte hastig anzuschauen. Oder um unbedingt noch einmal alles zu wiederholen.

Machen Sie den Lampenfieber-Test!

Mit welchen Fragen zum Prüfungsthema beschäftigen Sie sich zurzeit häufig? Schreiben Sie diese Fragen auf ein Blatt. Können Sie Ihre Fragen einer der Lernphasen zuordnen, die wir im dritten Kapitel vorgestellt haben?

Sind es Fragen, die...

... den Umfang und die Vollständigkeit der Prüfungsthemen betreffen (z.B.: Habe ich alle Themen bearbeitet)? Dann gehören sie in die Lernphase des Strukturierens (→ S. 104ff.).

... sich mit der Verarbeitung des Stoffes beschäftigen (z.B.: Habe ich alles verstanden? Was ist mir noch nicht klar)? Dann haben Sie es noch mit Resten aus der Bearbeitungsphase (→ S. 119ff.) zu tun.

... sich in irgendeiner Weise mit Ihrer Aufnahmefähigkeit befassen (z.B.: Habe ich mir die Inhalte merken können? Was „sitzt" noch nicht richtig)? Dann schieben Sie bitte noch einen Wiederholungsdurchgang (→ S. 137ff.) ein.

... sich der Anwendung des Stoffes widmen (z.B.: Bin ich in der Lage, alle Aufgabentypen zu bearbeiten)? Dann sollte das Präsentieren (→ S. 147) noch einmal geübt werden.

Alle diese Fragen richten sich auf die Schritte des zurückliegenden Bearbeitungsprozesses. Wenn Sie erfolgreich strukturiert haben, werden Ihnen keine Themengebiete entgangen sein. Wenn Sie den Lernstoff sorgfältig bearbeitet haben, werden Sie das Wichtigste davon auch begriffen haben. Wenn Sie das Material in Ihrem Lernskript mehrmals wiederholt haben, werden Sie sich das meiste davon auch gemerkt haben. Und wenn Sie dann auch noch das Präsentieren geübt sowie Beispielaufgaben gelöst haben, sind Sie auch fit in der Anwendung.

Lampenfieber ist mit dem üblichen Lernstress oder gar einer quälenden Prüfungsangst nicht zu vergleichen. Wer Lampenfieber hat, schlägt sich eher mit folgenden Fragen herum:

? Werde ich ausgeruht und fit in die Prüfung gehen?

? Werde ich mein Bestes zeigen können?

? Was ist, wenn mir ein Schnitzer unterläuft?

? Wie soll ich vorgehen, wenn ich einen Blackout habe?

Lampenfieber entsteht aus Fragen, welche die Zukunft betreffen. Und die sind prinzipiell nicht zu beantworten. Wer könnte einem schon sagen, was tatsächlich alles in der konkreten Prüfungssituation passieren wird? Fragen dieser Kategorie lassen sich aber auch nicht einfach ausblenden. Wenn sie unverarbeitet bleiben, erzeugen sie eine quälende Unruhe. Wie gehen die „Profis" damit um? Wie wappnen sich Musiker, Schauspieler und Sportler?

Von Kunstturnern ist bekannt, dass sie unmittelbar vor dem Wettkampf ihre Übung immer wieder im Geiste durchgehen. Im Fernsehen sieht man häufig den Reckturner, wie er hochkonzentriert vor dem Turngerät steht und wie sich seine Augen und manchmal auch der Kopf bewegen, analog zu den Drehungen und Flügen des Übungsablaufs. Und Hochspringer zeichnen sich die Schrittfolge ihres Anlaufs in der Luft vor. Indem der Sportler immer wieder den Ablauf durchgeht, erlangt er Sicherheit. Dadurch vergewissert er sich, dass er alles, was er einstudiert und geübt hat, noch weiß. Der Umgang der Sportler macht deutlich, dass es möglich ist, das eigene Lampenfieber zumindest zu bändigen. Übertragen auf eine Prüfung ist es notwendig, sich sehr gründlich in die konkrete Situation hineinzuversetzen, die Auslöser für das Lampenfieber ist. Erst aus dieser vor-akuten Perspektive wird es Ihnen auch leichter fallen, die genauen Handlungsmöglichkeiten zu erkennen, die Sie haben und diese gedanklich durchzuspielen.

Ein solches „Probehandeln" möchten wir nun mit Ihnen üben. Das Ziel besteht darin, dass Sie für die anstehenden Prüfungen mehr innere Sicherheit und Souveränität gewinnen.

Prüfungsarten

Zuvor jedoch ein kurzer Blick auf die verschiedenen Arten von Prüfungsleistungen, die an den meisten Hochschulen erbracht werden können:

- Schriftliche Klausuren (inklusive Tests und Eingangstests)
- Schriftliche Hausarbeiten (dazu gehören auch Protokolle)
- Mündliche Prüfungen (einzeln oder in Gruppen, vor einem oder vor mehreren Prüfern. Dazu zählen auch Spezialformen wie Abfragen und Laborübungen, in denen der Prüfer die Arbeit begleitet und bewertet).
- Vorträge, Referate, Präsentationen, …

- Kombination aller oben genannter Prüfungsformen (z. B. im Portfolio).

Zwar stellen schriftliche Hausarbeiten wichtige Leistungsnachweise dar, dennoch werden sie im Allgemeinen nicht als Prüfungen bezeichnet. Wer eine Hausarbeit anfertigen muss, kann in der Bearbeitungszeit sehr stark unter Druck geraten. Auch Stress und prüfungsähnliche Gefühle sind ihm nicht unbekannt. Sich mit einer Hausarbeit intensiv zu befassen, kann sogar den eigenen Schreibprozess enorm befördern. Dennoch werden wir uns an dieser Stelle nicht mit der Steuerung von Schreibprozessen befassen, wie sie mit einer Hausarbeit verbunden sind. Wenn von Prüfungen die Rede ist, geht es um den Leistungsnachweis zu einer festgelegten Zeit an einem bestimmten Ort. „Hier und Jetzt" muss der Prüfling beweisen, dass er die geforderte Leistung erbringen kann. Schriftliche Hausarbeiten gehören nicht in diese Kategorie.

Eine verbreitete Form des Leistungsnachweises ist das so genannte Prüfungsportfolio. Es stellt eine Kombination von mündlichen und schriftlichen Prüfungsformen dar. Bei einem Prüfungsportfolio haben Studierende die Möglichkeit, während des Semesters einzelne Prüfungsnachweise zu sammeln und sie am Ende in eine Gesamtnote einfließen zu lassen. Dabei entsteht so etwas wie eine „Sammelmappe" von Leistungsnachweisen, die zur Grundlage für die Gesamtbenotung wird. In dieser Sammelmappe finden sich Protokolle, Lösungen von Aufgaben, Ergebnisse aus der Gruppenarbeit, Referate, Thesenpapiere, usw.

Streng genommen existieren nur zwei verschiedene Formen, auf die alle genannten Prüfungsarten zurückzuführen sind: die schriftliche oder die mündliche Prüfung. Zwar unterscheiden sich Vorträge und Präsentationen von den klassischen mündlichen Gesprächsprüfungen, die von einem Professor durchgeführt werden. Trotzdem müssen sie unter die mündlichen Prüfungen gerechnet werden, da sie als Prüfungssituation vor einer Gruppe starkes Lampenfieber verursachen können. Übungen, Ausarbeitungen und Protokolle gehören dagegen zu den schriftlichen Formen des Leistungsnachweises. Im Folgenden werden wir uns mit diesen beiden alternativen Prüfungstypen der schriftlichen und mündlichen Prüfung etwas näher befassen.

2. Schriftliche Prüfungen

A. Schreiben Sie im Dreieck

Damit hätte Benjamin nie gerechnet. Das gesamte Semester über hat er unzählige Aufgaben in Wirtschaftsmathematik gerechnet und Fragen beantwortet. Vor wenigen Wochen schließlich hat er die Abschlussklausur geschrieben. Und nun hält er endlich den vom Professor korrigierten Klausurbogen in den Händen. Aber statt des erwarteten Punktewertes mit Signaturkürzel findet er auf der letzten Seite einen Kommentar in lila Tinte: „Hallo Herr Schuster, ich möchte, dass Sie das wissen: Ihre Klausur hat mich einen kompletten Feierabend gekostet. Ihre Schrift ist nahezu unleserlich. Erst nach komplizierten Vergleichen verschiedener, bereits entzifferter Silben ist es mir gelungen, einen Sinnzusammenhang herzustellen, der dann zu dem überraschenden Ergebnis führte, dass Sie die beste Punktzahl des Kurses erreicht haben. Das nächste Mal jedoch werde ich Ihre Arbeit als unleserlich ablehnen."

Nicht das schlechte Gewissen darüber, dass er seinem Professor einen Abend geraubt hat, überrascht Benjamin, sondern dass da tatsächlich jemand irgendwo zu Hause gesessen und das gelesen hat, was er fabriziert hat. Viele Studierende, die Klausuren schreiben, klatschen ihr Wissen aufs Papier, ohne zu bedenken, dass sie eine Botschaft formulieren, die von einer realen Person gelesen und bewertet werden wird.

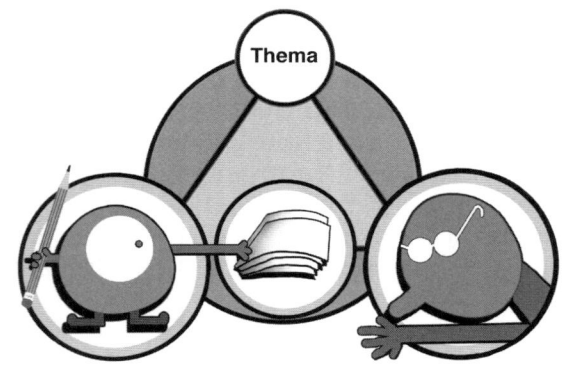

Schriftliche Prüfungen sind immer geschriebene Kommunikation, egal, ob es sich um Kurztests, benotete Protokolle oder Klausuren handelt. Auch wenn die Ausarbeitung oder die Klausur online am Computer erfolgt, geht es doch immer darum, dass an Hand eines selbst verfertigten Textes eine Kommunikation mit der Person stattfindet, die sie auswerten wird. Und es ist ratsam, dass Sie sich innerlich auch wirklich auf „Kommunikation" einstellen. In der nächsten Klausur wird Benjamin damit rechnen, dass seine Texte von einem Korrektor gelesen werden, der ihm gerne viele Punkte geben möchte – wenn er denn von Benjamin auch die Gelegenheit bekommt, alles zu verstehen. Als Autor wird Benjamin auf seinen Leser achten. Das heißt, er wird beim Schreiben seinen eigenen thematischen Bezug zur Sprache bringen und dabei vor allem einen Adressaten im Kopf haben, dem er einen Inhalt vermitteln möchte. Und er wird sein Thema leserlich verfassen. Hier begegnen uns Elemente des Prüfungsdreiecks wieder. Aber nicht erst beim Schreiben ist der Blick auf dieses Modell sinnvoll. Noch bevor Sie dem lesenden Prüfer Ihre Sicht des Themas so beschreiben, dass dieser Ihr gutes Fachwissen erkennt und Ihnen bereitwillig eine gute Note dafür gibt, ist schon ein kommunikativer Akt erfolgt. Bereits in der Aufgabenstellung hat sich der Prüfer – in Gestalt eines Textes – mit einem Auftrag an Sie gewandt.

Eine Klausur ist eine Antwort

Klausuren sind keine kommunikativen Einbahnstraßen. Auch wenn sie in einem Saal von über 300 schweigenden Prüflingen geschrieben werden. Sie entwickeln sich aus einem Prozess des Lehrens und Lernens. Und in diesem Prozess stellen sie eine Antwort bzw. ein Feedback auf das Vorangegangene dar. Der Prüfer verlangt eine Rückmeldung zu seinem Lehrverhalten. Und die bekommt er, wenn Sie ihn daran Anteil haben lassen und darstellen, was Sie alles gelernt haben. Dazu wendet er sich mit einer Fragestellung zum gemeinsamen Lehr-Lern-Thema an Sie. Vielleicht ist es Ihnen eine Hilfe, wenn Sie mit einer Leitfrage in die Klausurvorbereitung gehen, etwa mit der folgenden: Was war dem Dozenten beim Thema wichtig? Oder: Wie wird er seine Fragen zu diesem Thema formulieren? Welche Erwartungen hat er an Antworten? Wie ausführlich sollen sie sein? Die Vorlesungen und Seminarsitzungen direkt vor den Klausurterminen sind in dieser Hinsicht oft wahre Schatzkammern. Hier erhalten Sie in aller Regel die wertvollsten Hinweise für die Klausurvorbereitung, denn die Prüfer präzisieren oft den Prüfungsstoff, schließen Themengebiete aus und geben Hinweise zum Verlauf der bevorstehenden Klausur. Alle schriftlichen Arbeiten folgen dem Muster des Prüfungsdreiecks, auch Protokolle, Übungsaufgaben und Hausarbeiten. Die Texte, die Sie verfassen, sind im besten Sinne Antwort auf die Fragestellungen und Erwartungen des Prüfers. Indem Sie Ihre Antwort niederschreiben, reagieren Sie dialogisch.

Lassen Sie sich von der Abwesenheit eines unmittelbaren Gegenübers nicht täuschen. Jede schriftliche Prüfung stellt eine Form der Kommunikation dar. Auch wenn die Ausarbeitung oder die Klausur online am Computer erfolgt, geht es um den fachlichen Austausch mit der Person, welche die Aufgabenstellung und die Fragen für Sie formuliert hat. In fast allen Fällen kommuniziert Ihr Text auch noch mit einem Korrektor, der Ihre Antworten auswerten wird. E-Klausuren, die jeder Prüfling an einem Computer beantwortet, haben den Nachteil, dass sich die Prüfungsform meistens an der Software orientiert und nicht umgekehrt. Das bedeutet, dass die Fragethemen von der Software vorgegeben sind und nicht vom Dozenten. Die Prüfungen sind meistens standardisiert. Sie beinhalten überwiegend Multiple-Choice-Fragen. Selten finden sich offene Fragestellungen, auf die Sie mit einem freien Text antworten können. Bei dieser digitalen Form der Prüfung steht die effiziente Abwicklung von Prüfungen klar im Vordergrund. Nach dem didaktischen Nutzen dieser Prüfungsart dagegen wird leider zu selten gefragt.

B. Die letzten 72 Stunden

Als der Professor am Montag kurz vor 10 Uhr den Hörsaal betritt, um seine BWL-Vorlesung zu halten, herrscht Endspurtstimmung im Raum. Fast alle Plätze sind belegt und auch Felix hockt schon seit fast 20 Minuten auf seinem Sitz. Es ist die letzte Vorlesung in diesem Semester. Und damit auch die letzte Gelegenheit, wichtige Infos und Hinweise für die Klausur aufzuschnappen, die schon am kommenden Donnerstag geschrieben wird. An Abschied – von der Veranstaltung und vom Dozenten – mag Felix jetzt noch gar nicht denken. Immerhin stehen noch 72 höchst intensive Arbeitsstunden vor ihm und den anderen. Davon wird der Professor nicht viel merken. Vielleicht ist er dann schon in den Ur-

laub geflogen und hat die Klausurorganisation seinem HiWi überlassen. Die Studierenden aber werden bei der Vorbereitung noch häufig an ihn denken, denn er ist die ganze Zeit bei ihnen. In Gestalt von Fragen: „Welche Aufgaben stellt mir der Prüfer? Was genau wird er von mir wissen wollen"? Jetzt, in der letzten Sitzung, hat Felix die Möglichkeit, konkrete Hinweise dafür zu sammeln, was der Professor in der Klausur tatsächlich erwartet.

Wenn der Dozent auch nur über ein Mindestmaß an Einfühlungsvermögen verfügt, wird er die Anspannung der Studierenden bemerken und wissen, dass sie etwas mit der anstehenden Prüfung zu tun hat. Und er wird nicht unbarmherzig bleiben, sondern die Studierenden mit den wichtigsten Informationen über die Klausur versorgen. Außerdem wird er ihnen nochmals die im Laufe des Semesters vereinbarten Lehr- und Lernziele in Erinnerung rufen. Daraus lässt sich meistens sehr leicht eine Eingrenzung des Prüfungsstoffes ableiten. Viele Dozenten geben auch Hinweise darauf, was sich die Studierenden nochmal besonders genau anschauen sollten. Das tun sie zumeist deshalb, weil sie ja schon wissen, welche Aufgaben sie für die Klausur ausgewählt haben. Und weil sie kein Interesse daran haben, im nächsten Semester bei der gleichen Veranstaltung schon wieder in dieselben Gesichter zu schauen.

Wenn der Dozent von sich aus nicht über die Klausur und deren Anforderungen sprechen sollte, dann tun *Sie* das doch. Fragen Sie ihn:

? „Welche konkreten Leistungen erwarten sie, damit man die Klausur bestehen kann?"
? „Wie viele Fragen werden sie in der Klausur stellen?"
? „Auf welchem Teil des Themas liegt der Schwerpunkt?"

Es ist legitim, diese Fragen zu stellen. Sie haben einen hohen Wert für die Prüfungsvorbereitung. Ob Sie darauf aber eine Antwort bekommen, werden Sie erst dann wissen, wenn Sie sie gestellt haben.

Die Antworten aber, die Sie bekommen, sowie die aus der Vorlesung gewonnenen Informationen, können Sie gut für die Schlussphase Ihres Lernprozesses nutzen. Um sich ganz auf die von Ihrem Dozenten erwähnten Schwerpunkte konzentrieren zu können, sollten Sie sich für die verbleibenden drei Tage möglichst viel freie Zeit schaffen.

Wo stehen Sie genau jetzt mir Ihrem Prüfungsvorbereitungsprozess?

 ? Haben Sie den Lernstoff in allen Facetten verstanden?

? Liegt das Material für die Wiederholung bereit?

Wenn Sie diese Fragen mit „ja" beantworten können, haben Sie die *Bearbeitungsphase* abgeschlossen.

? Hatten Sie die Möglichkeit, das Exzerpt schon einmal durchzuschauen?

? Kam Ihnen das Meiste bekannt vor?

Wenn ja, haben Sie die *Wiederholungsphase* schon fast abgeschlossen.

? Konnten Sie bereits einige alte Klausuren durcharbeiten?

? Haben Sie sich von Kommilitonen oder Freunden abfragen lassen?

Gratulation! Dann sind Sie schon in der *Präsentationsphase* angelangt.

C. Noch 48 Stunden

So könnte Ihr Arbeitsplan für den vorletzten Tag aussehen:

- Sie nehmen sich den Stoff für die Wiederholungsphase noch einmal vor.
- Markieren Sie alle Informationen, Daten oder Aspekte, die Ihnen immer noch nicht auf Anhieb einfallen. Übertragen Sie sie auf einen „Spickzettel". Führen Sie diesen ab jetzt immer bei sich – bis zum Prüfungsraum. Kurz vor der Klausur werfen Sie ihn aber bitte fort. Denn Sie wissen dann ganz bestimmt alles, was auch er weiß.
- Schauen Sie sich jetzt bitte keine neuen Inhalte (Bücher, Kapitel, Theorien, …) mehr an, die Sie noch nicht vorbereitet haben. Das führt nur zu Verunsicherungen.
- Erinnern Sie sich noch einmal daran, wie sich der Dozent zur Prüfung geäußert hat. Was war ihm wichtig?
- Was davon möchten Sie sich jetzt noch einmal anschauen? Gibt es Themengebiete, die ausscheiden, weil Sie sie schon beherrschen oder weil der Professor sie als irrelevant bezeichnet hat?

- Wer könnte Sie jetzt über das Themengebiet abfragen? Gibt es vielleicht Mitbewohner, denen Sie in eigenen Worten Ihre zentralen Thesen des Themas erläutern könnten?

D. Noch 24 Stunden

Der Tag davor. Wenn Sie jetzt den Vorbereitungsprozess für die Klausur abschließen könnten, wäre das optimal. Falls es immer noch Themen oder Aspekte gibt, mit denen Sie sich noch nicht beschäftigt haben, lassen Sie sie beiseite. Konzentrieren Sie sich nur noch auf das, was Sie wissen. Wir empfehlen Ihnen, den letzten Tag dazu zu nutzen, zur Ruhe zu kommen. Wenn Sie Ihr neu erworbenes Wissen gedanklich immer wieder abrufen, kann auch das beruhigend wirken. Führen Sie außerdem möglichst viele Selbstgespräche über das Thema. Auf diese Weise wird ihr Wissen doppelt verankert – beim Sprechen und Hören. Verlassen Sie heute auch mal Ihren Arbeitsplatz. Lesen Sie sich Ihre Themenzusammenfassung noch einmal im Park oder im Wald durch. Damit dekontexutalisieren Sie das Gelernte. Morgen muss es Ihnen ja schließlich auch an einem anderen Ort wieder einfallen. Manche Studierende brechen am Tag davor in Panik aus und machen sich Vorwürfe: „Ich hab' viel zu wenig gelernt! Der fragt bestimmt ganz andere Sachen ab. Mir fällt nichts ein. Ich muss noch ein Lehrbuch durcharbeiten"… Stopp! Bleiben Sie bitte ruhig und lassen Sie sich jetzt nicht aus dem Konzept bringen. Nehmen Sie sich ihr Exzerpt, Ihre Karteikarten oder den Spickzettel vor und beweisen Sie es sich: Sie haben viel gelernt, Sie sind den Prozess von Anfang bis Ende gegangen. Da ist ganz gewiss etwas hängen geblieben. Sie wissen in etwa, was morgen von Ihnen verlangt werden wird. Und Sie werden Ihr Bestes geben.

Gehen Sie vor Geschäftsschluss noch einmal einkaufen und besorgen Sie sich etwas Leckeres zum Frühstück. Wenn eine mehrstündige Klausur auf Sie wartet, denken Sie auch an Verpflegung für die Pausen (Apfel, Schokoriegel, Saft, Wasser, …). Und packen Sie für morgen schon mal Ihre Tasche mit allen Sachen, die Sie brauchen werden: Stifte, Marker, Lineal, … Legen Sie die Kleidung bereit, die Sie morgen tragen werden. Wählen Sie am besten die Stücke aus, in denen Sie sich richtig wohl fühlen.

E. Der Abend davor. Die Nacht.

Das Telefon klingelt. Es ist Meike. „Kommst du mit ins ‚Nachtleben‘?“ –
„Du weißt doch, dass ich morgen die Klausur in Biochemie schreibe“,
antwortet Lena etwas gereizt. „Mach Dir doch wegen der Klausur nicht
so einen Kopf. Komm schon, zwei Stündchen nur. Das lenkt dich ab und
Du wirst danach gut schlafen können.“ – „Nein, lass mal. Morgen
Abend vielleicht.“ – „Okay, ganz wie du willst. Na, dann viel Erfolg
morgen.“ Lena beendet das Gespräch, geht in die Küche und macht sich
ein Brot und einen Tee. Wohl versorgt setzt sie sich auf die Couch und
schaltet ihre Lieblingsserie ein.

Hätte Lena nicht doch besser mit Meike in die Bar gehen sollen? Und
was wird sie tun, wenn die Fernsehserie vorbei ist? Wird sie sich dann
gleich schlafen legen? Oder sich noch eine Sendung ansehen, und danach gleich noch eine? Nur, um nicht an die Prüfung denken zu müssen?

Es gibt für den gelungenen Vorabend einer Prüfung keinen Masterplan. Manche Studierenden gehen nach dem abgeschlossenen Vorbereitungsprozess tatsächlich mit Freunden aus. Andere machen es
sich zu Hause gemütlich. Viele Prüflinge berichten, dass Sie eine
nachdenkliche, aber nicht unbedingt traurige Stimmung in ihren vier
Wänden hatten. Das ist nur allzu verständlich, schließlich wartet eine
Herausforderung auf sie, die sie ganz allein bewältigen müssen.

Vieles dreht sich am letzten Abend um die Gestaltung des Ab-
schlusses. Wo und wie wollen Sie sich vom Schlaf überraschen lassen?
Dass ein ausreichender und guter Schlaf die Grundlage für geistige
Fitness am nächsten Tag ist, werden Sie selbst schon erlebt haben. Genauso unbestritten ist aber auch, dass man problemlos eine Klausur
von zwei bis vier Stunden bewältigen kann, ohne in der Nacht zuvor
auch nur eine Sekunde lang ein Auge zugemacht zu haben. Eine
schlaflose Nacht wird Ihnen nicht gleich die totale Demenz bescheren.

Wir empfehlen Ihnen, im Umgang mit Schlafmitteln sehr vorsich-
tig und möglichst abstinent zu sein. Wenn Sie es nicht gewohnt sind,
Tabletten zu nehmen, kann es leicht passieren, dass Sie eine zu hohe
Dosis erwischen, die am nächsten Tag noch weiter wirkt und verhindert, dass Sie leistungsbereit und leistungsfähig sind. Lieber etwas
übermüdet in die Klausur gehen und sich durch das natürliche Adrenalin des Lampenfiebers wecken lassen, als durch die Tabletten matt
und benebelt einem unerfreulichen Schicksal entgegen zu taumeln.

Die Nacht vor einer wichtigen Klausur verläuft nur selten ruhig. Glücklich, wer sich nicht in seinem Bett hin- und herwälzt, mit beunruhigenden Gedanken kämpft und in größeren Abständen den Wecker konsultiert, um zu der immer gleichen, verstörenden Erkenntnis zu gelangen, dass die Nacht weiter vorrückt. Erinnern Sie sich in dieser Situation doch mal an Ihre „Einschlafrituale". Wie sahen die aus? Was hat Ihnen früher geholfen? Vielleicht einen Comic lesen, ein Video anschauen, ruhige Musik hören, eine Meditationsübung durchführen oder auch ein Nachtgebet sprechen? Vielleicht hilft es auch, vor dem Zubettgehen noch eine Flasche Bier zu trinken (den gleichen beruhigenden Effekt soll auch eine große Tasse Melissentee haben)...

F. Guten Morgen! – Der Film zur Prüfung

Der Wecker klingelt. Hat Sie der Schlaf doch noch irgendwann übermannt? Wenn nicht, ist das jetzt auch egal. Ab ins Bad, anziehen und dann in die Küche. Vielleicht hat Ihnen ein lieber Mensch ein Frühstück zubereitet? Wenn nicht, machen Sie das eben selbst. Sie haben gar keinen Hunger, stattdessen aber ein Ziehen im Bauch? Trinken Sie wenigstens etwas. Vielleicht eine Tasse Tee oder einen Kaffee? Egal wofür Sie sich entscheiden: Hauptsache, der Magen bekommt etwas zu tun. Das ist nötig, er muss – wie alle anderen Organe auch – langsam auf Betriebstemperatur kommen. Denn wenn Sie gleich eine Höchstleistung vollbringen wollen, brauchen Sie Energie.
Noch sitzen Sie beim Frühstück und genießen die leckeren Sachen, die Sie sich am Tag zuvor hoffentlich eingekauft haben. Jetzt wäre ein guter Zeitpunkt, um Ihr Gehirn in Gang zu setzen. Schauen Sie sich ruhig noch mal Ihr Material an, den Spickzettel oder die letzten Karteikarten. Überzeugen Sie sich selbst: Nichts davon ist über Nacht in Vergessenheit geraten. Sie brauchen sich nicht zu stressen. Sie können sich ruhig auf den Weg machen und die Sache hinter sich bringen. Starten Sie frühzeitig, damit nicht noch ein ausgefallener Zug oder ein Stau Ihnen einen Strich durch die Rechnung macht. Wenn Sie die Haustür hinter sich schließen, bleiben Sie ganz bei sich. Atmen Sie tief ein, gehen Sie bewusst Ihren Weg und nehmen Sie wahr, dass Sie bis oben hin „voll" sind – angefüllt mit vielen Gedanken, Ideen zum Thema sowie Antwortmöglichkeiten zu un-

zähligen Fragen... Gleich können Sie loslegen. Ohne Hetze erreichen Sie den Prüfungsort.

Jetzt spielt es auch keine Rolle mehr, ob Sie diese Definition oder jene Formel spontan parat haben oder nicht. Lassen Sie sich deshalb auch nicht von Ihren Kommilitonen verrückt machen. Vielleicht kennen Sie diese Situationen kollektiver Hysterien noch aus der Schulzeit, wo sich alle vor dem Raum versammelten, in dem die Klassenarbeit geschrieben werden sollte, und auf den Lehrer warteten. War es damals nicht so, dass sich grundsätzlich alle immer so benahmen, als hätten sie gerade zehn Liter Espresso getrunken und erst vor exakt dreißig Sekunden erfahren, in welchem Fach sie überhaupt geprüft werden würden? Und waren nicht auch immer einer oder zwei Leute darunter, die irgendwelche obskuren Quellen mit völlig unbekanntem Geheimwissen aufgetan hatten, das nach ihren Aussagen für das Bestehen der Prüfung unverzichtbar war?! Lassen Sie sich davon nicht anstecken. Wünschen Sie Ihren Kommilitonen einfach viel Glück und kommen Sie zu sich selbst. In der Prüfung sind Sie ja schließlich auch auf sich gestellt.

Ist der Prüfungsraum schon offen und sitzen Sie schon auf Ihrem Platz? Oder stehen Sie noch auf dem Gang und versuchen sich zu konzentrieren? Wie wäre es jetzt mit einer Entspannungsübung?

Achten Sie einfach mal bewusst auf Ihren Atem. Die Luft strömt langsam durch die Nase ein und durch den Mund wieder aus. Wiederholen Sie diese Atembewegung mehrmals hintereinander. Überlegen Sie sich jetzt, wo der höchste Punkt Ihres Körpers ist. Richten Sie sich auf, so dass die Wirbelsäule gerade ist. Berühren Sie nun die höchste Stelle Ihres Kopfes leicht mit dem Zeigefinger. Dieser Scheitelpunkt liegt mit Ihrer Wirbelsäule auf einer Linie. Atmen Sie einige Male und ganz in Ruhe ein und wieder aus. Spüren Sie nach, wie der Atem Ihre Lunge füllt. Und sie auch wieder verlässt. Bei dieser Übung ist es gleichgültig, ob Sie aufrecht sitzen oder aufrecht stehen, Sie müssen nur Ihren Scheitelpunkt spüren. Führen Sie diese Übung so lange durch, wie sie Ihnen gut tut. Bereits ein Durchgang von drei Minuten kann sich sehr wohltuend auf Ihr Befinden auswirken.

Haben Sie's ausprobiert? Vielleicht hat Ihnen diese kurze Übung geholfen, ganz bei sich selbst zu sein.

G.   In der Klausur

Wenn Sie Ihren Sitz- oder Arbeitsplatz gefunden haben, richten Sie ihn so ein, dass er Ihren Arbeitsprozess unterstützt. Schreibwerkzeug, Uhr, Getränk, Obst – alles kommt an seinen Platz. Schauen Sie sich ruhig um – hier werden Sie nun die Klausur schreiben.

Sind Sie mit allen Klausur-Formalitäten vertraut? Welche Unterlagen liegen schon vor Ihnen oder was wird noch ausgeteilt? Was werden Sie am Ende abgeben und was dürfen Sie mit nach Hause nehmen? Auf welchem Papier soll geschrieben werden? Gibt es offizielles „Schmierpapier"? Müssen die Ergebnisse schließlich auf ein gesondertes Blatt übertragen werden? Ist Ihr Name oder die Matrikelnummer schon vermerkt? Stimmen die Angaben? Wenn schließlich alle Rahmenbedingungen geklärt sind, kann es jetzt auch inhaltlich losgehen.

Wir haben den Lernprozess zur Prüfungsvorbereitung in Schritte eingeteilt. Das hat ihn übersichtlicher gemacht. Der Schreibprozess einer Klausur lässt sich in ganz ähnliche Schritte unterteilen:

Überblicken

Die Klausuraufgaben liegen nun vor Ihnen. Fangen Sie bitte nicht gleich mit der ersten an. Überfliegen Sie stattdessen zunächst einmal sämtliche Aufgabenstellungen und schauen Sie, was in den nächsten Stunden alles auf Sie zukommen wird. Das hat mindestens zwei Vorteile. Erstens wissen Sie nach diesem kurzen Überblick, was nicht drankommt. Auch das kann eine Erleichterung sein. Zweitens erhalten Sie beim Sichten der Fragen schon viele Hinweisreize, die Ihr Gedächtnis aktivieren. Während Sie dann die erste Frage beantworten, bereitet Ihr Gedächtnis schon die Antwort für die fünfte Frage vor, ohne dass Sie vielleicht etwas davon merken. Leider schrecken viele Studierende davor zurück, sich einen Überblick zu verschaffen. Sie befürchten, in zusätzlichen Stress zu geraten, sobald sie zu viele Fragen entdecken, die sie spontan für unlösbar halten. Viel lieber wollen sie sich nur mit einem Thema beschäftigen und halten sich deshalb ganz streng an die festgelegte Reihenfolge der Aufgaben. Schwierigkeiten entstehen bei dieser Strategie allerdings dann, wenn man bei einer Frage hängen bleibt, oder wenn man gleich bei zwei oder drei Fragen hintereinander keinen Plan hat. Ein bisschen entspannter könnte es deshalb für Sie werden, wenn Sie sich vorher bereits einen Überblick verschafft haben. Dann wissen Sie vielleicht auch, dass nach den wirklich schweren Aufgaben noch ein paar leichtere folgen. Und das ist doch schon ein Hoffnungsschimmer.

Strukturieren

Einen Überblick haben Sie sich nun verschafft. Sofern es Ihre Zeit und Ihre Nerven zulassen, sollten Sie aber unbedingt noch eine kurze Phase des Strukturierens vorschalten. Es könnte sich für Sie auszahlen. In manchen Klausuren gibt es Aufgaben, die mit mehr Punkten bewertet werden als andere. Vielleicht ist es sinnvoller, diese zuerst zu bearbeiten. Zum Strukturieren einer Klausur gehört auch der kritische Blick auf die Uhr. Wie wollen Sie sich Ihre Zeit einteilen? Wie viel Zeit bleibt im Durchschnitt für jede Frage? Wenn Sie am Ende noch mal Ihre gesamten Antworten durchgehen wollen, benötigen Sie einen zeitlichen Puffer. Und den müssen Sie jetzt, am Beginn der Klausur, einkalkulieren. Ganz wichtig: Wann belohnen Sie sich mit einer Pause? Nach der wievielten Frage essen Sie den Apfel, wann gönnen Sie sich den Schokoriegel?

Prinzipiell gibt es zwei Arten von Klausuren. Bei der einen dreht sich alles um das richtige Beantworten mehrerer Fragen (Multiple Choice-Tests zählen auch dazu). Bei der anderen ist ein größeres Thema zur freien Bearbeitung vorgegeben. Wer diese zweite Klausurform nicht dazu nutzt, wenigstens eine kleine Strukturierungsphase einzulegen, verfährt geradezu fahrlässig. Manchmal ist die Versuchung vielleicht auch zu groß, einfach drauflos zu schreiben und alles zu Papier zu bringen, was man über das Thema weiß. Dieses Vorgehen birgt aber die Gefahr, dass man sich leicht mit dem Umfang des eigenen Elaborats und mit der Zeit verschätzt. Die erste Aufgabe wird zwar noch ausführlich und mit ausgefeiltem Fließtext beantwortet. Aber schon bei der zweiten Frage fällt die Antwort seltsam kurz aus – und zu den weiteren Fragen finden sich auf dem abgegebenen Papier nur noch Stichworte. Sehr schade, wenn der Blick auf die Uhr erst am Schluss erfolgt. Aber nicht nur die fehlende Zeit ist hier eine Gefahr für den Schreibprozess. Auch die Textqualität leidet unter mangelhaftem Zeitmanagement. Wer die Zeit nicht im Blick hat, läuft Gefahr, den Prüfer mit einer ausführlichen und weit ausholenden Antwort zur ersten Frage einzuschläfern, statt ihm mit einem aufgeweckten und prägnanten Gesamttext gute Argumente für eine großzügige Punkteverteilung zu liefern. Wie bei einem Referat und einer Seminar- oder Examensarbeit erwartet der Korrektor von Ihnen, dass Sie einen lesbaren, wissenschaftlich fundierten Text abliefern, der seine Argumentation stringent zu entfalten versteht, seine Grundaussagen konsequent entwickelt und sie immer auf das Thema bezieht.

In der Strukturierungsphase der Klausur bietet es sich deshalb an, dass Sie zunächst Thesen formulieren und Mindmaps oder Cluster zeichnen. Daraus entsteht eine Gliederung, die es Ihnen erlaubt, genau zu erkennen, was Sie schreiben wollen und was Sie nicht zu schreiben brauchen. Anhand dieser Gliederung können Sie Kapitelüberschriften entwickeln, die Ihnen das Schreiben erleichtern und mit deren Hilfe Sie sich auch Ihre Zeit besser einteilen werden. Und werfen Sie ab und zu mal einen Blick auf die Uhr. So verhindern Sie, dass Sie mitten in der Arbeit vom „Noch-fünf-Minuten"-Ruf der Aufsichtsperson auf dem falschen Fuß erwischt werden. Ihre Kapitel werden durch konsequentes Gliedern zwar insgesamt etwas kürzer ausfallen, aber sie weisen dafür keine Lücken auf und haben mehr Stringenz.

Schreiben

Sobald Sie ans Niederschreiben gehen, achten Sie gleich auf gute Lesbarkeit. Kurze Sätze, deutliche Schrift, viele Absätze und Spiegelstriche erleichtern dem Prüfer die Durchsicht. Um inhaltliche Missverständnisse zu vermeiden, ist es vielleicht notwendig, zentrale Begriffe kurz zu definieren. So erfährt der Prüfer, wie Sie den Begriff verstehen.

Wenn Sie dagegen eine Fragenklausur bearbeiten, können Sie sich gleich mehrere Durchgänge erlauben. Dabei könnten Sie so vorgehen, dass Sie sich zunächst alle Fragen vorknöpfen, deren Beantwortung Ihnen leicht fällt, und sich die schwierigen für einen späteren Durchgang aufheben. Vielleicht braucht Ihr Gedächtnis ja noch ein wenig Zeit und ein paar zusätzliche Abrufreize. Aber spätestens beim dritten Durchgang der Fragen bleibt Ihnen wohl nichts anderes übrig, Sie werden auch bei den schwierigen Fragen die wahrscheinlichste Antwort anzukreuzen müssen. Die Zeit wird knapp, jetzt ist die letzte Gelegenheit, das hinzuschreiben oder anzukreuzen, was Ihnen zur Aufgabe einfällt, um vielleicht noch einen wertvollen Punkt zu ergattern. Nach jedem Durchgang sollten Sie die Zeit kontrollieren. Haben Sie noch etwas Luft? Dann empfehlen wir Ihnen, zu überprüfen, ob Sie an der Form ihres Textes noch etwas verbessern möchten.

Präsentieren

Stellen Sie sich folgende Szene vor: Ihr Prüfer sitzt abends in seinem Lieblingssessel am Kamin, gönnt sich ein Gläschen Medoc und hat Ihre Arbeit vor sich auf dem Schoß liegen. Er will schnell damit fertig werden (mit der Klausur, nicht mit dem Wein!). Er hat prinzipiell nichts dagegen, Ihnen viele Punkte zu geben, aber dafür braucht er gute Argumente. Schauen Sie sich also vor der Abgabe der Klausur Ihren Text nochmals an. Ist alles gut lesbar? Wäre es sinnvoll, Kernbegriffe zu unterstreichen, evtl. sogar farbig? Haben Sie überall vollständige Antwortsätze geschrieben? Möchten Sie an einigen Stellen noch etwas ergänzen? Lohnt es sich, die Ergebnisse zu markieren? Machen Sie Ihrem Prüfer den Abend so angenehm wie möglich.

Abgeben

Mit der Abgabe Ihres Textes löst sich allmählich auch die Anspannung. Ein Rest davon wird Ihnen aber trotzdem noch erhalten bleiben. Schließlich ist eine Frage offen geblieben: Welche Note wird's wohl werden? Die meisten Prüfungskandidaten besitzen die erstaunliche Fähigkeit, ihre Noten vorauszusagen. Sie auch? Eine gut gelaufene Klausur ist in jedem Fall schon ein Grund, ordentlich zu feiern. Auch dann, wenn die Note noch nicht klar ist. Viel Spaß dabei!

3. Mündliche Prüfungen

A. Du weißt mehr, als du weißt

Jonathan hätte große Lust, nach der Uni bei Miriam vorbeizuschauen. Er traut sich aber nicht. Sie war gestern so ein Nervenbündel gewesen. Bei jedem Wort, das er sagte, bestand die Gefahr, dass sie ihn furchtbar anfauchte. Schon nach 20 Minuten machte er sich wieder vom Acker und ging lieber ins Fitnessstudio. Nun gibt er sich einen Ruck und klingelt schließlich doch bei ihr. Als sie ihm öffnet, fallen ihm sogleich ihre dunklen Augenränder auf – trotz der düsteren Beleuchtung im Treppenhaus! Prüfungen lassen Menschen alt aussehen, denkt er. Sie fällt ihm wortlos in die Arme. Lange stehen sie so vor der Tür. Bis Jonathan sagt: „Wie wär's, wenn ich uns mal einen Tee koche und du erzählst mir dann, was du morgen dem Professor alles sagen wirst?". Miriam nickt und sie gehen hinein. Nachdem sie die Tasse Tee zur Hälfte getrunken hat, fängt sie an, über ihr Thema zu erzählen. Über „Struktur und Faltung von Proteinen", über Aminosäure-Derivate und die Säure-Base-Theorie. Jonathan versteht überhaupt nichts und es dauert eine Zeit, bis er sich traut, das zuzugeben: „Ich bin da leider inhaltlich schon ausgestiegen. Kannst du mir so eine Proteinfaltung vielleicht mal aufzeichnen?" Gute Idee. Miriam kramt ein Din-A3-Blatt und Stifte hervor und nach kurzer Zeit ist das Blatt voller Schaubilder, Begriffe und Formeln. Knapp zwei Stunden später schweigt Miriam plötzlich. „Was ist los?", fragt Jonathan. „Ich glaube, das war alles", antwortet sie und starrt auf das Blatt. „Du meinst, wenn du das, was da auf dem Blatt steht, morgen genauso ablieferst, hast du die Prüfung bestanden?" – „Ja, ich denke schon." – „Das ist doch großartig. Dann kannst du ja alles. Das Blatt ist der Beweis. Das hänge ich jetzt an den Kühlschrank und du schaust es dir morgen früh noch mal an." – „Ok". Zum ersten Mal an diesem Abend lächelt Miriam.

Hatte Jonathan an diesem Abend einfach nur Glück gehabt, dass Miriam besser drauf war? Oder war er wirklich ihr Retter in der Not gewesen? So eine Art Prüfungsmärchenprinz, der zur richtigen Zeit am richtigen Ort war? Vermutlich trifft beides zu. Miriam schien es am Abend vor der Prüfung eher möglich zu sein, sich auf ihren Freund einzulassen. Und es war gut, dass er da war, sie halten und unterstützen konnte. Was sich aber als ganz besonders hilfreich für sie erwies, war, dass Jonathan ihr die Gelegenheit gab, von ihrem Thema zu erzählen und ihr Wissen zu präsentieren. Erst dadurch kam sie zu der Erkenntnis, dass sie genug weiß, dass sie mit dem Thema umgehen, es darstellen und erklären kann. Das spontan vollgeschriebene Blatt ist die Bestätigung – und das Halteseil in den letzten Stunden vor der Prüfung.

Mündliche Prüfungen sind Präsentationen. Damit ähneln sie Vorträgen und Referaten, die vor Gruppen gehalten werden. Das Verbindende besteht darin, dass der Vortragende zunächst selbst eine gute Beziehung zu dem Thema hat, das er vorstellen wird. Das gibt Sicherheit. Denn wer einen Vortrag halten muss, findet in seinem Thema einen Halt. Das Manuskript auf dem Pult oder die Beamerprojektion an der Wand sind die konkrete Verkörperung dieser Sicherheit. In einer mündlichen Prüfung ist man einer viel größeren Unsicherheit ausgesetzt als in einer Klausur, weil es zum Verlauf der Prüfung viel mehr offene Fragen gibt: Werde ich vom Prüfer Gelegenheit erhalten, mein Thema ausführlich vorzustellen? Wie viel Zeit lässt er mir? Unterbricht er mich? Wenn ja, an welchen Stellen werde ich mit Unterbrechungen zu rechnen haben? Welche Fragen wird er danach stellen? Studierende erzählen auch heute noch von den „Zettelkasten-Prüfern":

Du kommst rein. Prüfer und Beisitzer sitzen schon am Tisch. Vor einem leeren Platz steht ein Karteikasten. Setzen. „Bitte ziehen sie eine Karteikarte, lesen sie sie vor und beantworten sie die Frage." Nach der dritten hast du's geschafft. Oder du darfst noch mal kommen.

Eine Variante, die sich bei Kunsthistorikern großer „Beliebtheit" erfreut, ist die sogenannte „Postkarten-Prüfung":

Du kommst rein. Der Prüfer und die Beisitzerin warten schon auf dich. Vor einem leeren Platz steht ein Karteikasten. Du setzt dich. „Bitte ziehen sie eine der Kunstpostkarten aus der Box vor ihnen. Ordnen sie das abgebildete Kunstwerk nach Entstehungszeit, Künstler, Entstehungsort und Inhalt ein". Da können Objekte von der Antike bis zum 21. Jahrhundert drankommen. Erst danach geht die eigentliche Prüfung los…

Wie würde es Miriam in einer solchen Abfrageprüfung ergehen? Hätte die Präsentation vor ihrem Freund am Tag zuvor mit dem Anfertigen von Zeichnungen und Zusammenhängen auf dem Blatt irgendeinen praktischen Nutzen für sie, wenn der Professor es vorzieht, querbeet zu fragen? Vielleicht wäre die Vorbereitung auch für diesen Prüfungstyp nicht ganz nutzlos. Denn wer querbeet gefragt wird, muss einen guten Überblick über seinen eigenen Garten haben. Und den verschafft man sich mit einem Plan, wie ihn Miriam für Jonathan gezeichnet hat. Ein solcher Plan eignet sich gut zum Festhalten in den Stunden vor der Prüfung.

B. Die letzten 72 Stunden

In drei Tagen ist es so weit. Sie werden Ihr Thema präsentieren – und sich selbst. Nutzen Sie die Zeit, um beides „fein" zu machen.

Das Thema fein machen

Sofern eine „große" Prüfung über ein weitreichendes Stoffgebiet ansteht, sollten Sie zum jetzigen Zeitpunkt Ihren Prüfungsvorbereitungsprozess am besten schon abgeschlossen haben. Das würde bedeuten, dass Ihr Exzerpt vorliegt – und damit Ihre Zusammenfassung der wichtigsten Aspekte des Themas. Vielleicht haben Sie das Material auch schon mehrfach wiederholt? Womöglich treffen Sie sich heute oder morgen noch mit Kommilitonen zur „Probeprüfung", um sich gegenseitig die Themen vorzustellen. Wenn es sich um eine „kleine" Prüfung oder Abfrage handelt, sind Sie aber vielleicht noch dabei, das Thema zu bearbeiten, sich in die Bereiche einzuarbeiten und die wichtigsten Informationen und Bezüge für die Wiederholungsphase herauszuschreiben. Achten Sie in diesem Fall bitte darauf, dass Sie heute mit dem Bearbeiten ganz sicher fertig werden. Sonst bleibt Ihnen nicht genug Zeit für die Wiederholungsphase.

Wenn Sie die Prüfung in Form einer Präsentation oder eines Vortrages machen, wenden Sie sich bitte noch einmal Ihrem Manuskript oder Ihrer Präsentationsdatei zu: Sind Sie mit der Form und mit dem Inhalt einverstanden? Kann alles so bleiben? Gehen Sie alles noch einmal durch, speichern Sie Ihren Text extra in einer finalen Datei sowie als Backup auf einem externen Datenträger. Drucken Sie das Manuskript aus. Mit diesem Ausdruck üben Sie ab jetzt die Präsentation. Dasselbe gilt für das Handout einer mündlichen Prüfung (→ S. 69). Geben Sie ihm den letzten Schliff und drucken Sie es aus, damit Sie die endgültige Form begutachten können. „Begutachten" ist hier wörtlich gemeint: Achten Sie es für gut. Jetzt kann es losgehen. Alles wird gut.

Sich selbst fein machen

„What the…?! Ich hab' nix zum Anziehen!", tönt es aus dem geöffneten Kleiderschrank. Marco, in Unterhosen, kramt seine T-Shirts durch. Wo ist das Hemd, das er damals für den Tanzkurs geschenkt bekam? Ach ja, da. Er hat es immer gehasst – doch für die mündliche Prüfung am Montag ist es wahrscheinlich noch tauglich. Nur gebügelt müsste es noch mal werden. Und das Loch am linken Unterarm wird schon keinem auffallen. Jetzt noch die passende Hose. Oje, die schwarze ist schon ganz schön grau und überhaupt nicht frisch. „Ich kauf mir doch jetzt für diese blöde Prüfung nicht noch eine neue Hose!". Eine halbe Stunde später zieht er dann doch los in die Stadt – fluchend und völlig entnervt.

Lohnt es sich, extra für eine Prüfung eine neue Hose, einen Rock oder ein Oberteil zu kaufen? Schließlich wird doch nicht das Äußere beurteilt, sondern die inneren Werte. Spielt es wirklich eine Rolle, wie wir im Prüfungsraum auftreten? Ja, das tut es. Vor allem bei mündlichen Prüfungen. Die Kleidung ist ein Signal, aber nicht nur nach außen, sondern auch nach innen. Eine Prüfung ist tatsächlich ein Auftritt. Sie müssen zeigen, ob Sie das Zeug zur Ingenieurin, zum Lehrer oder zu einer vergleichbaren Profession haben. Und diese Herausforderung wird Ihnen am besten gelingen, wenn Sie die passende Kleidung dazu tragen. Die Kleidung signalisiert etwas von Ihrer Bereitschaft, die außerordentliche Situation der Prüfung anzunehmen. Welche Hose aber ist passend? Eine Smokinghose mit Besatzstreifen aus Seidensatin oder ein Abendkleid wären definitiv too much und lenken in der Prüfung nur ab. Genauso wie Ihre Lieblingsjeans mit den Luftschlitzen am Oberschenkel. Vermutlich würden Sie auch in dieser Hose die Prüfung bestehen. Sie müssten sich aber womöglich mehr ins Zeug legen, um den Prüfer, der sich immer wieder Ihre interessante Kleidung betrachtet, auch von Ihren fachlichen Qualitäten zu überzeugen. Und dazu haben Sie nur eine begrenzte Zeit, die nicht durch eine Irritation über die Hose gestört werden sollte. Wählen Sie also angemessene Kleidung, die Ihr Gesicht, Ihre Gestik und Ihre Fachkompetenz betont. Kleidung also, die nicht vom Thema ablenkt, sondern Ihre Persönlichkeit unterstützt und in der Sie sich wohl fühlen. Nicht zuletzt ist Ihre Kleiderwahl auch eine Frage des gebotenen Respekts gegenüber der Situation und gegenüber den Prüfern. Die werden ebenfalls in angemessener Kleidung zu Ihrer Prüfung erscheinen. Zeigen Sie ihnen deshalb, dass Sie das Gespräch ernst nehmen. Sie haben sich auf die Prüfung lange vorbereitet, viel Zeit und Energie für diese Prüfung aufgewendet … Wäre also jetzt nicht die beste Gelegenheit, sich mal wieder etwas Neues zu gönnen?

Chancengleichheit?

Apropos Kleidung: Haben Frauen bessere Chancen bei männlichen Prüfern? Und haben umgekehrt die Männer stärkere Nerven und sind deshalb in Prüfungen belastbarer als Frauen? Spielt jenseits dieser gängigen Klischees das Geschlecht des Prüflings überhaupt eine Rolle? Auf diese Fragen gibt es keine eindeutigen Antworten, die sich für taktische Prüfungsstrategien verwenden lassen. Sicher ist nur, dass jeder Pol des Prüfungsdreiecks eine geschlechtsspezifische Dimension hat. Wird ein Mann oder eine Frau geprüft – von einer Frau oder einem Mann? Verändern sich Themen unter einem spezifisch weiblichen oder männlichen Blick? Haben Frauen es durch ihre Sozialisation vielleicht leichter, sich im Beziehungskontext des Prüfungsdreiecks zu bewegen? Prüfen Männer härter als Frauen? Die Genderfrage macht also auch vor der Prüfung nicht halt.

Von allzu bedenkenlosem Einsatz geschlechtsspezifischer Reize möchten wir aber dringend abraten. Eine erotisierte Atmosphäre in der Prüfung kann das Prüfungsdreieck aus dem Gleichgewicht bringen, vom Thema und vom Kontext ablenken und das Prüfungsgeschehen empfindlich stören.

Zuweilen berichten Studierende, dass Prüfer während der Prüfung eine persönliche Grenze überschritten hätten. Ihre exponierte Position innerhalb des hierarchischen Gefälles einer Prüfung missbrauchen sie dazu, ihre eigene Machtpotenz vor dem Prüfling zu demonstrieren. Besonders bei Frauen wird auf diese Weise das demütigende Gefühl erzeugt, dem männlichen Prüfer wehrlos ausgeliefert zu sein und zum Objekt degradiert zu werden. In diesem Fall ist selbstverständlich eine deutliche Abgrenzung geboten. Weisen Sie mit Nachdruck darauf hin, dass es um Ihre Prüfung, Ihr Thema und um Ihre fachliche Leistung geht. Unter Umständen können Sie hier auch den Beisitzer zur persönlichen Unterstützung mit einbeziehen. Nötigenfalls haben Sie immer die Möglichkeit, eine Prüfung anzufechten. Den Opfer-Status müssen Sie sich nicht aufzwingen lassen.

C. Noch 48 Stunden

Werfen Sie doch gleich am Morgen mal einen kritischen Blick in Ihren Kalender und nehmen Sie bis zur Prüfung nur noch die allernotwendigsten Termine wahr. Optimal wäre es, wenn Sie sich den ganzen Tag frei nehmen könnten. Und dann starten Sie mit einem guten Frühstück.

 Nach dem Frühstück stellen Sie auf Ihrem Wecker die Dauer der Prüfung ein. Jetzt nehmen Sie Ihr Manuskript, die ausgedruckte Präsentation oder das Handout und stellen sich vor, dass die Prüfung soeben beginnt. Die Zuhörer sitzen vor Ihnen. Halten Sie Ihren Vortrag. Sprechen Sie dabei laut und stellen Sie sich auch den Zwischenfragen und Einwänden der Prüfer. Spielen Sie die ganze Szene durch. Bis der Wecker Sie erlöst.

Und weiter geht's: Schnappen Sie sich nun Ihre Badesachen und besuchen Sie Ihr Lieblingsschwimmbad. Oder – falls Wasser nicht Ihr Metier ist – kramen Sie ein paar Joggingsachen heraus und suchen Sie Ihren Lieblingspark auf. Vergessen Sie beim Besuch im Schwimmbad bitte nicht, eine Liegedecke für die Wiese oder den Liegestuhl mitzunehmen. Und natürlich dürfen auch die Prüfungsunterlagen nicht fehlen! Ab jetzt ist aber erst mal körperlicher Ausgleich angesagt. Bewegen Sie sich. Laufen oder Schwimmen Sie so lange, bis Sie das Gefühl haben, die vorangegangene Prüfungssimulation abgearbeitet zu haben. Nehmen Sie anschließend Ihre Unterlagen und einen Stift zur Hand und legen Sie sich in einen Liegestuhl oder auf die Decke. Wer sich fürs Joggen entscheidet, sollte sich vorher schon mal überlegen, an welcher schönen Sitz- oder Liegestelle er sich danach ans Material setzt. Schließen Sie die Augen und achten Sie auf die Gedanken, die Ihnen nun durch den Kopf gehen. Sind vielleicht Dinge darunter, die Sie noch erledigen müssen? Dann machen Sie sich gleich eine Notiz für später. Legen Sie dann den Stift und den Notizblock bitte wieder beiseite und stellen Sie für die nächste Übung die Weckfunktion Ihres Smartphones auf fünf Minuten ein. Achten Sie nun bitte diese fünf Minuten lang nur auf Ihren Atem. Wie er in Sie hineinströmt und ruhig wieder herausfließt. Bleiben Sie ganz bei sich und Ihrem Atem. Alles andere in Ihnen darf nun für eine Weile schweigen. Lassen Sie sich von der Ruhe überwinden. Wenn die fünf Minuten vorüber sind, verbleiben Sie ruhig noch eine Weile in dieser Haltung, bis Sie spüren, dass Sie nun wieder ganz „da" sind. Dann wenden Sie sich langsam Ihren Lernunterlagen zu. Lassen Sie Ihren Blick über das Papier schweifen. Sehen Sie sich das Thema der Prüfung in aller Ruhe an. Blättern Sie die Unterlagen noch einmal durch und freuen Sie sich über alle Punkte, von denen Sie wissen, dass Sie sie beherrschen. Kennzeichnen Sie diejenigen Stellen, die Sie sich am Nachmittag oder morgen früh noch mal anschauen möchten.

Warum das alles im Park oder im Schwimmbad geschehen soll? Sie sollen sich vor der Prüfung wohlfühlen. Außerdem trägt der bewusste Ortswechsel dazu bei, dass Sie Ihr Wissen dekontextualisieren. Bisher haben Sie meistens nur an einem Ort gelernt (vielleicht an Ihrem Schreibtisch oder in einer Bibliothek). Ihr Gehirn ist es also gewohnt, an Ihrem typischen Lernort neues Wissen aufzunehmen und auch wieder zu reproduzieren. Leider haben Sie – bezogen auf die Prüfung – dadurch automatisch einen „Standortnachteil": Dort, wo Sie gelernt haben, werden Sie ja nicht geprüft werden. Ihrem Gehirn wird das Abrufen von neuen Informationen aber leichter fallen, wenn Sie es in fremder Umgebung immer wieder üben. Wenn es Ihnen also gelingt, in einem belebten Freizeitbad zur Ruhe zu kommen und sich auch noch auf das Prüfungsthema zu konzentrieren, werden Sie auch im ungewohnten Prüfungsraum nicht den Kontakt zum Thema verlieren.

Die Pille davor?

„Was für ein Quatsch!", werden nun vielleicht diejenigen sagen, die mitten im Marathon der Semesterabschlussprüfungen stecken. Ihnen bleiben vor jeder Prüfung nur ein oder zwei Tage Zeit, um sich auf die nächste Abfrage vorzubereiten. Viel zu wenig also, um sich auf jede Prüfung gesondert einzustellen. Was tun? Die Phasen der Vorbereitungsprozesse müssen in diesem Fall gut mit einander verzahnt werden: Morgens lösen Sie Übungsaufgaben für die Klausur, die Sie in drei Tagen schreiben. Am Nachmittag wiederholen Sie den Stoff für die Prüfung, die übermorgen stattfindet. Und erst am Abend nehmen Sie sich den Stoff für die Klausur vor, die am nächsten Morgen auf Sie wartet. Nicht wenige aber suchen statt des Parks lieber gleich den Hausarzt auf. Vielleicht kann der ja etwas verschreiben, das dem Gehirn hilft, noch einen Gang zuzulegen oder doch wenigstens diese lästigen Stressgefühle zu eliminieren, die das Lernen lähmen. Ist Neuro-Enhancement vielleicht die beste Lösung? Können Psychostimulanzien beim Lernen und in der Prüfung helfen? Aber was genau sollen sie bewirken? Die Müdigkeit unterdrücken, damit die Nächte vor der Prüfung durchgearbeitet werden können? Wir haben ja schon betont, wie wichtig der Schlaf zwischen den verschiedenen Lernphasen ist. Das ist also keine gute Idee. Oder sollen sie die Selbstsicherheit stärken und Bedenken wegnehmen? Wir haben Ihnen empfohlen, gerade auf Unsicherheiten besonders zu achten, um die dahinter liegende Faktenlage genauer zu analysieren. Unsicherheiten können Informationsträger sein und auf weiße Flecken hindeuten, auf die Sie in Ihrem Lernprozess steuernd einwirken können. Sollen Psychopharmaka vielleicht einfach nur ruhig machen? Bloß nicht. Sie sollen in der Prüfung lebendig und flexibel sein und dem Prüfer nicht als Schlaftablette begegnen. Soll das Neuro-Enhancement etwa bewirken, dass sich alles, was Sie sich nur einmal durchlesen, sofort dauerhaft in ihrem Gehirn vernetzt und sich damit auf vielfache Art und Weise wieder abrufen lässt? Prima. Das wär's doch. Bringen Sie ganz schnell Ihre Prüfungen hinter sich, erfinden Sie diese Pille und lassen Sie es uns zuerst wissen! Aber bis es soweit ist, bleibt Studierenden nichts anderes übrig, als sich auf möglichst effiziente Vorbereitungsprozesse einzulassen. Nur sie bieten eine realistische Aussicht auf gute Lernerfolge. Auch Tee, Kaffee oder Energiedrinks gehören streng genommen zu den Neuro-Enhancern. Sie putschen einen so auf, dass man morgens schon früh auf Touren kommt oder abends nicht schon um 19.00 Uhr auf der Couch einpennt. Dosieren Sie diese Muntermacher aber so, dass Sie mit Ihren Lernprozessen gut vorankommen und mindestens 7 Stunden Schlaf bekommen – täglich!

D. Noch 24 Stunden

Bitte machen Sie hier doch gleich mal mit:

 Ihre rechte Hand: Spannen Sie sie sehr feste an – eins, zwei, drei – entspannen. Kurze Pause. Ihr rechter Unterarm: Sehr fest anspannen – eins, zwei, drei – entspannen. Ihr rechter Oberarm: Sehr fest anspannen – eins, zwei, drei – entspannen. Was Sie hier gerade ausprobieren, sind Übungen aus der so genannten Progressiven Muskelentspannung (Jacobson 2011). Die einzelnen Muskelpartien des Körpers werden feste angespannt, die Spannung wird 3-5 Sekunden lang gehalten und dann sofort wieder entspannt. Versuchen Sie das mal mit dem Gesicht (vielleicht nicht gerade in der S-Bahn). Machen Sie eine Grimasse: Sehr feste anspannen – eins, zwei, drei – entspannen. Spüren Sie, dass Sie sich nach der Anspannung anders – hoffentlich besser – fühlen? Das hat mehrere Gründe. Sie nehmen Ihren Körper in seinen einzelnen Partien wahr, bevor Sie diese anspannen. Und wenn Sie sie schließlich wieder entspannen, dann entspannen Sie auch diejenigen Muskeln, die bereits vorher angespannt waren, ohne, dass Sie sich dessen bewusst waren.

Progressive Muskelentspannung eignet sich auch deshalb sehr für die Zeit unmittelbar vor der Prüfung, weil es um Ihre Fähigkeit zum Wechsel zwischen Anspannung und Entspannung geht. Es kann passieren, dass Ihr Puls schneller wird und der Blutdruck steigt, sobald Sie an die Prüfung denken. In diesem Fall handelt es sich um ein ganz natürliches Symptom von Lampenfieber. Halten Sie diese Anspannung aus. Erlauben Sie sich, auch in Phasen großer Anspannung an die Prüfung und an mögliche Fragen des Prüfers zu denken. Sie können sich in Gedanken selber Antworten auf diese Fragen geben. So lernen Sie, mit Ihren Bedenken zur Prüfung aktiv umzugehen. Anschließend können Sie sich wieder bewusst entspannen. Anspannung und Entspannung sind auch in der Prüfung ständig im Wechsel. Wenn Sie die ganze Zeit unter Hochspannung stehen, wird der Prüfer Sie als verbissen und wenig flexibel wahrnehmen. Wenn Sie stattdessen den permanenten Eindruck erwecken, als seien Sie die Ruhe selbst, wird er vielleicht Ihr Engagement vermissen.

Gehen Sie auch am Tag vor der Prüfung noch einmal Ihre Notizen, Exzerpte und Zusammenfassungen durch. Achten Sie darauf, was Sie alles können und klopfen Sie sich immer wieder mit der rechten Hand anerkennend auf die linke Schulter (auch wenn Sie das zunächst albern finden). Übertragen Sie den Stoff, der sich bis heute erfolgreich Ihrem Gehirn verweigert hat, auf einzelne Karteikarten. In dieser überschaubaren Form können Sie ihn sich heute noch ein paar Mal zu Gemüte führen. Falls Sie feststellen, dass Sie sowieso schon alles beherrschen, entfällt dieser Punkt natürlich. Wir gratulieren Ihnen zum erfolgreichen Prüfungsvorbereitungsprozess!

E. Der Abend davor. Die Nacht

Die Überlegungen, die wir zum Abend vor der Klausur geschrieben haben, gelten im Grunde auch für den Abend vor der mündlichen Prüfung. Gelingt es Ihnen, zur Ruhe zu kommen? Bleiben Sie abstinent bei Alkohol und Schlafmitteln! Gerade der Alkohol hat den Nachteil, dass er zwar beim Einschlafen hilft, aber nicht zu einem tiefen Schlaf führt. Wenn Sie dann nach einiger Zeit wegen der erhöhten Flüssigkeitszunahme durch Harndrang geweckt werden, ist es mit dem Schlaf vorbei. Dann übernimmt wieder das Kopfkino mit dem Prüfungsfilm die Regie und stiehlt Ihnen die kostbarsten Stunden der Nacht.

Denken Sie am Abend vorher noch unbedingt daran, sich die Kleidung für die Prüfung herauszulegen. Und ist auch alles für ein leckeres Frühstück vorhanden? Wenn nicht, gönnen Sie sich noch einen kleinen Spaziergang, um die letzten Besorgungen zu machen.

F. Guten Morgen!

Dieser Wunsch ist ernst gemeint. Genießen Sie die Stunden vor der Prüfung. Wenn der Termin früh morgens liegt, nehmen Sie sich doppelt so viel Zeit für Ihren Start in den Tag als an normalen Tagen. Ohne Hektik im Bad. Anziehen. Passt alles? Gefallen Sie sich? Musik zum Frühstück? Gerne etwas mehr frühstücken. Ihr Körper und Ihr Geist müssen langsam in Gang kommen. Das gelingt gut, wenn Sie etwas im Magen haben. Vermeiden Sie Ablenkungen durch Emails und das Surfen im Internet. Sind Sie schon nervös? Begegnen Sie Ihrer Nervosität, indem Sie sich beweisen, dass alles Gelernte noch in Ihrem Kopf ist. Blättern Sie ruhig noch einmal die Karteikarten oder Exzerpte durch. Scannen Sie mit einem schnellen Blick das Manuskript oder das Thesenpapier. Es ist noch alles da. Sie haben den Kontakt zum Thema nicht verloren. Sie werden das Thema gut präsentieren. Vielleicht verzichten Sie heute auf dem Weg zur Uni mal auf die Kopfhörer? Dann können Ihre Gedanken möglicherweise auch besser den Kontakt zum Prüfungsthema halten. Wenn Sie aber die Musik zur Aufmunterung brauchen, dann hören Sie einfach das, was Ihnen jetzt gerade gut tut. Planen Sie Staus, Streiks und Glatteis – auch im Juli – ein und machen Sie sich frühzeitig auf den Weg. Was immer jetzt auch auf Sie zukommt – Sie sind allem gewachsen.

Bestimmt kommen Sie etwas zu früh am Prüfungsort an. Sie warten auf Ihre Prüfung. Vielleicht befinden Sie sich gerade in einem langen Gang vor dem Prüfungszimmer. Es kann sein, dass Sie von drinnen Stimmen hören. Der Kandidat vor Ihnen wird soeben noch geprüft. Vielleicht erinnert Sie die Situation an die „ewig langen" Minuten vor einem Liveauftritt. Sie werden gleich auf die Bühne gerufen und müssen Ihre Künste zeigen. Da gehört das Lampenfieber nun mal dazu. Ist Ihre äußere Erscheinung stimmig für Sie? Fühlen Sie sich wohl in der Kleidung, die Sie für heute gewählt haben? Aber auch wenn etwas nicht stimmt – ein Fleck auf der Bluse, Achselränder vom Schwitzen – Ihre Prüfung wird daran nicht scheitern.

Ein Student überbrückte die Wartezeit vor dem Prüfungszimmer dadurch, dass er mit vier Bällen jonglierte. Eine passende Vorbereitung auf die Prüfung, denn dort geht es ja genau darum: mit den Inhalten des Themas konzentriert und möglichst virtuos umzugehen und dabei die Übersicht zu behalten. Verbieten Sie sich ab jetzt jeden Gedanken an das, was Sie nicht gelernt haben. Schalten Sie Ihr Smartphone und die phonologischen Schleifen in Ihrem Kopf aus, mit denen Sie ständig die allerletzten Jahreszahlen oder Formeln wiederholt haben, um sie ja nicht zu vergessen. Erinnern Sie sich an die Gestalt des Prüfungsdreiecks: Suchen Sie den Kontakt zum Thema, indem Sie sich bewusst machen, was Sie können. Denken Sie nicht an Einzelheiten des Themas. Denken Sie an seine Struktur, an Ihre Gliederung oder an die verschiedenen Kapitel, in denen Sie sich auskennen. Vor allem aber: Stellen Sie sich darauf ein, mit Ihrem Prüfer in Kontakt zu treten, wenn Sie ihm jetzt gleich begegnen werden.

G. In der Prüfung

Wenn Sie in den Prüfungsraum gerufen werden, mögen Ihnen zwar die Beine etwas zittern und auch der kalte Schweiß könnte Ihnen jetzt ausbrechen – Ihre Prüfung wird aber nicht daran scheitern. Im Prüfungsraum werden Sie bereits erwartet. Sowohl der Beisitzer als auch der Professor wollen diese Prüfung hinter sich bringen (es wird Ihnen vermutlich genauso gehen). Sie werden Ihnen helfen, so gut es geht.

> *Isabel wird an der Tür von der Prüferin mit Händedruck begrüßt. Die Professorin erkundigt sich: „Wie geht es Ihnen?" Jetzt hat Isabel prinzipiell zwei Möglichkeiten. Sagt sie automatisch „gut", schlägt sie das Kontaktangebot der Professorin aus. Sie muss dann auf eine neue Möglichkeit hoffen, das Prüfungsgespräch in Gang zu bringen und darauf vertrauen, dass ihr die Professorin, die ihr zu Beginn die kühle und etwas feuchte Hand gedrückt hat, die kleine Einstiegslüge nicht übel nimmt. Isabel könnte aber auch authentisch bleiben und antworten: „Ich bin ganz schön aufgeregt. Ich hoffe, das ändert sich gleich, wenn's losgeht."*

Oft ist ein solches Bekenntnis schon der ideale Gesprächseinstieg. Cool oder menschlich? Hier geht es bereits um den Start des Gespräches im Sinne des Prüfungsdreiecks, also um den störungsfreien Beginn des Prüfungsdialogs.

Viele Prüflinge machen die Erfahrung, dass ihre Prüfer ihnen grundsätzlich wohl gesonnen sind und sogar regelrecht mitfiebern. Nehmen Sie diese Hilfe an. Schauen Sie dem Prüfer bei der Begrüßung in die Augen und reichen Sie ihm die Hand. Wenn Sie gefragt werden, wie es Ihnen geht oder ob Sie sich gesundheitlich in der Lage fühlen, mit der Prüfung zu starten, antworten Sie am besten ganz ehrlich. Fangen Sie nicht an, darüber nachzugrübeln, was der Professor mit Äußerungen wie „Wir kennen uns ja schon lange" oder „Ich habe Sie ja schon ewig nicht mehr gesehen" meinen könnte. Vielleicht versucht er einfach nur, Sie durch den Aufbau einer persönlichen Ebene zu entlasten. Selbst wenn Sie seine Äußerungen nicht recht einschätzen können, lassen Sie sich nicht irritieren. Ab jetzt hängt nämlich viel davon ab, ob Sie im Kontakt zum Prüfer bleiben. Wenn er Sie aber mit einer Bemerkung so stark irritiert, dass Sie das als Störung empfinden, thematisieren Sie es ruhig und klären Sie, wie er es gemeint hat. Wichtig ist, dass Sie weiterhin offen bleiben für seine Fragen und Hinweise.

Dann wird sich auch rasch wieder ein Gespräch über das Thema entwickeln.

Jetzt sind Sie dran

Gleich zu Beginn Ihrer Begegnung hat aber erst mal der Professor ein kleines Problem. Er muss nämlich einen Einstieg in die Prüfung finden und sich wieder erinnern, wer Sie sind, um was für eine Prüfung es sich handelt und um welches Thema es überhaupt geht. Und dann muss er entscheiden, wie er anfangen wird. Läge ihm jetzt eine von Ihnen angefertigte Zusammenstellung der Themen vor, versehen mit Ihrem Namen und der Prüfungsart (z.B. „Master, Nebenfachprüfung Biologie"), dann würde es ihm womöglich viel leichter fallen, einen Prüfungseinstieg auf einer gemeinsamen Grundlage zu finden. Ein solches Handout hätte für beide Seiten Vorteile. Dem Professor könnte es dabei helfen, sein Gedächtnis mit ein paar Hinweisreizen in Gang zu bringen und Ihnen wäre geholfen, weil Sie den Prüfer zu einem gezielten Einstieg anreizen, der von genau denjenigen Stichpunkten bestimmt wird, die Sie im Vorfeld gut präpariert haben. Allerdings könnte der Anfang auch ganz anders aussehen. Manche Prüfer machen es sich mit dem Einstieg nämlich sehr leicht und überlassen dem Prüfling das Feld. Da heißt es dann nur: „Dann fangen Sie doch mal an" – und schon ist der Ball wieder bei Ihnen. Perfekt wäre es jetzt, wenn Sie den ersten Satz Ihres Einstiegs bereits auf der Zunge hätten. Es wäre also nicht verkehrt, sich darauf vorzubereiten.

Von null auf hundert in Nullkommanichts

Andere Professoren wiederum prüfen aus ihrer Standard-Liste von Fragen und Aufgaben. Meistens haben die ersten Fragen dann einen hinführenden Charakter. Sie sind offener formuliert und zielen noch nicht auf die sophisticated details. Ist der allererste Einstieg schließlich erfolgt, können Sie das Thema etwas eingrenzen, indem Sie bei der Beantwortung der Fragen Ihre eigenen Schwerpunkte setzen. Damit lenken Sie den Prüfer auf „sicheres Terrain". Vermutlich wird er Ihnen dafür sogar dankbar sein. Gut möglich nämlich, dass Ihnen durch Ihre Prüfungsvorbereitung der Stoff momentan präsenter ist als ihm. Es gibt aber auch Prüfer, die einen Karteikasten mit Fragenzetteln auf den Tisch stellen und ihre Kandidaten daraus ziehen lassen. Ein solcher Einstieg stellt an die Gedächtnisleistung des Prüflings besondere Anforderungen, denn solange nur Daten und Fakten abgefragt werden, erhält der Prüfling viel weniger Abrufreize, als wenn ihm Fragen gestellt werden, die auf Bedeutungsverknüpfungen oder persönliche Stellungnahmen zielen.

Randvoll und trotzdem offen für alles

Aber selbst wenn Ihr Prüfer den Themen-Einstieg mit völlig beliebigen Wissensfragen aus dem Fachgebiet beginnt, kann es sein, dass es im Laufe der Prüfung immer mehr um Anwendungen, kritisches Hinterfragen und Begründungen gehen wird. Vielleicht möchte der Prüfer am Schluss der Prüfung noch sehen, wie selbständig Sie mit dem Stoff umgehen können, den Sie zu Beginn nur rekapitulieren mussten. Seien Sie empfänglich für die Impulse, die er Ihnen gibt; sie sind ein Hinweis auf das, worauf er hinaus will. Es kommt leider viel zu oft vor, dass Prüfungskandidaten bis zum Rand abgefüllt sind mit Daten und Faktenwissen, ohne sich eine gewisse Offenheit für die Fragen und Impulse des Prüfers bewahrt zu haben. Natürlich sind sie dann vollauf damit beschäftigt, ihre starren und mühsam zurechtgelegten Argumentationsfäden nicht zu verlieren. Sie sind so blockiert, dass sie auf eine unerwartete Frage des Prüfers nicht mehr reagieren können. Sie wollen die Fäden, an die sie sich krampfhaft klammern, nicht loslassen und können den Faden, den der Prüfer ihnen anbietet, nicht mehr aufgreifen. Wenn nach dem Einstieg jedoch ein echtes Gespräch zustande kommt, sind Prüfer und Prüfling voll bei der Sache – beim gemeinsamen Thema. Dann wird die Prüfung auch gelingen.

„Wie ich heiße? Diese Frage war nicht abgesprochen!"

Viele mündliche Prüfungen beginnen damit, dass der Prüfling zunächst aufgefordert wird, das Prüfungsthema in einer Art Kurzvortrag vorzustellen. Freie Rede in einer Bewertungssituation – für viele der Horror schlechthin! Was extrovertierte Studierende zu Höchstleistungen anregt, löst bei der schweigenden Mehrheit eher Stotterattacken aus. Das Schlimme daran ist, dass stures Auswendiglernen die Wahrscheinlichkeit des Scheiterns sogar noch steigert. Denn wenn Sie jetzt in der Dialogsituation einen auswendig gelernten Text abspulen, besteht die Gefahr, dass Sie mit Ihrem seichten Sermon sowohl Prüfer als auch Beisitzer furchtbar langweilen. Und das mit unangenehmen Folgen. Sie zwingen Ihre Prüfer zum Äußersten – zur Unterbrechung Ihrer sorgfältig memorierten Vorlesung. Er wird Ihnen irgendwelche Fragen stellen. Das ist nur allzu verständlich, denn Ihre Prüfer handeln gewissermaßen aus Notwehr. Um nicht einzuschlafen, werden sie aktiv. Und das könnte Sie rasch vor ein Problem stellen, denn die schlimmsten aller Prüfungsfragen sind die beliebigen, die nichts mit dem aktuellen Gesprächskontext zu tun haben. Sie liefern in der Situation so gut wie keine Abrufreize, die Ihnen einen nützlichen Hinweis zur Beantwortung der Frage liefern könnten.

Kleine Ereignisgeschichte des Pizzabackens

Aber woher kommt diese enorme Angst vor der freien Rede? Freie Rede ist eigentlich nichts anderes als Sprechdenken (Pabst-Weinschenk 1995, S. 27ff.). Sie denken während des Sprechens und sprechen während Sie denken. Dabei entstehen innere Bilder, an denen Sie sich orientieren und die Sie beschreiben können. Dazu ein Beispiel: Sie sollen einem guten Freund erklären, wie der Ihre gerade für lecker befundene Lieblingspizza in Zukunft auch ohne Ihre Hilfe aus dem Ofen zaubert. Jetzt werden Sie ihn wohl kaum wortlos stehen lassen, um nach dem Rezept zu suchen oder sich vor den Laptop schwingen, um eine Power Point-Präsentation zu erstellen. Wir nehmen an, dass Sie ihm ganz intuitiv antworten werden und ihm mit Begeisterung die einzelnen Schritte erklären. Dabei werden Sie sich zuvor die einzelnen Handgriffe selber genau vor Augen führen: wie Sie den Teig gründlich kneten, ihn auf dem Blech ausrollen, anschließend die Tomatensoße darauf verstreichen und schließlich den leckeren Belag verteilen, bevor der Pizzakäse alles gnädig wieder zudeckt. Und wenn Sie feststellen, wie sehr Ihnen beim Erzählen selber das Wasser im Mund zusammenläuft, können Sie davon ausgehen, dass Ihr Freund sich jetzt gut vorstellen kann, wie lecker das Ergebnis werden wird. Und vor allem brauchen Sie bei dieser Art des Vorgehens keine Angst davor zu haben, dass Sie irgendwann nicht mehr weiter wissen. Bei einer frei gehaltenen Rede, bei der Sie alles, was Sie mitteilen wollen, bildhaft vor Augen haben, wird kein Faden reißen. Auch Ihrem Freund wird es gelingen, den Teig aufs Blech, in den Ofen und später die fertige Pizza auch wieder heraus zu bekommen, denn er hat Ihnen aufmerksam zugehört. Klares Sprechdenken fesselt die Zuhörer. Und dazu müssen Sie kein Manuskript vor Augen haben.

Kein Vortrag ohne Einleitung

Wenn Sie die Gelegenheit erhalten, Ihr Thema gleich zu Beginn der Prüfung zu beschreiben, sollten Sie (wie bei jedem guten Vortrag) Ihren Zuhörern zunächst mitteilen, was sie sonst noch so alles erwartet. Wie die Menükarte in einem Haut Cousine Restaurant, sollte auch Ihr Vortrag eine Einleitung enthalten, die den Anwesenden einen guten Überblick über das gesamte Menü bietet – inklusive Vor- und Nachspeise. Vermeiden Sie es jedoch, Ihren Vortrag mit subtilen Einzelheiten zu beginnen. Sonst geraten Sie in Gefahr, dass man Sie nach kurzer Zeit unterbricht, obwohl Sie noch nicht mal beim Hauptgericht angelangt waren. Wenn Sie die Einführung jedoch von Beginn an knapp halten und wirklich nur einen kleinen Überblick über alles geben, was Sie vorbereitet haben, weiß der Prüfer genau Bescheid, über welches Gebiet er Sie fragen kann.

Mit der Einleitung die Claims abstecken

Aber ist eine Einleitung nicht zu umständlich und kostet sie nicht zu viel Zeit? Warum nicht besser gleich zur Sache kommen und alles erzählen, was man weiß? Mit einer Einleitung nutzen Sie die Chance, den Prüfer mit Ihrem Thema in Kontakt zu bringen. Sie fesseln seine Aufmerksamkeit und setzen Orientierungsmarken, die er so miteinander verknüpfen kann, dass er erkennt, wo Sie hin wollen. Und Sie haben ein Terrain markiert, in dessen Grenzen Sie sich gut auskennen. Er wird Ihnen darin folgen – zumindest für die Dauer der Einleitung. Und er wird reagieren, klinkt sich also irgendwann in Ihr Szenario ein. Nur ganz selten kommt jetzt eine Frage, die überhaupt nichts mit dem zu tun hat, was Sie gerade erzählt haben. Versuchen Sie deshalb, seine Bemerkungen, Fragen und Einwände auf der Grundlage dessen zu verstehen, was Sie soeben vorgetragen haben: Warum ist diese Frage dem Prüfer jetzt wichtig? Welcher Aspekt des Themas könnte zu seiner Frage passen? Es geht jetzt also nicht darum, ein im Gedächtnis gespeichertes Bild oder ein umfangreiches Datenpaket abzurufen und vorzuzeigen. Es ist jetzt vielmehr nötig, direkt auf die Frage des Prüfers einzugehen, weil jede Kommunikation normalerweise von gegenseitigem Verständniswillen geprägt ist.

Vorgefertigte Antworten bringen Sie hier nicht weiter. Sie müssen erspüren, worauf Ihr Prüfer hinaus will. Das erfordert, dass Sie nach außen hin aufmerksam und innerlich flexibel bleiben.

Eine gute Antwort braucht sieben Sekunden

Nachdenken – im Kopf gliedern – antworten. So sieht die ideale Reaktion auf eine Prüfungsfrage aus. Aber wie ist eine derartige Konzentrationsleistung unter dem Druck eines Prüfungsgesprächs möglich? Wenn eine Prüfung hektisch wird, haben – zumindest nach unserer Erfahrung – die Prüflinge meistens einen gewissen Anteil daran. Viele sprechen zu schnell und lassen sich mit ihrer Antwort nicht genug Zeit. Dadurch unterlaufen ihnen auch leicht Fehler. In einer Prüfungssituation kann zwischen Frage und Antwort eine Gesprächspause von bis zu sieben Sekunden Dauer liegen, ohne dass sie vom Prüfer als Hemmung oder gar Störung empfunden wird (Dietze 1999, S. 95ff.).

 Probieren Sie das doch mal aus. Zählen Sie laut von 21 bis 27. Das sind sieben Sekunden. So lange können Sie sich Zeit lassen, ohne dass der Prüfer seine Unterlagen wieder einpackt. Wie befreiend es doch sein kann, wenn man weiß, dass Pausen erlaubt sind!

Andererseits schadet es in den meisten Fällen auch nicht, wenn Sie laut nachdenken und Ihren Denkprozess transparent machen. So kann der Prüfer Ihre Herleitung mit verfolgen. Das interessiert ihn garantiert.

Wie Sie in Führung gehen

Aber nicht jede richtige Antwort ist automatisch gut für den Prüfungsverlauf. Gute Prüfungsantworten beinhalten nicht nur harte Fakten, sondern auch Konsequenzen und Implikationen. Hier kommen auch „ökonomische" Aspekte ins Spiel. Wenn Ihre Antwort auf die Frage des Prüfers inhaltlich zwar richtig, dafür aber nur knapp ausfällt, ist er gezwungen, sich rasch eine neue zu überlegen. Und ganz schnell befinden Sie sich nicht mehr in einem Gespräch, sondern in einem Quiz, aus dem Sie sich, wenn alles blöd läuft, schon nach der 500-Euro-Frage verabschieden könnten. Gute Prüfungsantworten beinhalten ein thematisches Plus, einen Mehrwert oder thematischen „Überschuss", der dem Prüfer Anknüpfungspunkte und Hinweisreize für die nächste Frage gibt. In der Wahl Ihrer Antwort liegt demnach auch der Schlüssel für die Lenkung der Prüfungsfragen. Wenn Sie sensibel und geschickt genug sind – und wenn sich der Prüfer auf Ihre Fährten einlässt –, führen Sie das Gespräch und leiten es auf dem Weg, den Sie gut kennen. Sie lenken das Gespräch, wenn Sie beispielsweise in Ihren Antworten unterschiedliche Auffassungen und Interpretationen anbieten. Damit erweitern Sie das Themenspektrum und liefern sich selbst und dem Prüfer neue Stichworte. Wenn Sie etwa in Ihrer Antwort Ihr eigenes Spezialthema anklingen lassen, bekommt der Professor die Gelegenheit, Ihnen im Gespräch auf dieses Gebiet zu folgen. Wenn Sie bei all dem flexibel bleiben, vermeiden Sie die Gefahr, dass Sie sich selbst zum Antwortautomaten für die Fragen des Prüfers machen. Hinterfragen Sie Ihrerseits ruhig auch mal seine Frage. Wer hat sie so ähnlich schon einmal gestellt? Worauf zielt sie ab? In welches logische Dilemma könnte sie führen? Und wenn der Prüfer selbst einen Kommentar äußert, lassen Sie diesen nicht unbeachtet, gehen Sie auf ihn ein – natürlich nur, wenn Ihnen etwas dazu einfällt.

Einsteins Irrtümer kosten Zeit

In Prüfungen dürfen Sie ruhig auch Vermutungen aussprechen. Sie können sie ja leicht als Hypothesen für neue Forschungsvorhaben kennzeichnen. Vorsicht ist jedoch geboten mit allzu ungeschützter Preisgabe der eigenen Meinung („Ich finde das alles zu wenig durchdacht") und der Äußerung pauschaler Urteile („Da irrte Einstein"). Bedenken Sie, dass Sie zur Not alles, was Sie sagen, begründen müssen. Und wenn Sie sich irgendwo festbeißen, kostet das Zeit. Es bleiben Ihnen generell nur wenige Minuten, so viel wie möglich von Ihrem Wissen zu präsentieren. Wenn Sie in der Prüfung das Gefühl haben, dass die Zeit verfliegt, ist das ein gutes Zeichen. Ein zähes Prüfungsgespräch dagegen zieht sich schier endlos in die Länge.

Betrachtungen von der Mitte des Schlauches aus

Wenn Sie eine Frage nicht beantworten können, haben Sie prinzipiell zwei Möglichkeiten: Entweder Sie fragen nach, ob der Prüfer sie Ihnen noch mal erläutern kann oder Sie gestehen die Lücke ein. Ein spontanes „Weiß ich nicht!" könnte jedoch so verstanden werden, dass Sie keine Lust haben, sich mit der Frage zu beschäftigen. Geben Sie nicht kampflos auf. Sie können nie ganz sicher sein, ob Ihnen nicht vielleicht doch noch etwas zum Thema einfällt. Womöglich fehlt Ihnen bloß die Starthilfe. Indem Sie nachfragen, erhöhen Sie Ihre Chancen, doch noch eine gute Antwort zu finden. Durch Nachfragen bringen Sie nämlich den Prüfer dazu, seine Frage noch einmal mit anderen Worten zu stellen oder sie sogar zu erläutern. Damit erhalten Sie neue Hinweisreize, die Ihnen weiterhelfen können, wenn Sie gerade mal auf dem Schlauch stehen.

Wenn Sie mal danebenliegen

Allerdings können Ihnen auch die besten Hinweis- oder Abrufreize nicht helfen, wenn nichts da ist, das abgerufen werden könnte. Hier gibt es keine Ausreden. Wenn Sie sich wenigstens um eine Antwort bemühen und dann trotzdem nichts finden, können Sie ruhig zugeben, dass Sie die Frage nicht beantworten können. Der Prüfer hat eine Ihrer Grenzen entdeckt. Jetzt wird er thematisch einige Schritte zurückgehen und in einer anderen Richtung weiterfragen. Oder er wird an einer ganz anderen Stelle noch mal neu ansetzen. Aber selbst dann, wenn Sie sich dabei ein bisschen wie beim Schiffeversenken vorkommen, sollten Sie nicht dem pauschalen Eindruck erliegen, Ihr Prüfer wollte nichts anderes, als nur Ihre Lücken finden. Versuchen Sie, ihm zu folgen und den Kontakt zu Ihrem Thema wieder herzustellen.

Eine falsche oder nicht gewusste Antwort sollte für Sie auch kein Anlass sein, sich aus der Ruhe bringen zu lassen. Begeben Sie sich in Ihrem Tempo wieder auf die Suche nach dem Anschluss zum Thema. Das Thema gibt Ihnen die Sicherheit zurück.

Blackouts – wenn der Filmriss sprachlos macht

Wissenslücken oder falsche Antworten sind nicht zu verwechseln mit den berüchtigten „Blackouts". Wer eine Frage nicht beantworten kann, leidet nicht automatisch an einem „Blackout". Über Blackouts in Prüfungen sagen Studierende: „Ich wusste gar nichts mehr". Das bedeutet, dass sie keine Verbindung zwischen ihren Gedächtnisinhalten und ihrem Bewusstsein herstellen konnten, obwohl ihre „Gedächtnisspeicher" gut gefüllt waren. Viele Prüfungskandidaten suchen die Schuld für das

Auftreten des Blackout bei ihrer eigenen Aufregung: „Ich bin einfach kein Prüfungstyp. Ich bin immer so aufgeregt und dann bekomme ich diese Blackouts". Handelt es sich also um ein Phänomen, das den Prüfling plötzlich und aus heiterem Himmel überrascht? Blackouts lassen sich gut im Modell des Prüfungsdreiecks darstellen. Der neuralgische Punkt ist die Verbindung des Kandidaten zum Thema. Sie ist beim Blackout vorübergehend unterbrochen. Bei vielen Kandidaten

tritt der Blackout dann ein, wenn sie spüren, dass das Prüfungsdreieck seine Balance verloren hat und das Gespräch nicht mehr rund läuft. Oft ist auch das Gefühl verantwortlich, man verstehe den Prüfer nicht mehr richtig. Denn wenn diese wichtige Beziehung im Prüfungsdreieck abreißt, wird auch die Beziehung zum Prüfungsthema fragil. Vielleicht gibt es aber auch noch eine andere Ursache. Manche Studierende haben zwar ganz fleißig gelernt und sich für die Prüfungsthemen gut präpariert. Das Präsentieren der für sie neuen Informationen und Zusammenhänge aber haben sie kaum oder gar nicht geübt. Das heißt, sie sind es nicht gewohnt, Details aus ihrem Gedächtnis wieder aufzurufen. Und nun hören sie sich beim Antworten selbst zu und verlieren – auch unter dem Druck der Prüfungssituation – förmlich den roten Faden, also ihren eigenen Kontakt zum Thema.

Wie aber kommt man aus dieser Situation wieder hinaus? Der Blick auf das Prüfungsdreieck zeigt, dass es nur eine Möglichkeit gibt. Sie sollten sich unbedingt darum bemühen, den Kontakt zum Prüfer wieder herzustellen. Wenn Ihr Bezug zum Thema abgerissen ist, kann Ihnen nur Ihr Gesprächspartner sagen, um was es jetzt gerade geht. Teilen Sie ihm mit, wo Sie inhaltlich ausgestiegen sind. Bitten Sie ihn, die Frage zu wiederholen. Sprechen Sie darüber, dass Sie den Faden verloren haben, etwas verwirrt oder blockiert sind. Dann kann er Ihnen auch helfen, wieder ins Thema zurück zu finden.

Das Beste zum Schluss

Jedes gute Gespräch hat auch ein angemessenes Ende und bricht nicht einfach ab. Wenn Sie es mit einem geübten Prüfer zu tun haben, können Sie sich darauf verlassen, dass er die Zeit im Blick hat und Ihnen signalisiert, wenn die Prüfung sich dem Ende zuneigt. Es bringt dann nichts mehr, alle möglichen Einfälle und Ideen als Eilpakete bei ihm abzuliefern. Auch wenn man gerade jetzt so schön im Thema drin ist, sollte man sich bemühen, auf die Wünsche des Prüfers einzugehen. Vielleicht möchte er jetzt von Ihnen ein Resümee hören oder eine Schlussfrage stellen. Möglich wäre allerdings auch, dass er bei der Bewertung Ihrer Leistung noch zwischen zwei Noten schwankt und Ihnen gerne eine Entscheidungsfrage stellen möchte.

Das Ende des Prüfungsgesprächs und die Verabschiedung runden die Prüfung ab. Mit den letzten Worten und Gesten hinterlassen Sie auch den finalen Eindruck bei Ihren Prüfern. Das Empfinden, eine abgerundete und stimmige Prüfung erlebt zu haben, wird auch auf die Notenvergabe einwirken. Verabschieden Sie sich mit einem Händedruck, wenn der Prüfer Ihnen die Hand reicht. Wenn Ihnen keine Hand angeboten wird, reicht auch ein freundliches Lächeln mit Augenkontakt und vielleicht geben Sie der Prüfung mit einem Abschlusswort den letzten Schliff. Begrüßung und Abschluss sind nämlich wie ein Rahmen, der den Prüfungsinhalt umschließt. Was dazwischen passiert – die „eigentliche" Prüfung –, ist eingebettet in eine klare Struktur, die berücksichtigt werden will.

4. Formen mündlicher Prüfungen

A. Mehrpersonenprüfungen

In einer mündlichen Prüfung sind Sie mit dem Prüfer nicht allein. Ein Beisitzer ist in der Regel am Gespräch beteiligt. Manche Beisitzer protokollieren nur, andere haben sogar ein Mitspracherecht bei der Notenfindung. Es ist deshalb nicht einfach nur höflich, sondern auch dringend geboten, neben dem Prüfer auch den Beisitzer wahrzunehmen, auch ihm bei der Begrüßung die Hand zu geben und auch für ihn ein Thesenpapier mitzubringen.

In Prüfungen, die mit mehreren Prüfern gleichzeitig abgehalten werden, sowie in Gruppenprüfungen, bei denen mehrere Prüflinge beteiligt sind, sind Ihre sozialen Kompetenzen gefordert. Die kommunikativen Bezüge sind wesentlich komplizierter als in Einzelprüfungen. Dennoch kann das Prüfungsdreieck auch hier mehr Klarheit bringen.

Ein Prüfling – viele Prüfer

Wenn Sie in der Prüfung von vier, sechs, acht oder gar zehn Augen gemustert werden, kann es vorkommen, dass Sie gar nicht so recht wissen, welcher der Anwesenden für Sie jetzt relevant ist. Wir empfehlen Ihnen, sich zunächst auf den Prüfer zu konzentrieren, der Sie anspricht. Schauen Sie ihn an, wenn er Sie etwas fragt und ebenso wenn Sie antworten. Achten Sie vor allem darauf, dass *er* Sie versteht. Lassen Sie sich nicht von den anderen Prüfern ablenken, die vielleicht mit großer Hingabe ihre Mobiltelefone oder Tabletcomputer bedienen, ohne Ihnen besondere Aufmerksamkeit zu schenken. Aber lassen Sie sich auch nicht von ihrer demonstrativen „Abwesenheit" täuschen. Die relevante Kommunikation verläuft zwar zwischen Ihnen und der jeweils kommunizierenden Person. Gehen Sie aber trotzdem davon aus, dass alle anderen Prüfer noch da sind – als Beobachter des

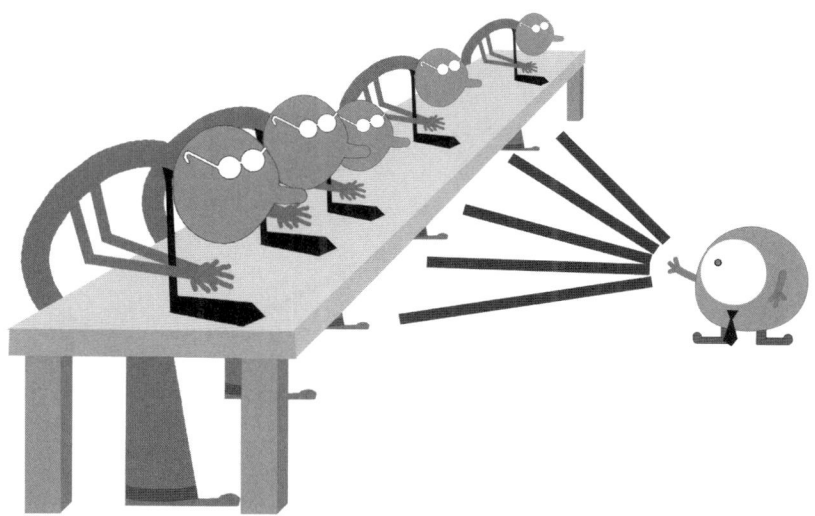

aktuellen Kommunikationsdreiecks. Selbst wenn der nächste Prüfer Ihnen Fragen aus einem ganz anderen Fachgebiet stellt, ist alles, was Sie mit dem bisherigen Prüfer besprochen haben, immer noch „heiß" und kann im weiteren Verlauf der Prüfung wieder eine Rolle spielen. Viele Prüfungskandidaten haben gute Erfahrungen damit gemacht, passende Querverweise unter ihren Themen anzusprechen. Dadurch haben sie zeigen können, dass sie in der Lage sind, mit den verschiedenen Themen souverän umzugehen. Außerdem waren sie besser davor geschützt, durch eine plötzliche Rückfrage zum Eingangsthema auf dem falschen Fuß erwischt zu werden. Viele Prüflinge gehen beim Lernen von strikt getrennten Bezügen aus. Gerade in Mehrpersonenprüfungen zeigt sich, dass diese innere Trennung eine Fiktion ist und manche Professoren auch Themen prüfen, die nicht in ihrem Skript stehen. Das muss nicht immer böse Absicht sein. Auch Prüfer haben ein menschliches Gehirn und können nur das fragen, was ihnen gerade einfällt.

Viele Prüflinge – ein Prüfer

Prüfungen mit zwei, drei oder sogar mehr Kandidaten sind kompliziert – auch für den Prüfer. Er muss schließlich zu jedem Einzelnen

eine Beurteilung abgeben. Viele Prüfer geben der Gruppenprüfung deshalb von sich aus eine feste Struktur vor. Sie wollen sicherstellen, dass jeder Kandidat die Gelegenheit hat, seine Kompetenzen zu zeigen. Manche Prüfer teilen die zur Verfügung stehende Zeit durch die Anzahl der Teilnehmer und prüfen jeden Kandidaten wie in einer Einzelprüfung. Häufig überlassen sie es den Prüflingen, die Reihenfolge der Kandidaten festzulegen. Das führt dann im Vorfeld unter den Teilnehmern zu tiefschürfenden prüfungspsychologischen Diskussionen: Ist es besser, die unsicheren Kandidaten an den Anfang zu legen, damit der Wissenskontrast zu den guten nicht so auffällt. Wer aber ist ein unsicherer Kandidat? Wer ein guter? Andere Prüfer stellen sich auf zwei Fragerunden ein. Sie beginnen bei einem Prüfling, fragen immer genauer, bis sein Wissen lückenhaft wird. Dann wechseln sie zum nächsten, um zu schauen, ob hier noch etwas zu „holen" ist. Wieder andere Prüfer starten mit einem offenen Gruppengespräch, nehmen dann die Beobachterrolle ein und beurteilen die Beiträge der Prüflinge.

Nach welchem Schema auch immer Ihre Prüfung ablaufen wird: Bleiben Sie ständig im Kontakt zu allen Anwesenden und zum jeweiligen Thema. Nur wenn Sie präsent sind, können Sie sich an den geeigneten Stellen beteiligen und mit thematischen Querverbindungen punkten. Tragen Sie vor allem dazu bei, die Gesprächsatmosphäre in der Prüfung lebendig zu halten. Und vielleicht gelingt es Ihnen auch, der Diskussion ein wenig Esprit zu verleihen? Ergreifen Sie die Initiative, wann immer es möglich ist und Ihnen sinnvoll erscheint. Ihre Leistung kann ja nur dann bewertet werden, wenn Sie sie zeigen. Behalten Sie aber auch hier die soziale Balance bei und drängen Sie sich nicht zu sehr in den Vordergrund. Das könnte die Prüfer stören, denn sie haben ja die Aufgabe, nicht nur Ihr Wissen, sondern auch das aller anderen beteiligten Kandidaten zu beurteilen. Zu einer guten Vorbereitung auf eine Gruppenprüfung gehört es, sich beim Prüfer zu erkundigen, in welcher Form er prüfen wird. Daraus erhalten Sie und Ihre Kommilitonen wertvolle Hinweise für Ihren Vorbereitungsprozess – und Sie vermeiden Überraschungen.

B. Vortrag und Präsentation

Mittlerweile ist es in vielen Studiengängen üblich, auch Vorträge oder Präsentationen als Formen einer mündlichen Prüfung zuzulassen. Der Ablauf solcher Prüfungen sieht vor, dass Studierende einen zuvor mit dem Prüfer abgesprochenen thematischen Inhalt vor den Prüfern und eventuell noch weiteren Zuhörern darstellen und dafür eine Beurteilung erhalten. Solche Vorträge werden auch in Bachelor- und Masterstudiengängen gewählt, um Semester- oder Abschlussarbeiten zu präsentieren und dafür benotet zu werden. Aber auch diese Formen haben ihre Tücken. Nicht wenige Prüflinge entscheiden sich in ihrer mündlichen Prüfung für einen Vortrag, weil sie insgeheim glauben, dass damit weniger Aufwand und weniger Fallstricke verbunden wären. Ein Trugschluss, wie das folgende Beispiel zeigt.

Simons großer Tag ist gekommen. Im Anzug steht er im Seminarraum H2 und sein Herz klopft ihm bis in den engen Kragen hinauf. Alle sind sie gekommen: der Professor und der Doktorand, die seine Masterthesis betreut haben, zwei Ingenieure aus der Firma, in der er geforscht hat und drei Kommilitonen aus seinem Semester. Und als wäre das nicht schon genug, schleicht sich als Letzter auch noch sein Vater in den Raum und setzt sich in die letzte Reihe. Nach einem kurzen Blickkontakt zum Prüfer gibt sich Simon einen Ruck und beginnt mit seiner Präsentation: „Guten Tag. Auf meiner ersten Folie sehen sie das elektronisch gesteuerte Pumpensystem, das dafür entwickelt wurde, den Kühlkreislauf einer Sonnenkollektoranlage von über 250 Megawatt zu regeln. Meine Aufgabe war es, die Größen δ, ζ und λ in Abhängigkeit von θ und μ zu messen und zwar bei Volllast und bei Halblast. Auf der zweiten Folie sehen sie ….“ Nach zehn Minuten blickt der Professor das erst Mal auf seine Uhr. „Die Werte verändern sich *logarithmisch, sodass das Steuerungsprogramm mit folgender Formel programmiert werden kann..." Der Prüfungsleiter rutscht unruhig auf seinem Stuhl hin und her. Nach 17 Minuten unterbricht er Simon: „Sie müssen sich an den Zeitrahmen halten." – „Aber ich bin doch erst mit der Hälfte der Folien durch", erwidert Simon und seine Stimme zittert. „Dann schlage ich vor", entgegnet der Prüfer, „dass wir jetzt hier abbrechen und uns über ihre Ergebnisse unterhalten. Die meisten von uns haben ihre Arbeit ja gelesen". Ein mühsames Gespräch zwischen dem Professor und dem sichtbar frustrierten Simon schleppt sich über weitere zehn Minuten dahin, bis der Prüfer das Schlusswort spricht und Simon entlässt. Zum Glück gibt ihm der Professor eine 2,3 für die Präsentation. Mit genau der gleichen Note war auch seine schriftliche Arbeit bewertet worden. „Na, das war doch gar nicht so schlecht", sind die Worte des Vaters, als er Simon auf die Schulter klopft.*

Viele Studierende sehen in der Form der Präsentation einen Vorteil gegenüber dem Prüfungsgespräch. Sie wollen die Bühne, die Ihnen der Prüfer überlässt, gerne für sich und ihr Thema nutzen. Aber auch für die Bühne und das anwesende Publikum gelten bestimmte Spielregeln, die berücksichtigt werden müssen, damit der Auftritt nicht zum Reinfall wird. Simon legt gleich los und spart sich große Einleitungsworte. Dass er Folien präsentiert, ist für sich selbst genommen noch kein Problem. Dass er sie jedoch nur abliest und dabei nicht im Blick behält, ob die Zuhörer ihm noch folgen können oder nicht, erweist sich als Stolperfalle. Der Professor wird unruhig, denn Simon hat auch das Gefühl für die Zeit verloren. Dadurch nötigt er den Professor dazu, nachdrücklich auf den Zeitrahmen hinzuweisen. Mit Folgen: Simon muss seinen Vortrag abbrechen und kann dadurch nur einen Teil seines Meisterstücks abliefern.

Die Medien lügen

„Ich muss doch nur": „... meine Flipcharts zeigen", „... die Beamerpräsentation laufen lassen" oder „... mein Manuskript vorlesen". Studierende lassen sich gerne dazu verführen, ihre Themen genauso langweilig und monologisch zu präsentieren, wie sie es über viele Jahre bei ihren Dozenten in den Vorlesungen erlebt haben. Leider eifern sie ihnen darin oft nur allzu gerne nach. Die Prüfer bekommen dann einen Kandidaten zu sehen, der einen Text stur abliest oder sich nur mit seinem Plakat beschäftigt, anstatt die Zuhörer direkt anzusprechen, um sie mit dem Thema in Verbindung zu bringen. Das wird sich leider alles in der Note rächen, denn seine Masterarbeit vorlesen kann jeder. Instant Art ist noch keine Kunst.

Worauf aber kommt es denn bei einer Präsentation an? Wenn Sie sich über einen Vortrag prüfen lassen, müssen Sie wissen, dass sich auch in Ihrer Präsentation ein Prüfungsdreieck bildet. Der Prüfer möchte von Ihnen mit dem Thema in Verbindung gebracht werden, damit er beurteilen kann, wie sicher Sie mit den Aspekten des Themas umgehen. In Simons Präsentation aber verschwindet es. An seine

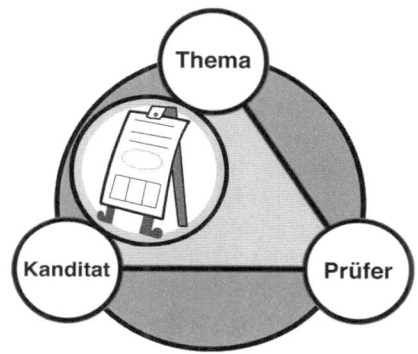

Stelle treten die Folien. Andere Kandidaten sehen in ihrem Manuskript oder Poster das Thema. Das, was ursprünglich als Medium gedacht war, nimmt seinen Platz ein. Und daran halten sie sich fest. In der Prüfung ist das sehr gefährlich. Ihr Poster ist nicht das Thema, es soll lediglich Ihre Sicht darauf verdeutlichen. Und diese trifft in der Prüfung auf die Sicht der Zuhörer. Das Poster ist „nur" das Medium, also tatsächlich nur das „Mittlere". Es liegt auf der Beziehungslinie zwischen Ihnen und dem Thema. Sie bieten den Zuhörern und Zuschauern das Poster an, damit sie einen neuen Kontakt zum Thema bekommen.

Bitte mehr Medientransparenz

Ein Kernproblem jedes Vortrages besteht darin, aus der unüberschaubaren Informationsfülle zum betreffenden Gegenstand genau die kleine Menge herauszufiltern, die repräsentativ und relevant zugleich ist. Weder ein Poster in DIN A0-Größe noch ein Satz von 15 Folien sind dazu geeignet, eine erschöpfende Darstellung zu bieten, die zugleich auch wissenschaftlichen Ansprüchen genügt. Selbst wenn Sie eine noch so kleine Schriftgröße wählen. Jedes Thema ist komplexer und kann noch differenzierter betrachtet werden. Immer müssen Sie Aspekte auswählen, diese dann neu strukturieren und für die Präsentation aufarbeiten. Der Vortrag über die eigene Abschlussarbeit muss mindestens genauso sorgfältig bearbeitet werden, wie das Referat über ein Buch, das Ihnen selbst noch völlig unbekannt ist. Zunächst müssen Sie es sich selbst erschließen, um es dann den Zuhörern, die es auch noch nicht kennen, vorstellen zu können.

Das Medium soll Sie nur dabei unterstützen, Ihr Thema so zu präsentieren, dass die Zuhörer mit dem *Inhalt* in Verbindung kommen. Deshalb gilt Ihr aufmerksamer Blick den Zuhörern und nicht dem Manuskript. Nur so können Sie erkennen, ob sie Ihnen folgen. Das, was Sie sagen, steht im Zentrum. Das Plakat oder die Beamerpräsentation sind nur Informations*träger*. Sie ergänzen in optischer Form den einen oder anderen Aspekt Ihres Vortrags. Wenn es umgekehrt läuft und Sie nur nachsprechen, was alle sowieso schon sehen können, läuft etwas verkehrt. Das Medium darf das Dreieck nicht zu einem Viereck erweitern. Seine Aufgabe besteht darin, sowohl Ihre Beziehung zum Thema als auch den Themenbezug der Zuhörer zu festigen. Noch besser wäre es sogar, wenn Ihre Präsentation es den Zuhörern erleichtert, sich ein ganz eigenes Bild vom Thema zu machen. Dann wären sie auch nicht mehr darauf angewiesen, die Bilder zu verinnerlichen, die Sie für Ihren eigenen Themenbezug gewählt haben. Genau dies versuchen wir in unseren hochschuldidaktischen Seminaren den Dozenten zu vermitteln. Und in dieser Position befinden Sie sich ja auch bei Ihrem Prüfungsvortrag. Für eine begrenzte Zeit haben Sie die Seiten gewechselt und sind in die Rolle des Lehrenden geschlüpft.

Checkliste Prüfungspräsentation

- ✓ Vereinbaren Sie mit dem Prüfer einen klaren Zeitrahmen für Ihren Vortrag. Halten Sie sich in jedem Fall an die Vorgabe. Machen Sie einen Probedurchlauf und messen Sie dabei die Zeit.
- ✓ Werden Sie bei Ihrem Vortrag stehen oder sitzen? Alle Anwesenden sollen Sie gut sehen können. Sofern die Zuhörer in Stuhlreihen hintereinander sitzen, wäre es daher gut, wenn Sie Ihren Vortrag im Stehen halten. Wenn sich alle in einer Tischrunde befinden, spricht auch nichts gegen einen Vortrag im Sitzen.
- ✓ Planen Sie vor der Prüfung ausreichend Zeit für die Organisation und Handhabung der Technik ein (Tafelbild, Flipchart, Beamerpräsentation, ...). Üben Sie in Probedurchläufen so lange den Umgang mit der Technik, bis alles reibungslos und ohne Unterbrechungen funktioniert.

✓ Sprechen Sie bei Ihrem Vortrag langsam, deutlich und laut genug.

✓ Starten Sie mit einer Einleitung. Sie stellen den Zuhörern das Thema vor und geben ihnen einen Überblick darüber, was sie alles erwartet.

✓ Gliedern Sie den Hauptteil Ihres Vortrages in wenige und leicht überschaubare Abschnitte. Ihr Prüfer kennt den Inhalt Ihrer Forschung. Jetzt will er sehen, was Sie daraus machen. Durch eine gute und passende Neustrukturierung des Themas für den Vortrag können Sie ihn überraschen.

✓ Vergessen Sie nicht das Schlusswort. Hier sollten Sie diejenigen Ergebnisse Ihrer Arbeit erwähnen, die aus Zeitgründen keinen Eingang in den Vortrag gefunden haben. Schließlich sollen die Zuhörer doch erfahren, was Sie sonst noch alles drauf haben.

V. Nach der Prüfung

1. Die nächste Prüfung

Weiter wachsen oder alles wie zuvor?

„O Gott, lass mich nur diese eine Prüfung schaffen. Nur diese EINE! Ich schwöre Dir auch, dass ich nie wieder in mittlerer oder neuerer Geschichte dilettieren werde und meine Finger davon lasse!" Wenn Niklas an sein viertes Semester zurück denkt, kommen ihm Bilder in den Kopf, die er nie wieder dort „sehen" wollte. Das Grundstudium, das eine einzige Hängepartie für ihn gewesen war. Und die besagte Prüfung, von der nicht nur die Frage abhing, ob er ins Hauptstudium kommt, sondern auch, ob er überhaupt weiterstudieren würde. Und ob Steffi bei ihm bleiben würde. Auch jetzt meldet sich wieder ein flaues Gefühl im Magen, wenn er daran zurückdenkt. Mit Hängen und Würgen hatte er damals die Prüfung geschafft – im zweiten Anlauf übrigens – und war tatsächlich ins Hauptstudium gekommen. Aber zu welchem Preis?! Seine Freundin hatte ihn direkt danach verlassen, weil sie's mit dem „Chaoten" nicht länger aushalten konnte. Seine Eltern hatten ihm kurzzeitig ihre finanzielle Unterstützung entzogen, weil sie keine Entwicklung bei ihm zu erkennen vermochten und sie keinen anderen Weg mehr sahen, als den Druck zu erhöhen. Er selbst war nur noch ein Häufchen aus Angst und Rebellion gewesen. Damals. Jetzt steht er hier, in einem kahlen Raum, der für zwanzig Jahre sein Arbeitszimmer gewesen war. Er, der Studienrat und Lehrer für Geschichte und Latein. In den Händen hält er sein altes Exzerpt für die verhasste Geschichtsprüfung, das ihm vor 20 Jahren so sehr beim Lernen geholfen hatte. Mit einem Lächeln legt er es zurück in die Umzugskiste.

Viel schneller als der Einstieg in die Prüfungsvorbereitung gelingt den meisten Studenten der Ausstieg. Fluchtartig lassen sie alles hinter sich, was mit der Prüfung zu tun hatte, und wenden sich angenehmeren Dingen zu. Zum Glück funktioniert das Vergessen aber nicht so vollständig, dass keine Rückstände mehr zurückblieben. Auch wenn man sich erfolgreich von allen Unterlagen trennt – das Lernen hat hoffentlich auch seine *guten* Spuren hinterlassen. Es wäre doch sehr traurig, wenn Niklas in seinem „Dienst" als Geschichtslehrer nicht auf Erinnerungen aus dem Studium zurückgreifen könnte. Sobald er mit seinen Schülern im Unterricht den mittelalterlichen Investiturstreit beleuchtet, sitzt da insgeheim auch wieder der junge Niklas aus dem vierten Semester – und greift auf Erfahrungen zurück, die er in seiner damaligen Prüfungsvorbereitung gemacht hat. Vielleicht weiß er es selbst nur noch nicht.

Eines ist Niklas auch 20 Jahre nach seiner Prüfung noch nicht bewusst geworden: Er hat durch die Prüfungsvorbereitung und seine Erfahrungen in der Prüfung neue Verhaltensweisen erprobt, die sein weiteres Lernen und seinen Umgang mit Prüfungen verändert haben – zum Guten hin. Sein Hauptstudium und der anschließende Berufsweg wurden für ihn eine Erfolgsgeschichte. Trotz seines Fluchtverhaltens. Hätte er aber direkt im Anschluss an die entscheidende Geschichtsprüfung sowohl seine konkreten Lern-, als auch seine Prüfungserfahrungen einer bewussten Analyse unterzogen, dann wäre er wohl stressfreier und in noch kürzerer Zeit durchs Hauptstudium gegangen. Erst die Reflexion unseres Lern- und Prüfungsverhaltens lässt uns zu Prüfungsexperten reifen, weil wir dann unser Verhalten effizienter zu steuern verstehen.

Wie eine solche Reflexion aussehen könnte? Wenn Ihre Prüfung optimal verlaufen ist und auch das erhoffte Ergebnis dabei heraus kam, könnten Sie ein paar Erfolgsfaktoren für die nächsten Prüfungen formulieren. Dazu würde eine Überschrift in der Art „Das werde ich auch beim nächsten Mal so machen" bereits die passende Anregung liefern. Wenn jedoch die Prüfung zwar ganz gut verlief, aber nicht das gewünschte Ergebnis brachte, ist eine Fehleranalyse geboten. Verlangen Sie Einsicht in die korrigierte Klausur, damit Sie sehen können, an welchen Stellen Ihnen Fehler unterlaufen sind. Nach einer mündlichen Prüfung, die Zweifel und Unklarheiten hinterlassen hat, könnten Sie den Prüfer um ein Nachgespräch bitten, in dem Sie klären, an welchen Stellen er unzufrieden mit Ihren Antworten war. Das alte Sprichwort: „Aus Fehlern wird man klug" ist durch die Lernforschung voll bestätigt worden (Oser/Spychiger 2005). Wenn ich mich in einer Sache geirrt habe oder in einer wichtigen Situation ein Problem nicht lösen konnte, wird mich das so sehr beschäftigen, dass ich die richtige Lösung oder das korrekte Ergebnis finden und so schnell nicht mehr vergessen werde. Nutzen Sie deshalb jede Möglichkeit der Nachbesprechung und der Korrektur von Klausuren und Hausarbeiten.

Wie sieht Ihre Bilanz aus und was wollen Sie ändern?

Wer sich als Bachelor- oder Masterstudent den Regeln eines modularisierten Studiengangs unterwerfen muss, wird im Studienalltag schnell an Sepp Herbergers Weisheit erinnert werden: „Nach dem Spiel ist vor dem Spiel". Übertragen auf unseren Lernkontext bedeutet dies, dass Sie sich die Erfahrungen des vergangenen Lern- und Prüfungsspiels unbedingt für das nächste „Spiel" zu Eigen machen sollten. Ein paar Fragen zur Reflexion möchten wir Ihnen dabei mit auf den Weg geben.

Ihre Bilanz für die Prüfung und die Zeit davor

? Welches Gefühl war bei Ihnen in der Prüfung oder während der Klausur vorherrschend?
? Wie leistungsfähig waren Sie?
? Womit hätten Sie in den 48 Stunden vor der Prüfung ihre Leistungsfähigkeit noch steigern können?
? Worauf hätten Sie in den 48 Stunden vor der Prüfung gerne verzichtet?

Ihre Bilanz für die Prüfungsvorbereitung

? Wie sind die einzelnen Phasen der Prüfungsvorbereitung für Sie konkret verlaufen (Stichwort „Sechs Lernphasen")?
? Wann genau haben Sie sich dafür entschieden, in diese Prüfung zu gehen? War der Vorlauf zu knapp oder ausreichend?
? Wie sorgfältig war Ihr Überblick? Was haben Sie übersehen?
? Wie präsent war Ihnen die Struktur des Themas?
? Wie gut ist es Ihnen gelungen, alle Themen vorzubereiten, die für die Prüfung relevant waren? Welche Themen sind unter den Tisch gefallen?
? Mit welcher Zahl von 1 (übel) bis 10 (nicht zu toppen) bewerten Sie Ihr Exzerpt der Prüfungsthemen? Wie gut haben Sie sich bei der Wiederholung darauf verlassen können?

? War das Exzerpt umfassend genug? Welche Aspekte haben gefehlt?

? Wie viel zusätzliche Zeit hätten Sie für die Bearbeitung noch benötigt?

? Was möchten Sie an Ihrem Zeitplan künftig ändern?

Ihre Bilanz für den Verlauf der Prüfung

? Zu welchen Fragen des Prüfers sind Ihnen schnell genug Antworten eingefallen? Bei welchen Fragen haben Sie sich mit einer Antwort schwer getan?

? Inwiefern ist es Ihnen gelungen, in der Prüfung spontan und mit eigenen Formulierungen zu antworten?

? Welche Aufgaben konnten Sie beantworten und welche blieben unbeantwortet?

? Welchen konkreten Stoff müssen Sie nacharbeiten, um eine Antwort auf die unbeantworteten Fragen geben zu können?

? Wie sehr sind Sie mit der Bearbeitungszeit in der Klausur zu Recht gekommen? Bei welchen Themen müssen Sie Ihr Arbeitstempo künftig anpassen?

? Analysieren Sie die Fehler. Was müssen Sie konkret tun, damit Ihnen diese Fehler nicht noch einmal unterlaufen?

? Wie zufrieden sind Sie mit dem Ergebnis der Prüfung? Wenn Sie unzufrieden sind: Können Sie etwas tun (Referat, Hausarbeit, besondere Studienleistung, etc.), um ihr Leistungsniveau zu halten oder zu verbessern? Welcher ganz konkrete Schritt ist dafür notwendig?

2. Eine Prüfung „wiederholen"

Als sich der Schlüssel im Schloss dreht, sind Sofia und Mark sofort zur Stelle – mit einer Flasche Sekt und drei Gläsern. Die Tür öffnet sich und Lena steht im Eingang der WG. Aber was ist mit ihr? Sie hat ganz rote Augen, ihre Schultern zittern und ihr Unterkiefer mahlt und bebt. Noch ehe die beiden sie mit ihren Fragen bestürmen können, sagt sie selbst, wie es gelaufen ist: „Durchgefallen". Und fügt hinzu: „So ein Schwein". Sie eilt in die Küche, stürzt ein Glas Wasser hinunter und setzt sich an den Tisch. „Was hat er getan?", will Sofia wissen. „Der hat mich Sachen gefragt, die er gar nicht hätte fragen dürfen". Lenas Empörung überträgt sich auf die beiden WG-Genossen und sie tauschen solidarische Blicke aus. „Vereinbart war ein ganz bestimmtes Kapitel aus der ‚Dialektik der Aufklärung'", fährt Lena fort. „Und was hat er getan? Mich ganz andere Dinge gefragt, die ich gar nicht wissen konnte". Mark springt ihr bei: „Bei mündlichen Prüfungen hast du eh nie ne wirkliche Chance, das ist reine Glückssache. Mach dich nicht verrückt". Lena nickt und fährt fort. „Wollte der doch plötzlich wissen, was im letzten Buchkapitel steht. Aber ich hatte mich ja auf sein Wort verlassen und nur das eine Kapitel vorbereitet". Sie trinkt ihr Glas aus. „Als ich mit meiner Antwort so ein bisschen im Nebel gestochert habe, fragt er mich plötzlich, wann das Buch überhaupt geschrieben worden sei. Dabei hatten wir auch das in der Sprechstunde zuvor gar nicht abgesprochen". Sofia und Mark wechseln irritierte Blicke. „Ich habe dann angefangen zu raten und gemeint, es sei in den Dreißigern geschrieben worden. Da hat er so komisch gegrinst und mich blöd gefragt: „In den Dreißigern?" Und plötzlich hatte ich so eine Eingebung. Ich hatte dann nämlich eine Zahl im Kopf und die habe ich ihm genannt." – „Welche?", will Mark wissen. „1942, habe ich gesagt. Da hat er mich wieder so komisch angeguckt und fies gegrinst. ‚1942? Sagten Sie eben nicht, es sei in den Dreißigern geschrieben worden? Wann denn nun?'. Das war totaler Müll alles. Der hat mich total gedemütigt. Ich hätte fast geheult. Und auch die Beisitzerin war keine Hilfe, hat immer nur mitgeschrieben und ansonsten schön die Klappe gehalten." Lena umklam-

mert ihr Glas, ihr Mund bebt wieder, bevor sie weitererzählt. „Als er mir dann am Schluss die Fünf gab, haben wir uns total in die Haare gekriegt. Ich hab' ihm gesagt, dass er das nicht mit mir machen kann und dass ich die Prüfung anfechten werde. Da hat er mich regelrecht rausgeschmissen." Sofia ist baff. „Du Ärmste, das ist ja richtig eskaliert. Was machst du denn jetzt? Bei ihm wiederholen?". – „Nee, um Gottes willen! Ich such' mir einen anderen Prüfer und ein neues Thema". Sie gießt sich neues Wasser ein. „Tja, wäre vielleicht auch besser gewesen, ich wäre nicht zu spät gekommen." Mark versteht gar nichts mehr. „Zu spät? Zur eigenen Prüfung?" Lena ist die Sache etwas unangenehm. „Naja, ich hatte morgens die S-Bahn verpasst und meinen Bus-Anschluss an die Uni dann auch nicht mehr gekriegt. Als ich dann völlig gestresst vorm Prüfungsraum ankam, stand er schon in der Tür und wollte gerade wieder gehen. Er hat mich dann doch noch geprüft. Wäre wohl besser gewesen, wenn ich gar nicht mehr gekommen wäre, so im Nachhinein."

Es gibt viele Möglichkeiten, durch eine Prüfung zu fallen. Letztlich kommt es auf die Art des Falls an. Die Fallhöhe, die Flugbahn und die Form der Landung sind wichtige Faktoren, die aus dem Vorgang, den wir pauschal Durchfallen nennen, ein individuelles Ereignis machen. Ob man einen „Freischuss" nicht nutzen konnte oder eine Klausur für einen unbenoteten Schein verhauen hat, ob man schon beim ersten Versuch mit Pauken und Trompeten durch eine Eingangsklausur gerasselt ist oder beim letzten Versuch das Staatsexamen nicht bestanden hat – jeder scheitert individuell und dramatisch. Und die Unterschiede sind von besonderer Bedeutung, obwohl es immer um die bittere Erfahrung des Durchfallens geht. Dieser Begriff trifft genau ins Schwarze: Wer durchfällt, dem bricht der Boden unter den Füßen weg. Im obigen Fallbeispiel relativiert sich das anfängliche Solidaritätsgefühl, das Sofia und Mark für Lena entwickeln, recht schnell, als diese anfängt, den Vorgang ihres Durchfallens zu schildern. Hat der Prüfer tatsächlich kein Recht, noch etwas mehr über das Buch zu erfahren als nur den Inhalt des „vereinbarten" Kapitels? Und darf er sich auch nicht nach dem Erscheinungsjahr erkundigen? Der Eindruck entsteht, dass Lena sich zu einseitig vorbereitet hat. Eine gehörige Mitschuld am Scheitern trägt sie selbst. Aber wenn sie – vielleicht mit etwas Abstand – ihre Prüfungserlebnisse analysiert, wird sie Punkte entdecken, die sie korrigieren kann, z.B. ihr unpünktliches Erscheinen oder ihre Fixierung auf einen kleinen Teilausschnitt des Themas. Wie gesagt, aus Schaden kann man klug werden. Wenn man es sich erlaubt.

Mit der richtigen Haltung gegen die leichte Schulter

Ziele geben unserem Leben Richtung. Wenn sich aber wichtige Ziele plötzlich zerschlagen, berührt uns das so tief, wie kaum ein anderes Ereignis. Je höher das Ziel war, desto tiefer der drohende Fall. Und umso stärker die Frustration. Es ist deshalb nicht besonders clever, mit der leichtfertigen Einstellung in die Prüfung zu gehen: „Ich hab' zwar fast nix gelernt, aber ich probier's trotzdem mal". Manche Fachbereiche haben sogenannte „Freischüsse" eingerichtet. Das sind vorgezogene Abschlussprüfungen für besonders schnelle Studenten. Bei Nichtbestehen oder Unzufriedenheit mit der Note werden sie nicht gewertet. Klingt sehr nach Probeprüfung mit null Risiko. Doch auch wer hier durchfällt, der „fällt" erst mal – und muss wieder aufstehen. Diese psychische Belastung sollte man nicht auf die leichte Schulter nehmen. Viele Durch-Fälle sind das Ergebnis von Selbstüberschätzung: Die Kandidaten haben sich zu früh angemeldet, ihnen blieb zu wenig Zeit zum Lernen, sie haben ihren Stoff noch nicht ausreichend verinnerlicht.

Wenn der Stolz Schiffbruch erleidet

Eine nicht bestandene Prüfung kränkt. Das Ziel, für kurze Zeit so dicht vor den Augen, rückt wieder in unerreichbare Ferne. Es ist so, als ob mir die Tür vor der Nase zugeschlagen wird und ich nun alleine da stehe. Hinter der Tür: Stille. Vielleicht ein Lachen. Die schlimmste meiner heimlichen Befürchtungen hat sich bestätigt und ist sogar

amtlich geworden: Ich bin nicht gut genug. Meine Selbstwahrnehmung – sonst immer so verlässlich – hat gründlich versagt. Obwohl ich glaubte, ich werde es packen, beweist mir das Ergebnis, dass ich's einfach nicht bringe. Kaum eine Situation im Leben liefert so viel Energie zur Selbstdemontage wie eine vebaselte Prüfung (ausgenommen vielleicht, wenn sich der Partner von einem trennt). Nach dem Desaster ist man ganz „klein mit Hut" und will sich am liebsten unbemerkt von der Bühne stehlen. Kein Wunder, wenn das Umfeld sich Sorgen um den Gescheiterten macht. Freunde und Familie raten meist unisono: „Vergiss es einfach, fang noch mal von vorne an." Sie meinen es ja so gut. Und vergrößern damit nur die Kluft zum „Versager".

Die Scherben aufsammeln

Wer durch eine Prüfung gefallen ist, kann nicht einfach *von vorne anfangen* und *die Prüfung wiederholen*. Und wer das trotzdem behauptet, kann sich vermutlich nicht wirklich auf den Schmerz und das Scheitern eines Prüflings einlassen. Schneller Trost ist ein Trost, der nicht wirklich tröstet, sondern nur den Schmerz abwürgen will. Nie kann der Mensch *von vorne anfangen*, denn er ist nicht mehr der gleiche wie zuvor. Das ist keine sophistische Spitzfindigkeit, sondern eine Erkenntnis, die Ihre Einstellung für den nächsten Versuch positiv verändern kann. Mal angenommen, Sie sind tatsächlich durchgefallen – dann *darf* sich Ihre Prüfung nicht *wiederholen*! Sonst würden Sie ja wieder durchfallen. Ein Gutes hat der nächste Versuch in jedem Fall: Weil Sie sich anders vorbereiten werden, weil es diesmal andere Fragen gibt und weil wahrscheinlich ein neuer Prüfer für Sie verantwortlich ist, werden sich auch der Verlauf und das Ergebnis der Prüfung nicht eins zu eins wiederholen.

Was die Trümmer verraten

Vielleicht überlegen Sie ja bereits, wie schnell Sie Ihren Kopf wieder frei kriegen, um einen neuen Versuch zu wagen?! Wenn Ihnen die Bilder der gescheiterten Prüfung immer noch im Kopf herumspuken, sollten Sie sie aber nicht einfach bei Seite schieben. Im Gegenteil: Nut-

zen Sie doch diese Bilder. Gerade weil sich die Prüfung nicht wiederholen darf, sollten Sie Ihre erlittenen Erfahrungen genau inspizieren.

- ? Welche Gründe haben zum Scheitern geführt?
- ? Was können Sie daraus lernen?

Meistens haben misslungene Prüfungen gleich mehrere Ursachen. Da
hilft es vielleicht, wenn Sie sich noch mal das Prüfungsdreieck vor
Augen führen.

- ? War Ihr *Kontakt* zum *Thema* und zum *Prüfer* stimmig?
- ? Hat es während Ihrer Prüfung vielleicht Störungen
   aus dem *Umfeld* gegeben?

Jeder Hinweis kann aufschlussreich sein und Sie beim nächsten Anlauf unterstützen. Vor dem Weiterlernen sollten Sie sich auch noch
mal Ihre Vorbereitung auf die missratene Prüfung genauer ansehen.
Welche *Phase* ist gut verlaufen, welche war unproduktiv? Diese Überlegungen sind enorm wichtig. Sie müssen ja einen neuen *Vorbereitungsprozess* starten. Und für den brauchen Sie garantiert nicht noch
mal ganz von vorne anzufangen. Vieles haben Sie ja bereits vor dem
gescheiterten Versuch gelernt.

Woran hat es gelegen?

Angenommen, Sie waren gut vorbereitet und sind trotzdem durchgefallen. Dann lag es vielleicht gar nicht an Ihrer Vorbereitung. Wenn
Sie sich in der Prüfung an etwas nicht erinnern konnten, bedeutet das
nicht automatisch, dass Sie es vergessen haben. Vielleicht haben Ihnen
ja nur die nötigen Abrufreize gefehlt. Wenn das zutrifft, reicht es
wahrscheinlich völlig aus, wenn Sie sich bei der neuen Vorbereitung
mehr auf das Präsentieren konzentrieren (→ S. 147ff.) und parallel dazu eine Wiederholungsphase einbauen. Wenn Sie allerdings merken,
dass Sie den Lernstoff in seiner Tiefe noch nicht erfasst haben, sollten
Sie auf jeden Fall eine zweite Bearbeitungsphase einplanen.

Ein zweites Mal im Wachstum

Wer zum ersten Mal in seinem Leben eine Prüfung in den Sand gesetzt hat, macht womöglich die ganz neue und ziemlich banal klingende Erfahrung, dass Erfolg nicht selbstverständlich ist. Nicht alles ist erreichbar. Die Anforderungen, die an Sie als Prüfling gestellt werden, sind offensichtlich gewachsen, sonst hätten Sie die Prüfung bestanden. Wachsen Sie mit? Ob ein Student den Anforderungen der jeweiligen Studienphase genügen wird, hängt davon ab, ob er wächst, wie er wächst und wie schnell er wächst. Damit sind sein Arbeitsverhalten, seine Lernstrategie und sein Zeitmanagement gemeint. Verpatzte Prüfungen können wichtige Signale sein: „Stopp! Du musst etwas ändern!" Weil Lernen aber etwas mit Wachstum zu tun hat, ist die Vorbereitung auf den zweiten Versuch keine verlorene Zeit. Vielmehr beginnt mit ihr ein neuer Wachstumsprozess. Beim ersten Versuch hat es eben noch nicht ganz gelangt. Deshalb: Bitte weiterwachsen! Trotz Wachstumsschmerzen.

Trocknen

Zum Bild des Wachsens passt ein anderer Begriff, der vor allem in den pharmazeutischen Fachbereichen sehr verbreitet ist: „trocknen". Trocknen müssen jene Studenten, die ihre Klausuren nicht bestanden haben und deshalb ein Semester lang warten, bis sie wieder zur Klausur antreten dürfen. Sie werden also ganz ausdrücklich *nicht* mit dem Stoff des neuen Semesters „begossen", bis sie irgendwann in die fehlende Prüfungsleistung hineingewachsen sind. In dieser Trockenzeit besteht für sie aber die einmalige Chance, ganz eigenständig zu bestimmen, wie sie wachsen wollen. Manche suchen sich neben der mehrmonatigen Vorbereitung der Klausur noch andere interessante Themen, für die ihnen sonst keine Zeit bliebe.

Manchmal kann das Warten aber auch zu einem echten Problem werden. Und zwar dann, wenn ein Prüfer oder ein Fachbereich die Klausurergebnisse nicht zeitnah mitteilen. In diesem Fall bleiben Studenten quälend lange darüber im Unklaren, ob sie überhaupt die Zulassung für jene Seminarveranstaltung erhalten haben, in der sie gerade sitzen. Womöglich müssen sie im neuen Semester noch einmal die Prüfungsleistungen des vergangenen Semesters nachholen. In solchen Fällen macht sich der Einfluss des Umfeldes Hochschule auf den Lernprozess sehr negativ bemerkbar. Bei dieser Ungewissheit wird sich kaum ein Student den neuen Herausforderungen mit voller Kraft widmen können.

Und wenn es kein zweites Mal gibt?

Manche trifft eine erfolglose Prüfung besonders hart, zum Beispiel dann, wenn sie mehrmals durch eine zentrale Klausur gefallen sind und sie nicht mehr wiederholen dürfen. Oder sie sind beim letzten Versuch gescheitert, die Abschlussprüfung doch noch zu bestehen. Dass hier der Schock – und oft auch die Verzweiflung – besonders tief sitzt, ist nur allzu verständlich. Wer sein Studienziel endgültig nicht erreicht hat und auch nie erreichen wird, sollte seine Lage gründlich überdenken. Außerdem muss die „Blamage" irgendwie auch noch der Familie und den Freunden „gebeichtet" werden. In einem solchen Fall ist dringend geraten, sich helfen zu lassen. Denn die Frustration des Scheiterns kann zu Verletzungen führen, die nicht ohne weiteres heilen. Wie schnell setzt ein emotionaler Domino-Effekt ein: Die Enttäuschung schlägt in Wut um, führt zu Selbsthass und kann in einer Depression enden. Hier wird es notwendig sein, in einem begleiteten Trauerprozess Abschied von seinen Zielen, Träumen und Erwartungen zu nehmen. Ich muss mich von meiner beruflichen Zielvorstellung lösen und auf einen angestrebten gesellschaftlichen Status verzichten. Eine neue Lebensperspektive will gesucht und eine neue Richtung eingeschlagen werden. Vielleicht betrete ich sogar ein ganz fremdes (Fach-)Gebiet?! Das braucht Zeit und kann mir mit Beratung und Begleitung leichter fallen. Erste Anlaufstellen können hier psychotherapeutische Beratungsstellen sein. Hilfestellung leisten aber auch die Studienberatung, Hochschulgemeinden, Einrichtungen der Lebensberatung oder einfach die Telefonseelsorge.

Einen neuen Weg finden

Auch wenn es diejenigen, die davon direkt betroffen sind, in ihrer momentanen Situation nicht wirklich trösten wird: Menschen, die aus dem Studium „herausgeprüft" wurden, finden ganz häufig ihren Weg. Es bleibt zwar Trauer darüber zurück, nun doch keine Ärztin geworden zu sein, aber die Eventmanagerin für Pharmapräsentationen spürt, dass sie mit ihrem Organisationstalent den für sie passenden Beruf gefunden hat. Und sie hat nicht den Eindruck, dass vier Jahre Medizinstudium eine verlorene Zeit für sie waren. Im Gegenteil: Ihre medizinischen Kenntnisse kann sie an vielen Stellen im Beruf einbringen und sie merkt immer wieder, dass ihr Fachwissen gar nicht schlecht ist. Eigentlich klar, denn sie hat schließlich acht Semester Medizin studiert. Und das war nicht umsonst.

Die Leichtigkeit zurück gewinnen

So gesehen befindet sich jeder, der durch eine Prüfung gefallen ist, sofort wieder in einer neuen Bewährungssituation. Jetzt geht es nämlich darum, ob Sie es schaffen, den Misserfolg zu überwinden und anders wieder anzufangen. Vielleicht wird nach einer solchen Erfahrung des Scheiterns endlich auch der Blick wieder frei dafür, dass unsere Lebenswelt sich nicht allein aus Erfolgen speist. Mindestens ebenso häufig spielen sich um uns herum Dramen und Krisen ab, von denen wir sonst kaum etwas mitbekommen. Aber vielleicht sind Sie selbst ja so erschüttert und mit sich selbst beschäftigt, dass nichts mehr zu Ihnen durchdringen kann? In der Krise verschwimmen die Perspektiven. Alle Sicherheiten sind mit einem Mal verschwunden. Dann tauchen ganz grundsätzliche Fragen auf: Was hält und trägt mich überhaupt noch? Woher bekomme ich jetzt neue Kraft und neue Motivation? Bin ich vielleicht sogar existenziell gescheitert? Wirklich gute Freunde werden nun zu Lebensrettern, weil sie mich aus meiner Bude holen und an die frische Luft bringen, wo ich durchatmen kann. Vielleicht hilft mir auch ein guter Song, ein Buch oder ein Gedicht, das mich daran erinnert, dass ich nicht auf der Welt bin, um von anderen Menschen abgeprüft zu werden. Dass ich einen Kern an menschlicher Würde besitze, der schon längst – und zwar von „höchster Instanz" – für gut befunden worden ist und den mir niemand auf der Welt absprechen kann.

Krisen haben immer mit unerwünschten Veränderungen, aber auch mit Entwicklungen zu tun. In ihnen stecken wahrscheinlich deshalb so vielversprechende Wachstumsmöglichkeiten, weil sie so radikal sind und bis zu den eigenen Wurzeln (lat. „radix") hinabreichen. Musterlösungen für ein gelungenes Leben gibt es natürlich ebenso wenig wie einen Masterplan für die perfekte Prüfung. Aber der erste Schritt in eine gute Richtung beginnt immer mit einer Entscheidung.

3. Die nächste Stufe

Wenn Erfolg nicht glücklich macht

„Ach, nee! Tauchst Du auch mal wieder auf!? Du hast doch schon letzte Woche Prüfung gehabt." – „Mmmja." – „Und? Wie war's?" – „Ganz okay." – „Jetzt sag' schon, was für 'ne Note hast Du?" – „Naja, 'ne zwei." – „Na also! Und dafür hast Du dich wochenlang verrückt gemacht?!" – „Ja, ich bin ganz zufrieden."

Ist das nicht fies? Da erträgt man mit Engelsgeduld wochen- oder manchmal sogar monatelang die übelsten Launen des zum Prüfungskandidaten mutierten Freundes und dann, wenn er alles hinter sich hat, muss man ihm die Ergebnisse aus der Nase ziehen. Wo bleibt der Schampus, wo die knallenden Korken? Überhaupt: Warum zieht er so einen Flunsch? Traurig, aber wahr: Kaum eine Examensfeier erreicht die Stimmung einer durchschnittlichen Abi-Fete. Woran liegt das? Warum gelingt es den meisten Studierenden zwar, die komplexesten theoretischen Zusammenhänge preiswürdig zu präsentieren, aber beim Abfeiern ihrer Studienerfolge total abzuluschen?

Wenn gut einfach nur schlecht ist

„Naja, 'ne zwei." – Hallo? Geht's noch? Ein bisschen mehr Enthusiasmus, bitte! Eine Zwei ist doch gut! Freu dich doch mal!!! – – – – – Oder vielleicht doch nicht? Wie gut ist ein „gut" wirklich, wenn man als Bachelorabsolvent einen Schnitt von 1,9 braucht, damit man zum Masterstudium zugelassen wird? Oder wenn der Gesamtdurchschnitt der Klausur schon bei 2,0 liegt? Wie gut bin ich denn tatsächlich, wenn mir der Kontext meiner „zwei" sehr klar signalisiert, dass ich nur Durchschnitt bin?!

Wenn Ihnen solche Gedanken vertraut sind, ist das eingetreten, was wir am Anfang des Buches geschrieben haben: Sie lernen an der

Hochschule nicht nur ein Fach kennen, sondern auch die Hochschule selbst. Nach einer langen Einstiegsphase und vielen Schwierigkeiten ist es Ihnen gelungen, die Umgangs- und Denkweisen der Hochschule zu verinnerlichen. Sie haben es mit der Zeit außerdem geschafft, die ganzen Anforderungen zu erfüllen, welche die Hochschule an Sie stellt. Sie haben Leistungsnachweise erbracht und Prüfungen bestanden – das alles, um zu überleben. Und dann, wenn Sie das Leistungsdenken der Hochschule vollständig inkorporiert haben, sind Sie plötzlich mit der Kehrseite der Medaille konfrontiert – Sie können sich nur noch über die Bestnote so richtig freuen. Aber die – das Wort sagt es bereits – bleibt nur dem Besten vorbehalten. Und der sind nicht immer Sie.

Die Orientierung an der Höchst- und Bestleistung hat an den Hochschulen fatale Folgen. Die Konkurrenz unter den Kommilitonen wächst, die Abhängigkeit von Beurteilungen und Noten wird stillschweigend hingenommen. Aber sie verdirbt das Studienklima und versalzt einem manchmal sogar den Geschmack am Leben. Denn sobald meine Eigenleistung in Relation gesetzt wird, verliert sie ihren eigenständigen Wert. Die anderen Leistungen werden mir zum Maßstab – und plötzlich bin ich nicht mehr der Top-Performer, obwohl ich doch eigentlich ganz zufrieden mit mir war. Wie kann ich aus diesem Bewertungskreislauf aussteigen? Wie gelingt es mir, mit meinen Leistungen zufrieden zu sein, ohne dass ich sie mit anderen vergleiche?

Begrenzte Halbwertszeit

Wissen Sie eigentlich noch, welchen Abi-Schnitt Sie haben? Vielleicht eine 1,3 oder eher die 2,7? – Es ist erstaunlich, wie schnell Noten manchmal ihre Bedeutung verlieren. Vor allem die Abi-Note. Die ist schon gar nicht mehr gefragt, wenn es nach dem Studium darum geht, sich um die erste Stelle zu bewerben. Noten verlieren mit der Zeit an Wert. Das wird Ihnen irgendwann mit Ihrem Studienabschluss genauso gehen. Dann fragt keiner mehr nach der glorreichen 1,1, die Sie vielleicht ganz bravourös errungen haben. Wofür macht man sich dann aber im Studium so verrückt?

Der Wert von Noten relativiert sich dadurch noch zusätzlich, dass bei Bewerbungen eben nicht nur die mit Noten verbriefte Fachqualifikation beurteilt wird. Ein Arzt im Krankenhaus muss später auch ein

Team leiten. Und dazu ist eben ein Student viel besser geeignet, der jahrelang Jugendgruppenleiter war und sich in seiner Freizeit nicht nur mit Mikroskopieren befasst hat. Der Lehramtsstudent, der eine Examensnote von 2,2 in Empfang nimmt und während seines Studiums viel Zeit und Engagement in die Arbeit einer politischen Partei gesteckt hat, wird sich über die gute Note freuen. Er weiß, dass sie nicht die einzige Qualifikation für seine politische Karriere sein wird. Bestimmt haben auch Sie während Ihres Studiums Kompetenzen erworben, die sich nicht in Ihrer Abschlussnote widerspiegeln: beim Basketball? Als Autor im Poetryslam? Beim Einradhockey? In Origami? Oder beim Schreiben von Songtexten? … Das alles spielt jetzt auf einmal wieder eine Rolle. Sie haben nicht nur für die Uni gelebt. Deshalb hat die Note unter Ihrem Hochschulzertifikat auch nur eine sehr beschränkte Aussagekraft. Ihr Wert als Person hängt nicht von ihr ab!

Der Kater danach

Das war sie also, die Prüfung. Irgendwie ernüchternd, wenn man noch mal über alles nachdenkt. Tatsächlich geraten die meisten Studierenden nach wichtigen Prüfungen zunächst in eine Art Apathie. Und die hat nicht nur etwas mit der Konkurrenzerfahrung und dem enormen Leistungsdruck zu tun. Viele sacken regelrecht in sich zusammen, sobald die Anspannung abfällt. Was man als „Ernüchterung" bezeichnen könnte, ist in Wirklichkeit die Fortsetzung der Prüfungskrise mit anderen Akzenten. Ambivalent war sie, die Vorbereitungszeit. Einerseits war da das ständige Wechselbad der Gefühle vor der Prüfung. Aber trotz Krisen und Druck wirkte das unausweichliche Ziel für viele als disziplinierendes Aufputschmittel. Vielleicht sogar als Herausforderung und Chance, jetzt endlich mal allen zu zeigen, was in einem steckt und dass man das große Ziel aus eigener Kraft erreichen kann. Viele stellten sogar fest, dass in dieser Zeit ihre Fähigkeiten jeden Tag ein Stückchen mehr gewachsen sind. Auf der anderen Seite war die Angst zu versagen und schlechter zu sein als die Kommilitonen nie ganz auszuschalten. Diese ständigen Gefühlswechsel fallen nach der Prüfung mit einem Mal ersatzlos weg. Das Ziel ist ja erreicht. Zurück bleibt häufig nur die Note – und Zweifel: „Das soll's jetzt gewesen sein?! War meine Leistung wirklich so großartig? Und überhaupt: So toll kann's ja nicht gewesen sein, schließlich bestehen Jahr für Jahr tausende von Studenten ähnliche Prüfungen oder sogar das gesamte Studium! Und dafür mach' ich mir ins Hemd?! Was ist daran also schon so besonders?" Nichts ist so ernüchternd wie die Realität – oder vielmehr das, was wir dafür halten. Die Deutung des gerade Erlebten ist plötzlich nicht mehr so grandios wie die Projektion vor der Prüfung.

Thema der nächsten Prüfung: Feiern und abschalten

Wenn Sie die Prüfung zwar bestanden haben, aber Ihr Ergebnis eher enttäuschend ausgefallen ist, wird Sie auch der Einwand, Sie hätten halt einen schlechten Tag erwischt, nicht wirklich trösten. Jetzt steht die Note da wie ein Urteil und Sie werden sie nicht mehr los. Manche sind nach der Prüfung auch über ihre Prüfer enttäuscht. Sie haben zwar eine gute oder sogar sehr gute Note bekommen, aber das Verhalten des Prüfers hat ihnen den Eindruck vermittelt, dass sie ihm lästig waren und dass er die ganze Sache so schnell wie möglich hinter sich bringen wollte. Die erhoffte Anerkennung ist ihnen versagt worden. Vielleicht sind Sie sogar dazu bereit gewesen, auf die im Prüfungsdreieck beschriebenen Beziehungsebenen einzugehen, aber der Prüfer hat sich verweigert und den persönlichen Kontakt abgewiesen. Auch das muss erst mal verdaut werden.

Keine Spur von Aufbruchsstimmung nach der Prüfung. Ganz im Gegenteil. Die meisten Studierenden fühlen sich danach wie gelähmt. Das neue Semester rückt näher. Und mit ihm viele neue und vielleicht noch höheren Anforderungen. Das Hamsterrad dreht sich weiter. Aber keine Sorge, die Lethargie wird nicht ewig dauern. Es wäre falsch, sich jetzt gleich wieder unter Druck zu setzen und in Aktionismus zu verfallen. Jetzt ist erst mal Pause und Erholung angesagt.

Anders verhält es sich, wenn Sie gerade die allerletzten Prüfungen Ihres Studiums absolviert haben. Dann steht die Frage im Raum, wie es nun ganz generell bei Ihnen weitergehen wird. Für viele ist diese Frage neu, denn seit frühester Kindheit gab es für sie auf jede Frage nach dem Übergang in einen neuen Lebensabschnitt auch gleich eine klare Antwort: Wohin geht es nach dem Kindergarten? In die Grundschule! – Wohin geht es nach der Grundschule? In die weiterführende Schule! – Wohin geht es nach dem Abitur? Ins Studium! – Aber nach dem Studium gibt es meistens keine neue Institution mehr, in die man sich einfach „einschreiben" kann. Die „Baustellen", die sich jetzt auftun, sind ganz neu: Arbeitsplatzsuche, Bewerbung, Umzug … Und das alles auf einmal? Wenn Sie sich in einer solchen Situation befinden, ist es wichtig, dass Sie sich trotzdem eine Ruhezeit gönnen. Ihre Gedanken müssen sich ordnen und Ihre Gefühle zur Ruhe kommen können. Anstehende Bewerbungen haben noch ein paar Tage Zeit, auch die Besuche in der Familie. Sogar die Bachelorfete, die man allen versprochen hat, muss nicht am gleichen Abend ausgerichtet werden. Nach der Prüfung ist erst mal Entspannung angesagt. Vielleicht sogar ein bisschen Trauer?

Nach der Prüfung ist vor der Prüfung

Trauer ist das Gefühl, das auf den Verlust von Nähe und Geborgenheit antwortet. Geborgenheit in der Prüfung? Ist das kein Widerspruch?! Tatsächlich sprechen viele Studierenden nach der Prüfung von einer inneren Leere. Sie leiden am Verlust einer Aufgabe, eines geregelten Tagesablaufs und eines klaren Ziels. Es scheint, dass das Erreichen eines Etappenziels während eines intensiven Vorbereitungsprozesses glücklicher gemacht hat, als die bestandene Prüfung selbst. So ganz unverständlich ist das nicht. Denn jetzt muss man sein Leben und Arbeiten wieder neu strukturieren und sich neue Ziele setzen. Das kostet Energie und ist mit neuen Ängsten verbunden. Wenn Sie aber zu jenen Abschlusskandidaten gehören, die glauben, mit ihrem Abschluss auch den ganzen „Unikram" endgültig hinter sich gelassen zu haben, müssen wir Ihnen ebenfalls einen kleinen Dämpfer verpassen. Nach der Prüfung ist vor der Prüfung. Wer garantiert Ihnen eigentlich, dass das die letzte Prüfung Ihres Lebens war?

Eine Etappe – nichts weiter?

Mit dem Ende Ihrer Prüfung verlassen Sie wieder das Beziehungsgeflecht des Prüfungsdreiecks. Und das ausgerechnet zu einem Zeitpunkt, als das Dreieck seine größte Praxistauglichkeit unter Beweis gestellt hat. Nie waren Sie stärker mit Ihrem Thema verbunden, als in der geglückten Prüfung. Endlich waren Sie dazu bereit, Ihre Leistung zu präsentieren. In einer mündlichen Prüfung haben Sie sogar dem Prüfer Auge in Auge gegenüber gestanden. Und Sie haben ein qualifiziertes Feedback bekommen – die erhoffte Anerkennung, über die Sie sich womöglich so lange unsicher waren. Bleibt die Frage, ob Sie mit dem Urteil Ihres Prüfers zufrieden sind. Hat er wirklich erkannt, was alles in Ihnen steckt? Oder haben Sie sich selbst im Urteil über Ihre Fähigkeiten getäuscht? Hat die Prüfung bei Ihnen vielleicht sogar Qualitäten ans Licht gebracht, die Sie selbst noch nicht kannten?

Was bleibt eigentlich zurück von der Prüfung? Eine Momentaufnahme in der Erinnerung, die mit zunehmendem zeitlichen Abstand und vielen weiteren Prüfungen auch noch verblasst? Kann denn eine simple Note allen Ernstes der angemessene Lohn für große Mühen und schmerzhafte Wachstumsprozesse sein? Eine nüchterne Zahl dokumentiert das Erlebte niemals vollständig. In jenem Moment, als Sie den entscheidenden Kontakt zum Thema hatten und der Prüfer Ihnen Anerkennung zollte, hat sich das Prüfungsdreieck auch schon wieder aufgelöst. Das Thema ist jetzt nicht länger Ihr Prüfungsthema, sondern nur noch eines von vielen im Spektrum Ihres Fachgebietes. Der Professor ist nicht mehr Ihr Prüfer, er prüft vielleicht schon den nächsten Kandidaten und ist nicht mehr für Sie zuständig. Die Prüfungssituation, auf die Sie sich allmählich eingestellt haben, ist direkt nach dem Höhepunkt zu Ende gegangen. Irgendwie ernüchternd, dass der „Berg der Prüfung" eigentlich eine Klippe ist, die Sie plötzlich hinter sich gelassen haben. Aber ist dieses bohrende Mangelgefühl, das Sie jetzt womöglich erleben müssen, denn wirklich das einzige, was zurückbleibt?

Eine fälschungssichere Bilanz

So sehr Ihr innerer Blick jetzt vielleicht auf das fixiert sein mag, was nicht mehr ist: Zunächst bleibt ja, dass Sie „es" geschafft haben! Und das gleich in mehrfacher Hinsicht.

- Sie haben es geschafft, den Vorbereitungsprozess durchzuhalten. Das ist wirklich nicht selbstverständlich, auch wenn jetzt vielleicht das Phrasenschwein grunzt. Sie haben außerdem so gearbeitet und gelernt, dass Sie die Prüfung bestanden haben.
- Es ist Ihnen darüber hinaus gelungen, Ihre Prüfungsangst zu überwinden. Wahrscheinlich haben Sie diesen unerwünschten

Gast erst in der Vorbereitung richtig kennen gelernt und sind dennoch in der Prüfung handlungsfähig geblieben.
- Und noch etwas haben Sie geschafft. Sie haben etwas Wichtiges zu Ende gebracht: einen weiteren Schritt oder eine Etappe Ihres Studiums, vielleicht sogar Ihr gesamtes Studium. Für viele endet damit ein Lebensabschnitt. Ab jetzt geht es anders weiter.

Was kaum in einer Bilanz auftaucht

Vielleicht haben auch Sie selbst sich verändert? Der Prüfungsprozess hat Sie dazu gebracht, neue Arbeitsformen und Verhaltensstrategien zu entwickeln. Vor allem haben sich Ihr Gedächtnis und Ihr Wissen durch das viele Lernen weitgehend neu organisiert. Viele Studierende beklagen sich nach intensiven Prüfungszeiten: „Jetzt habe ich so viel gelernt. Wen interessiert das eigentlich? Den ganzen Kram brauch' ich nie mehr!" Stimmt. Zumindest teilweise. Natürlich wird das gerade einverleibte Wissen wohl nicht wieder in der gleichen Form abgefragt werden. Das Gelernte bleibt aber nicht so, wie es ist. Es wird fortwährend dekontextualisiert und steht Ihnen dadurch auch in ganz neuen Zusammenhängen zur Verfügung. Ihr „Repertoire" hat sich erweitert. Sie haben die Potentiale Ihres Gehirnes entfaltet (Hüther 2011, S. 250). Es wird Ihnen künftig leichter fallen, Schlüsselinformationen gezielt aufzurufen, sie mit neuen Informationen zu verbinden und in Ihr umfangreiches Wissen zu integrieren. Zum Beispiel im Job. Sie haben ihre Lernfähigkeit weiterentwickelt. Und das wird sich auszahlen.

4. Alles wird gut

Wie es Ihnen jetzt wohl geht, am Ende des Buches? Hat sich unser Versprechen eingelöst, entwickelt sich für Sie tatsächlich alles zum Guten?

Strenggenommen sind Allaussagen der Art „Alles wird gut" problematisch. Im wissenschaftlichen Kontext sind sie sogar verboten, weil es einfach keinen Standort gibt, von dem aus man „alles" überblicken und eine solche Aussage gültig treffen könnte. *Was* aber kann dann überhaupt „alles" gut werden?

- Die Prüfung als Herausforderung anzunehmen, ist für die Zukunft gut.
- Sich für den Lernprozess zu entscheiden, ist für die Prüfung gut.
- Den Lernprozess zu steuern, ist für das Lernen gut.
- Bewusst in die Prüfung zu gehen und in den Kontakt zum Prüfer zu treten, ist für das Prüfungsergebnis gut.
- Eine Reihe von vielen Prüfungen zu bestehen, um den Studienabschluss zu erreichen, ist für die berufliche Zukunft gut.
- Motiviert und kompetent in eine berufliche Zukunft zu gehen, ist auch für das Privatleben gut.

Das alles wird gut. In jeder dieser Aussagen geht es ums aktive Handeln und seine positiven Folgen. Prüfungen sind dazu da, bestanden zu werden. So profan das auch klingen mag, aber nur darum geht es – zunächst. „Nicht für das Leben, sondern für die Schule lernen wir". Und die Entscheidung dafür, bestehen zu wollen, führt zu einer Reihe von Aktivitäten, die im Vorfeld von Prüfungen einen Lernprozess auslösen. Alles wird gut! – das ist vor allem eine innere Haltung, mit der Sie erfolgreich durch das Lernen und die Prüfungen kommen können. An jeder Prüfung und an jeder Herausforderung, die noch auf Sie wartet, können Sie wachsen. Vor allem wird Ihr Vertrauen in die eigenen Fähigkeiten wachsen und Sie lernen, knifflige Situationen und Anforderungen zu antizipieren. Antizipation ist die Bereitschaft, eine vorausschauende Haltung einzunehmen, anstatt wegzusehen. Somit hat das Lernen für die „Schule" doch etwas für das Leben gebracht.

Vertrauen Sie sich selbst. Sie wissen mehr, als Sie wissen. Und wenn Sie uns schon nicht glauben, dann schenken Sie wenigstens den scharfsinnigen Worten des Philosophen Seneca noch einmal Gehör: „Auf den Zweck, den ein jedes Ding hat, richte dein Augenmerk, auf alles Überflüssige wirst du dann verzichten. Der Hunger mahnt mich: nach dem ersten Besten mag sich die Hand ausstrecken; er selbst – der Hunger – wird mir empfehlen, was ich ergreifen soll" (Seneca 2004, IV S. 310). Lassen Sie sich von Ihrem Hunger leiten. Beim Lernen und in den Prüfungen. Und alles wird gut.

Literatur

Bauer, Joachim: Spiegelneurone, in: Caspary, Ralf (Hrsg.): Lernen und Gehirn, Hamburg 2012

Beck, Herbert: Neurodidaktik oder: Wie lernen wir?, in: Erziehungswissenschaft und Beruf: EWuB; Vierteljahresschrift für Unterrichtspraxis und Lehrerbildung, Rinteln Heft 3/2003, S. 323-330

Becker, Carsten; Grebe, Tim; Bleikertz, Torben: Berufliche Integration von Studienabbrechern vor dem Hintergrund des Fachkräftebedarfs in Deutschland, Gesellschaft für Innovationsforschung und Beratung mbH, 2010

Bredenkamp, Jürgen: Lernen, Erinnern, Vergessen, München 1998

Bundesministerium für Bildung und Forschung: Bericht über die Umsetzung des Bologna-Prozesses in Deutschland, 2012

Dietrich, Stephan; Fuchs-Brüninghoff, Elisabeth u.a.: Selbstgesteuertes Lernen, Auf dem Weg zu einer neuen Lernkultur, DIE Materialien für die Erwachsenenbildung 18, 1999, URL: http://www.die-bonn.de/esprid/dokumente/doc-1999/dietrich99_01.pdf, abgerufen am 10.06.2013

Dietze, Lutz: Mündlich: Ausgezeichnet, Informationen, Tipps und Übungen für ein optimales Examen, Frankfurt am Main 1999

Dohmen, Günther: Weiterbildungsinstitutionen, Medien, Lernumwelten, Rahmenbedingungen und Entwicklungshilfen für das selbstgesteuerte Lernen, Bundesministerium für Bildung und Forschung (Hrsg.), Bonn 1999

Eco, Umberto: Wie man eine wissenschaftliche Abschlussarbeit schreibt, Heidelberg 2005

Erdheim, Mario: Spätadoleszenz und Kultur, in: Leuzinger-Bohleber, Marianne; Mahler, Eugen (Hrsg.): Phantasie und Realität in der Spätadoleszenz, Opladen, 1993

Frankfurter Fachhochschulzeitung 108/2009

Glöckel, Hans: Vom Unterricht, Bad Heilbronn 2003

Hüther, Gerald: Die Ausbildung von Metakompetenzen und Ich-Funktionen während der Kindheit, in: Herrmann, Ulrich (Hrsg.): Neurodidaktik, Grundlagen und Vorschläge für hirngerechtes Lehren und Lernen, Weinheim/Basel 2006

Hüther, Gerald: Was wir sind und was wir sein könnten, Frankfurt am Main 2011

Jacobson, Edmund: Entspannung als Therapie: Progressive Relaxation in Theorie und Praxis, Stuttgart 2011

Kafka, Franz: Nachgelassene Schriften und Fragmente II, In der Fassung der Handschriften, Hrsg. von J. Schillemeit, Frankfurt am Main 1992

Kluge, Friedrich: Etymologisches Wörterbuch der deutschen Sprache, Berlin/New York 2002²⁴

Lazarus, Richard S.: Stress and Emotion, A new synthesis, New York 1999

Markowitsch, Hans-Joachim: Dem Gedächtnis auf der Spur, Darmstadt 2002

Meyer, Hilbert: Schulpädagogik; Band 1: Für Anfänger, Berlin 1997

Mittelstraß, Jürgen: Wissen und Grenzen, Frankfurt am Main 2001

Mittelstraß, Jürgen: Die deutsche Universität verliert ihre Seele, FR Dokumentation, 26.06.2003

Oser, Fritz; Spychiger, Maria: Lernen ist schmerzhaft: Zur Theorie des Negativen Wissens und zur Praxis der Fehlerkultur, Weinheim/Basel 2005

Pabst-Weinschenk, Marita: Reden im Studium, Ein Trainingsprogramm, Frankfurt am Main 1995

Precht, Richard David: Anna, die Schule und der liebe Gott, Der Verrat des Bildungssystems an unseren Kindern, München 2013

Riemann, Fritz: Grundformen der Angst, München 2011

Rogers, Carl: Eine Theorie der Psychotherapie, der Persönlichkeit und der zwischenmenschlichen Beziehungen, München/Basel 2009

Roth, Gerhard: Warum sind Lehrer und Lernen so schwierig? in: Report, Literatur- und Forschungsreport Weiterbildung 3/2003

Roth, Gerhard: Aus Sicht des Gehirns, Frankfurt am Main 2009

Schacter, Daniel L.: Wir sind Erinnerung, Gedächtnis und Persönlichkeit, Hamburg 2001

Scheer, Jörn W.; Zenz, Helmuth: Studenten in der Prüfung, Frankfurt am Main 1973

Seneca, Lucius Annaeus: Philosophische Schriften, Dialoge, Briefe an Lucilius, Wiesbaden 2004

Spitzer, Manfred: Geist im Netz, Modelle für Lernen, Denken und Handeln, Heidelberg/Berlin 2000

Spitzer, Manfred: Medizin für die Schule, in: Caspary, Ralf (Hrsg.): Lernen und Gehirn, Hamburg 2012

Stelzer-Rothe, Thomas (Hrsg.): Kompetenzen in der Hochschullehre, Rüstzeug für gutes Lehren und Lernen an Hochschulen, Rinteln 2005

Weidenmann, Bernd: Handbuch Active Training, Weinheim/Basel 2008

Werder, Lutz von: Grundkurs des wissenschaftlichen Lesens, Berlin 1995

Winteler, Adi: Professionell lehren und lernen, Ein Praxisbuch, Darmstadt 2004

Zimmermann, Karin; Kamphans, Marion; Metz-Göckel; Sigrid: Perspektiven der Hochschulforschung, Springer 2007

Angaben zu den Autoren und der Grafikerin

Andreas Böss-Ostendorf
Diplompädagoge, Diplomtheologe, Gruppenanalytiker, Lehr- und Lernberater.

Holger Senft
Coach (M.A.) und Supervisor (M.A.), Germanist (M.A.), personzentrierter Berater, Lehr- und Lernberater.

Lillian Mousli
Illustratorin, Cartoonistin, Comic-Zeichnerin und Malerin.
www.mousli.com

Von den Autoren sind folgende Bücher erschienen:

Beat it! Der Prüfungscoach für Studium und Karriere, Campus-Verlag Frankfurt 2005

Einführung in die Hochschul-Lehre, Ein Didaktik-Coach, Verlag Barbara Budrich, Opladen & Farmington Hills 2010 (UTB 3447)

Die Homepage der Autoren: www.didaktikcoach.de